U0947987

高等院校经管类精品课程系列教材

财务分析

主　编　苏力勇

中国财富出版社

图书在版编目（CIP）数据

财务分析/苏力勇主编．—北京：中国财富出版社，2015.7
（高等院校经管类精品课程系列教材）
ISBN 978 - 7 - 5047 - 5717 - 3

Ⅰ.①财…　Ⅱ.①苏…　Ⅲ.①财务分析—高等学校—教材　Ⅳ.①F231.2

中国版本图书馆 CIP 数据核字（2015）第 109965 号

策划编辑　寇俊玲　　**责任印制**　方朋远
责任编辑　齐惠民　谷秀莉　　**责任校对**　饶莉莉

出版发行　中国财富出版社
社　　址　北京市丰台区南四环西路 188 号 5 区 20 楼　　**邮政编码**　100070
电　　话　010 - 52227568（发行部）　　010 - 52227588 转 307（总编室）
010 - 68589540（读者服务部）　　010 - 52227588 转 305（质检部）
网　　址　http://www.cfpress.com.cn
经　　销　新华书店
印　　刷　北京京都六环印刷厂
书　　号　ISBN 978 - 7 - 5047 - 5717 - 3/F・2394
开　　本　787mm×1092mm　1/16　　**版　　次**　2015 年 7 月第 1 版
印　　张　16.5　　**印　　次**　2015 年 7 月第 1 次印刷
字　　数　371 千字　　**定　　价**　38.00 元

版权所有・侵权必究・印装差错・负责调换

高等院校经管类精品课程系列教材
编审委员会

高级顾问

佟家栋　李维安　刘书翰　冼国明　刘秉镰　陈　漓　高盛斌
蒋殿春　戴金平　王　燕　杜传忠　马连福　张伯伟　马军海
李志辉　武彦民　刘恩专

学术指导委员会主任　修　刚

学术指导委员会成员（按姓氏笔画排序）

王铭玉　田　耀　冯雷鸣　刘艳萍　李运博　刘建喜　陈法春
余　江　佟　立　郭建校

编写委员会主任　邢　成

编写委员会成员（按姓氏笔画排序）

王锦程　王淑芬　方　琳　卢　姗　刘志勇　李　薇　李名梁
辛　清　陈　璐　张凌志　苏力勇　秦洪军　黄玉杰　崔顺伟
孙　蕾　张　琼　王　斌　李金玲　王冠辉　马振华　潘康宇
杨凤歧　石梅华　牛　蕊　樊颖慧　李丽丽　李云萍　秦喜杰
王茂林　杨　丽　殷晓粟　张沛东　孙龙建　宫树梅　尹苗苗
袁凯宇　王　憭　侯逸天　郑　露　韩　敏　王　菲　骆振华
刘　妍　刘慧媛　戈黎华　周　昕　郑妍妍　张婷婷　刘宝成
李　慧

总策划　寇俊玲

总 序

当今时代，经济全球化进程日益加快，中国经济与世界经济的联系日趋密切。中国已经成为世界统一大市场的重要有机组成部分，中国企业的国际化程度相应提高，国际化人才需求越发迫切。《国家中长期人才发展规划纲要（2010—2020 年）》指出，当前我国人才培育的总体水平同世界先进国家相比仍存在较大差距，其目标要求包括突出培养创新型人才、注重培养应用型人才等。据社会科学文献出版社出版的《人才蓝皮书》预测，至 2020 年，我国专业技术人才需求高达 8127 万人。高层次国际商务人才缺乏现象尤为严重。为了适应这一需求，天津外国语大学国际商学院设计和编写了这套高等院校经管类精品系列教材，以期对经济全球化时代高层次国际商务人才的培养做出一定的贡献。

在国际金融危机背景下，美国经济学家保罗·克鲁格曼获得了 2008 年度的诺贝尔经济学奖。他认为："通往世界繁荣的唯一重要的结构性障碍，正是那些盘踞在人们头脑中的过时的教条。真正短缺的不是资源，也不是美德，而是对现实的理解和把握。"经济学作为济世之学，理应关注现实经济问题。

得益于外语类院校在国际交流与合作方面的优势，该系列教材的作者大多具有海外留学或研修经历，学术视野开阔，熟悉国内外研究动态，这使得这套教材的设计和编写理念与国际接轨，富有全球视野，此外，本系列教材借鉴和吸收了国内外最新的教学与科研成果，具有一定的前沿性和前瞻性。

本系列教材在经典经济学理论研究成果的基础上，借鉴并吸收了 21 世纪经济学理论范式的履新与分析方法及工具的改进方法，是一套比较系统的兼顾理论分析与实践检验的教科书，适合经济类、管理类相关专业本科生、研究生作为教材或参考书，同时，由于其具有鲜明的实践型特色，亦对企事业单位、政府部门的科技工作者、管理干部及相关从业人员具有较高的参考价值。

该系列教材由既有联系又相互独立的 10 余本教材组成，在对其进行策划和编写的过程中，工作人员坚持了编写高水平精品教材的指导思想，从而使之具有如下特点。

第一，该学院中青年教师在“企业实习计划”的支撑下，有关作者得以有针对性地进行教材编写工作，而不是闭门造车、纸上谈兵，因而，使用教材的读者可以切实将所学专业知识运用到企业实践工作中去，从而使教材具有鲜明的实践型视角。

第二，充分发挥了外语类院校的外向型优势，大量学习和借鉴了国外经典教材和优秀论文，并纳入了一线教师们自身的心得，从而使本系列教材具有宽广的国际性、前沿性、创新性视角。

毋庸讳言，在该系列教材中，一定还存在着一些疏漏和不足，敬请广大读者不吝赐教、予以指正，以利于该系列教材的进一步提升和完善。

佟家栋

2015 年 1 月

前言

财务分析是一门操作性很强的财经类课程，其在企业管理活动中的应用也非常广泛。但是，要编写出一本好的财务分析教材并不容易。主要理由如下。

首先，财务分析的知识点繁多，而且前后联系比较紧密，因此，如何对教材进行分章布局就成为一个首要课题。分章布局不合理，可能就会阻断本来顺畅的知识河流，难以形成“前可追根溯源，后可融会壮大”的知识网络。

其次，财务分析不可避免地要对财务数据进行数学处理，而且，实践中使用过的数据处理方法非常多，所应用的数据处理软件也是从简单到复杂，应有尽有。比如，有很多财务分析教材就是专门基于 Excel 软件进行编写的。那么，如何在教材中既阐明知识，“授人以鱼”，又讲透方法，“授人以渔”呢？这一问题必须要重视。

最后，就是与学术研究对接的问题。财务分析是财经类学术研究的重要基本功。财经类或企业管理类的文章，只要涉及实证分析，几乎都要用到财务分析的知识。本科诚然是打基础的阶段，但是，本科期间良好的学术研究基础技能的培养也是很有必要的。因此，财务分析这门课必须要结合多元化的具体问题，展示自己作为一种重要的学术研究工具的光彩一面。

本教材的编者在数年的本科教学过程中，使用过多本不错的教材，既有西方的英文原版教材，也有国内经典的教材。这些教材各有所长、各有千秋，但是，重新编写一本教材，把财务分析的完整性和连贯性更好地体现出来，是编者一直的心愿。经过不断地实践摸索与总结，本书最终得以编写而成。

本教材的显著特点就是从头到尾都以“FL 公司”这一家公司为案例，从环境与战略分析到财务报表基本分析，从偿债、盈利以及运营三大能力的专门性分析到财务综合性分析，前后呼应，环环相扣，努力打造出一条清晰有力的脉络，贯穿全书。

本教材既可作为经济管理类本科阶段的日常教学用书，也可供对财务分析有兴趣的相关人员自学使用。

本教材在编写过程中，得到了天津外国语大学国际商学院的大力支持和资助，也得到了国际商学院国际会计系各位专业老师的指点和帮助，在此一并表示感谢。

编　者

2015 年 5 月

目录

Contents

第一章 绪 论

学习目标

通过本章学习，了解财务分析的产生与发展，了解财务分析的主体及具体分析目标，掌握财务分析的基本程序与方法，了解应用各种分析方法的注意事项，了解财务分析的信息种类及其来源渠道，为以后各章学习奠定基础。

第一节 财务分析的产生与发展

对财务分析产生与发展在早期做出重要贡献的是贷款人和投资者，正是他们对财务报表信息的需要影响着财务分析的产生与发展。在近代与现代，企业经理、银行家和其他人对财务信息的需要进一步影响着财务分析的发展进程。

一、财务分析开始于银行家

直到20世纪初，会计账簿与报表仍一直被当作记账员工作的证明，然而，这时银行家开始要求使用资产负债表作为评价贷款是否延期的基础。财务报表开始大规模应用于信贷目的开始于1895年2月9日，当时美国纽约州银行协会的经理委员会采纳了一项决定，即要求他们的机构贷款人提交书面的、有其签字的资产负债表。

二、投资领域的财务分析

资本市场形成以后，公司筹资范围迅速扩大，非银行贷款者、股权投资者的数量也迅速增加，投资者财务分析的需要使得财务报表的披露从基于受托责任观转为基于决策有用观，不仅注重稳健性，而且更加注重盈利能力。从财务报表分析观察企业财务状况的观点也被应用于投资领域。1900年，美国的汤姆斯发表了题为《铁路报告分解》的小册子，在处理各种铁路报表因素时，他使用了现代的分析方法，如经营费用与总收益比率、固定费用与净收益比率等。财务分析作为评价财务状况的基础在投资领域越来越流行。

三、公司管理者的财务分析

公司组织进一步发展，使得经营者逐步认识到财务分析的重要性，努力改善偿债能力，提高盈利能力，加强财务控制，为财务决策提供支持。

四、现代财务分析的领域不断扩展

现代财务分析早已不限于初期的银行信贷分析和一般投资分析，全面、系统的筹资分析、投资分析和经营分析是财务分析的基本领域。随着经济的发展、体制改革和现代公司制的出现，供应商、销售商以及投资基金经理也在进行财务分析，财务分析在资本市场、企业重组、绩效评价、企业评估等领域的应用越来越广泛。

第二节　财务分析的目标

财务分析的定义：相关利益主体为了实现某一特定目标，运用一定的方法和手段，对目标企业的财务报告及其他相关资料所提供的数据进行分析研究，进而对企业的财务状况、经营成果以及现金流量等方面做出评价和预测的过程。

其中，相关利益主体不仅包括内部的企业管理层，还包括外部的股权投资者、债权人、政府相关部门、上游供应商、下游客户、企业雇员以及社会大众等。

财务分析是连接财务信息与其使用者的桥梁和纽带，其实质是对以企业财务会计报告为主要信息来源所提供的财务信息进行进一步加工、利用的过程。财务分析是相关利益主体利用会计信息的重要途径和必要手段。

财务分析的目标分为总体目标和具体目标两个层次。通过财务分析，可以实现了解企业过去、评价企业现状和预测企业未来等总体目标。同时，具体来讲，不同类型的利益相关者，进行财务分析的具体目标也不一样。

一、财务分析的总体目标

不管哪种类型的相关利益主体，通过财务分析，都可以达到一些共同的目标，即财务分析的总体目标。一般情况下，根据关注的时间段不同，企业财务分析的总体目标可以概括为以下 3 个方面。

（一）了解企业的过去，掌握企业的发展历程

了解企业的过去是进行财务分析的首要环节，也是进行后续的评价和预测工作的前提。各相关利益主体在进行财务分析时，首先需要分析企业的历史资料，通过研究企业的过去，形成对企业发展历程和运营规律的深刻认识。

例如，南海泡沫事件中，如果投资者首先了解南海公司的产品生产与销售历史、资金筹集与使用历史以及利润分配历史等内容，就会对这家公司有一个清楚的正确认

识：该公司并没有开展什么实质性业务。这样就会避免出现如此的泡沫惨剧。

不同的行业，其生产和销售具有不同特点，故对资金的占用、需求遵循着不同的规律。即使在同一行业，由于产品品种、经营规模和管理特点的不同，对资金的需求和运用也有着不同的特点和规律。了解企业的过去，包括了解企业所处的行业特点、企业发展历程及其在行业中的地位、企业生产经营特点以及企业管理团队的业绩和能力。比如，可以根据过去一段时期中企业所占的市场份额的变化来判断企业在行业中的地位，可以根据企业所涉及业务的种类来判断其生产经营的多元化水平等。

（二）评价企业的现状，找出企业目前面临的主要问题及其原因

基于对企业历史的掌握，结合企业目前所面临的新形势，可以评价企业目前的状况，例如，市场竞争力是否得到加强，营销策略是否有效率，成本费用是否得到有效控制，资产是否出现贬值，资产结构是否合理，到期债务是否有能力清偿，负债比例以及负债结构是否合理，投资项目的进展是否顺利以及现金流状况是否合理，等等。

比如，南海泡沫事件中，投资者掌握了南海公司的发展历史之后，再结合当时英国与南美洲之间贸易的通畅程度，就可以对南海公司的现状做出评价：这家公司依然没有实质性业务正在进行，股票价格的飙升只是泡沫在作怪。

但是，需要注意的是，同样的问题可能是由不同原因造成的，需要区别对待。例如，同样是没有能力清偿到期债务，有的企业是由长期经营不善、盈利不足造成的，有的企业则是有足够的盈利但现金回流不善造成的。

（三）预测企业的未来，做出相应的对策或决策

在掌握了企业历史和对企业现状做出评价后，各相关利益主体可以预测企业的未来，并据以制定相应的经营管理对策（公司管理层）或投资决策（公司投资者）。

财务分析主体可以预测企业未来资产收益能力和流动能力，预测企业未来经营管理效率等。科学地预测企业未来的发展趋势，能为分析主体做出正确决策提供财务信息支持。只有预测到的关于企业未来的信息才是对决策最有用的信息，而为决策服务正是相关利益主体进行财务分析的最终目的。

例如，在南海泡沫事件中，如果存在规范的财务信息披露体系，理性的投资者应该会预测到，南海公司的发展前景并不乐观，甚至可以说并没有什么发展前景。进而，市场也就不会推动南海公司的股票走向如此高的价格。

二、财务分析的具体目标

对于所有的会计信息使用人，财务分析都可以实现了解企业过去、评价企业现状和预测企业未来的总体目标。但是，一般情况下，与企业有着经济利益的方方面面都会成为企业财务会计报告的用户，形成不同类型的相关利益主体。他们站在各自的立场上，对目标企业的财务状况、经营成果和现金流量进行分析与评价，从而为自己的决策服务。

由于不同的相关利益主体有着不同的利益侧重点，所以进行财务分析的具体目标

也是各不相同的。

（一）企业管理层：追求全面的财务业绩表现

一般来讲，企业管理层包括董事会和高级管理人员。在以“委托—代理”关系为基础的现代企业制度下，企业管理层承担着满足不同利益主体的需要和协调各方主体关系的重要责任，其切身利益也由企业各方面的财务表现综合决定。另外，关于财务分析，企业管理层具有不可比拟的优势：处在企业发展前进的第一线，最了解企业的真实状况，掌握着企业的最全面、最新颖的信息。

企业管理层为了追求自身利益的最大化，通常以全面的财务业绩表现为目标，积极通过财务分析，总结过去的经验教训，进而对企业的发展战略做出调整，以求企业在未来获得更好的发展，提高管理层自身的利益。

企业经营管理是一项复杂的系统工程。企业在经营中往往由于资金没有适度的调配、生产组织控制不佳、销售过程工作失误等许多客观的和主观的因素，使企业经营发生不良后果。因此，经营管理者务必要迅速获得企业的重要财务信息，以便采取必要的措施和有效方法，应付瞬息万变的不同情况。进行财务分析是经营管理者得到此项财务信息的有效途径。

企业经营管理者进行财务分析的目标是综合的、多方面的。

具体来说，企业经营管理者财务分析的目标是：①通过财务分析，将错综复杂的会计数字转化为简单明了的财务信息，以增强财务会计资料对经营者的有用性；②通过财务分析，使经营者扼要地观察企业目标完成得如何，企业目前财务状况怎样，并进一步了解影响企业经营目标完成得好坏以及财务状况优劣的具体原因，以便经营者采取措施，改进工作；③通过财务分析，为经营者预测未来的发展前景，做出正确的经营决策提供可靠的财务信息。

（二）股权投资者：追求股东财富最大化

企业的股权投资者包括企业现有的所有者，也包括潜在的投资者。一般来讲，他们投资的目标是投资收益的最大化，或者称为股东财富最大化。

股权投资者的投资收益分为两个部分，一个是现金股利，另一个是资本利得。其中，资本利得指的是由于股票价格的上升带来的增值收益。所以，股权投资者关心的是未来现金股利与股票价格的综合价值。

根据股票价值的理论模型，有两个重要因素影响股票的价值，一个是预期的企业盈利水平，另一个是预期的企业风险水平。因此，股权投资者不仅关心企业的盈利能力，还要对企业经营方式、投资风险和收益的稳定性进行财务分析。另外，投资者对企业的财务结构、股利分配率的高低和财务规划也十分关心，这些信息有助于他们预测企业未来的发展前景，做出新的投资决策。例如，潜在投资者是否向企业投资，企业所有者是否保持现有投资和追加新的投资等。

当然，对于一般投资者和拥有企业控制权的投资者来说，他们进行财务分析的目标也有所差别。一般投资者更关心企业提高股息、红利的发放，对企业的长远发展不感兴趣；对于拥有企业控制权的投资者来说，他们拥有企业更多的股份，希望企业能够不断壮大，从而获得更多的利益，因此他们考虑较多的是增强企业的竞争实力，扩大市场占有率，降低财务风险和纳税支出，追求长期利益的持续、稳定增长。

（三）债权人：追求债券本息按期足额收回

债权人是指那些向企业提供债务资金的经济组织或个人。债权人向企业提供资金的方式尽管有所不同，但这些债权因为契约签订而具有法律效力。因此，债权人在决定是否授予企业信用之前，必须通过债务人的会计报表分析、判断与评价企业的偿债能力。

企业的债权人尤其是那些已经贷款给企业或将要贷款给企业的银行或其他金融机构，其贷款给企业必然要求企业具有按时、足额还本付息的能力。如果借款企业的经营状况较好，则债权人的权益必然固定不变，得到保证；如果借款企业的经营状况不佳或发生意外事故，则债权人的权益必将处于危险之中。因此，银行或其他金融机构在决定是否对某一企业贷款时，必然审慎分析借款企业的财务状况。由于债权人所授予的信用期限、信用条件、抵押品等方面的情况有所不同，债权人往往对会计报表采用不同的分析方法、分析内容和评价标准。

对于短期债权人，财务分析的目标在于了解借款企业短期财务状况、短期偿债能力及存货周转情况等，以便决定是否收回贷款或停止贷款。短期债权人关心企业财务状况（偿债能力）超过企业的经营效益（盈利能力）。

长期债权人，一般重视借款企业未来较长期间的偿债能力，所以需要的财务信息较详细，分析的范围也较广泛。因此，长期债权人财务分析的目标在于根据借款企业现在的经营情况和财务状况预测其未来较长期间的偿债能力、经营前景以及企业在竞争中的应变能力，以便做出对借款企业是否长期贷款的决策。长期债权人财务分析的重点是预测企业未来的发展前景。

（四）注册会计师和审计人员：提供审计服务的独立第三方

注册会计师和审计人员进行财务分析的主要资料是企业对外财务报表。会计师和审计人员对某一企业的财务报表进行审查鉴证后，必须提出查账报告书，并明确指出被查单位的会计处理是否符合一般公认会计原则，对所提供的财务报告是否足以公正表达某一特定期间的财务状况和经营成果表示意见。

注册会计师和审计人员进行财务分析主要是通过研究不同财务数据以及财务数据与非财务数据之间的内在关系，对财务信息做出评价，通过分析来了解被审计单位及其环境，发现审计线索，实施实质性程序和审计临近结束时对财务报表进行总体复核。注册会计师对会计报表进行分析的目的主要是判断企业财务状况和经营成果的真实性与合理性，并将分析的结果作为全面分析、评价企业会计报表是否可靠的结论。

（五）其他企业利益相关者

除了上述人员关注企业的财务报表以外，其他相关部门也会出于各自的需要关注企业的财务报表，这些部门主要包括税务机关、财政机关、工商行政管理机关和国有资产管理机构等。

财政部门通过了解企业的财务状况，掌握企业资金的流向，制定相应的财政政策来规范企业的发展。

税务部门可采用财务分析的特定方法，了解企业报税所得是否合理，计税方法是否正确，应纳税额是否及时上缴。

企业主管部门可以通过对企业进行财务分析，监督所辖企业各项计划（预算）指标的执行情况，以便做出综合平衡。

国有资产管理部门主要通过企业会计报表的分析，掌握国有资产的运用效率与投资报酬率，从投资者角度研究分析企业的财务状况与经营成果。

律师可将财务分析方法作为深入追查各经济案件的有效手段。

企业的供应商和客户一方面要求企业能够按时、按质、按量地完成双方的交易行为，另一方面关心企业能否及时清算各种款项，因此，他们需要分析企业的存货周转情况、支付能力和偿债能力等，了解企业短期的财务状况，并根据企业利润表中反映的企业交易完成情况判断企业的信用额度，从而确定是否与企业进行交易。

第三节　财务分析的程序与方法

一、财务分析的程序

综合来看，财务分析的程序与步骤可以归纳为4个阶段10个步骤。

（一）财务分析信息搜集整理阶段

财务分析信息搜集整理阶段主要由以下3个步骤组成。

（1）明确财务分析目的。

（2）制订财务分析计划。

（3）搜集整理财务分析信息。

（二）战略分析与会计分析阶段

战略分析与会计分析阶段主要由以下两个步骤组成。

（1）企业战略分析。企业战略分析通过对企业所在行业和企业拟进入行业进行分析，了解行业的收益潜力和风险程度，明确企业自身地位及应采取的竞争战略。企业战略分析主要包括行业分析和竞争战略分析。企业战略分析是会计分析和财务分析的基础和导向，通过企业战略分析，分析人员能深入了解企业的经济状况和经济环境，从而能进行客观、正确的会计分析与财务分析。

（2）财务报表的会计分析。财务报表的会计分析目的：①揭示财务报表反映财务状况和经营成果的真实程度，并对报表进行改进；②通过会计报表分析，指出企业哪些方面存在重大的问题，为下一步财务分析打下基础。

财务报表会计分析主要包括四个步骤：一是阅读财务报告；二是修正会计报表信息；三是比较财务报表；四是解释会计报表，评价企业实际状况，解释存在的主要问题。

（三）财务分析实施阶段

本阶段是在战略分析与会计分析的基础上进行的，它主要包括以下两个步骤。

（1）财务指标分析。根据分析目的选择和计算财务指标，它是正确判断和评价企业财务状况的关键，其中财务指标一定要根据实际情况进行修正。

（2）基本因素分析。它是在报表整体分析和财务指标分析的基础上，对一些主要指标的完成情况，从其影响因素角度出发，进行深入定量分析，确定各因素对其影响的方向和程度，为企业正确进行分析评价提供最基本的依据。

（四）财务分析综合评价阶段

财务分析综合评价阶段是财务分析实施阶段的继续，具体看又可分为3个步骤。

（1）财务综合分析与评价。它是在应用各种财务分析方法进行分析的基础上，将定量分析结果、定性分析判断与实际调查情况结合起来，以得出财务分析结论的过程。

（2）财务预测与价值评估。财务分析既是一个财务管理循环的结束，又是另一个财务管理循环的开始。应用历史或现实财务分析结果预测未来财务状况与企业价值，是现代财务分析的重要任务之一。

（3）财务分析报告。财务分析报告是财务分析的最后步骤，它将财务分析的基本问题、财务分析结论，以及针对问题提出的措施建议以书面的形式表示出来，为财务分析主体及财务分析报告的其他受益者提供决策依据。

二、财务分析的基本方法

（一）趋势分析法

趋势分析法是指用若干个连续期间的财务数据进行比较分析，以说明企业经营活动和财务状况的变化过程及发展趋向的分析方法。趋势分析法既可用文字表述，也可图解，或用表格或比较性财务报表分析。比较性财务报表，即将两期以上的财务报表予以并列，依次比较而编制的一种财务报表。常见的比较性财务报表主要有比较性资产负债表、比较性损益表和比较性现金流量表。

（二）结构分析法

结构分析法是将财务报表中的某一关键项目的数字作为基数（100%），计算该项目各组成部分占总体的比例。通过分析可以揭示各项目的相对重要性和总体结构关系，便于提供揭示问题的途径。通常情况下，资产负债表以资产总额为基数，利润表以营业收入或利润总额为基数，现金流量表则以某一项现金总流入或现金总流出为基数，这样处理后的财务报表叫作共同比财务报表。有时，也可将结构分析与趋势分析结合应用，这两种分析方法是阅读财务报表时常用的基本数据处理方法。

（三）比较分析法

比较分析法是将实际数据与性质相同的各种标准进行对比，从数量上确定其差异，并进行差异分析的一种分析方法，即将报表中的各项数据，与计划、前期、其他企业等同类数据进行比较。财务分析中经常使用的比较标准有以下几种。

1. 公认标准

公认标准，是各类企业不同时期都普遍适用的指标评价标准。典型的公认标准如2∶1的流动比率和1∶1的速动比率，利用这些标准能揭示企业短期偿债能力及财务风险的一般状况。

2. 行业标准

行业标准，是反映某行业水平的指标评价标准。在比较分析时，既可以将本企业财务指标与同行业平均水平指标对比，也可以将本企业财务指标与同行业先进水平指标对比，还可以将本企业财务指标与同行业公认标准指标对比。行业标准指标的比较，有利于揭示本企业在同行业中所处的地位及存在的差距。

3. 目标标准

目标标准，是反映本企业目标水平的指标评价标准。当企业的实际财务指标达不到目标标准时，应进一步分析原因，以便改进财务管理工作。

（四）比率分析法

比率分析法是在同一张财务报表的不同项目或不同类别之间，或在不同财务报表的有关项目之间，用两项相关数值的比率反映它们之间的相互关系，揭示企业财务状况和经营成果的一种分析方法。比率分析法以其简单、明了、可比性强等优点在财务分析实践中被广泛采用。

比率分析法常常涉及标准财务比率的应用。标准财务比率，是指特定国家、特定时期、特定行业的平均财务比率，如标准的流动比率、标准的资产负债率、标准的总资产周转率等。在进行会计报表分析时，以下两种情况下最好采用标准财务比率：计算出来的财务比率与本企业的历史资料比较，只能看出自身的变化，无法知道在激烈竞争中企业所处的地位；与同行业或其行业的个别企业进行比较，只能看出与对方的区别，而对方并不一定最好，与之不同也未必不好。这时，以标准财务比率作为基础进行比较分析，更容易发现企业的异常情况，以便于揭示企业存在的问题。

标准财务比率的确定方法通常有两种。一是统计方法，即以大量历史数据的统计结果作为标准。这种方法是假设大多数是正常的，社会平均水平是反映标准状态的，脱离了平均水平，就是脱离了正常的状态。二是工业程序法，即以实际观察和科学计算为基础，推算出一种理想状态作为评价标准。这种方法假设各变量之间有其内在的比例关系，并且这种关系是可以被认识的。在实际操作中，经常综合使用上述两种方法，因为这两种方法互相补充、互相验证。目前，标准财务比率的建立主要采用统计方法，工业程序法处于次要地位。

美国、日本等一些工业发达国家的某些政府机构定期公布各行业的财务方面的统计指标，以为报表使用者进行分析提供帮助，我国目前尚无这方面的正式刊物。在各种统计年鉴上可以找到一些财务指标，但行业划分较粗，且不同企业执行的会计制度、准则不统一，如2007年1月1日起，上市公司执行新会计准则，而非上市公司则可以执行企业会计制度，这造成不同企业财务指标口径不同，无法直接比较。目前，《中国证券报》、《金融时报》和一些财经网站会定期提供某些上市公司的财务比率，包括一些行业的平均数据，作为企业标准财务比率的参考数据。这些上市公司的行业平均财务比率，在使用时应注意两个问题：一是行业平均指标是根据上市公司的财务数据计算出来的，与非上市公司的指标口径存在差异；二是某些行业的上市公司只有一两家，算出来的平均指标不具有代表性，不能真实反映整个行业的实际情况。因此，在进行报表分析时往往根据分析对象、目的不同，对收集到的行业平均财务比率进行修正，以尽可能地建立一个理想可比的参照物。

在运用财务比率时，要注意以下两点。

一是计算财务比率所依据的会计报表资料不一定反映企业的真实情况。尽管会计报表是按《企业会计准则》设计的，它们合乎规范，但不一定反映企业的客观实际。例如，报表数据未按通货膨胀或物价水平调整；非流动资产的余额是按历史成本减折旧或摊销计算的，不代表现行成本或变现价值；无形资产和开办费的摊销等是主观估计的，未必正确；财产盘盈或坏账损失等非常或偶然的事项，可能会歪曲本期的净收益。

二是不同企业对同一会计事项处理可能选择不同的会计处理方法和程序，这使它们的财务比率可比口径有误差。

鉴于上述两方面原因，只能在限定意义上使用财务比率，不可将其绝对化，这也是在运用财务比率进行报表分析时所必须注意的问题。各种不同的比率说明着不同的关系。但比率本身并不说明问题，它只有同一定的标准进行比较才能说明问题。由于报表使用者不同，分析比率的着眼点、用途、目的不同，因而比较的标准也有所不同，这样根据分析结果做出的解释也会有所不同。另外，由于每一个比率只涉及企业生产经营过程中的一种关系，而企业生产经营活动本身是错综复杂的，因而不能孤立地、简单地根据某一个或某几个比率的分析结论，而是应该把它们有机结合起来，把比率分析和比较分析等结合起来，以得出正确的结论。

（五）因素分析法

因素分析法是依据分析指标与其影响因素之间的关系，按照一定的程序和方法，确定各因素对分析指标差异影响程度的一种技术方法。

因素分析法根据其分析特点可分为连环替代法和差额计算法两种，下面介绍比较简单实用的差额计算法。

（1）确定分析指标与其影响因素之间的关系。确定分析指标与其影响因素之间的关系的方法，通常是指标分解法，即将经济指标在计算公式的基础上进行分解或扩展，从而得出各影响因素与分析指标之间的关系式。如对于产品总成本，可以将其影响因素分解为：

总成本=产品产量×单位成本

（2）根据分析指标的报告期数值与基期数值列出两个关系式或指标体系，确定分析对象。如对于产品总成本而言，两个指标体系是：

基期总成本=基期产品产量×基期单位成本

报告期总成本=报告期产品产量×报告期单位成本

分析对象=报告期总成本-基期总成本

（3）利用各影响因素的报告期数值与基期数值的差额，在其他因素不变的假定条件下，计算各因素对分析指标的影响程度。如产品总成本的两个影响因素的影响程度分别为：

产品产量的影响=（报告期产品产量-基期产品产量）×基期单位成本

单位成本的影响=（报告期单位成本-基期单位成本）×报告期产品产量

（4）检验分析结果。即将各因素对分析指标的影响额相加，其代数和应等于分析对象。如果二者相等，则说明分析结果可能是正确的；如果二者不相等，则说明分析结果一定是错误的。

【例1-1】某企业有关成本的资料见表1-1。

表1-1　　企业成本分析资料表

项目	2012年	2011年
产品产量（件）	1200	1000
单位成本（元/件）	11	12
产品总成本（元）	13200	12000

要求：确定各因素变动对产品总成本的影响程度。

计算分析过程如下。

分析对象：13200-12000=1200（元）

产品产量变动的影响：（1200-1000）×12=2400（元）

单位成本变动的影响：（11-12）×1200=-1200（元）

各因素影响之和：2400+（-1200）=1200（元）

上述分析过程说明，企业总成本报告期比基期增加了1200元，这是由产品产量和单位成本两因素共同变动引起的，其中，产品产量上升使总成本上升2400元，单位成本降低使总成本减少1200元。

在企业经济活动中，一些综合性经济指标往往是受多种因素的影响而变动的。在分析这些综合性经济指标时，就可以从影响因素入手，分析各种因素对经济指标变动的影响程度，并在此基础上查明指标变动的原因。这对财务分析者做出正确的经营决策和改进管理都极为有用。

（六）使用财务分析方法应注意的几个问题

上述方法对于考察企业理财得失，评价企业财务状况优劣，判断企业经济效益好坏，帮助投资者、债权人等进行投资、信贷决策等，都发挥着极大的积极作用。但是，同时也应看到各种财务分析方法由于受到分析资料来源的局限性，财务分析与评价的结果并不是绝对准确的。因此，在应用这些财务分析方法时应注意以下几个问题。

1. 财务数据重结果、轻过程

财务报表通常只能说明企业管理结果、经营效果，而不能详尽说明企业管理的过程及经济效益的实现过程。以资产负债表为例，它所反映的仅是即将结转到下个会计期间的责任。它是一种未履行责任的报告，即未使用的经济资源、未偿还的债务，并不能明确反映企业管理当局在企业生产经营过程中是如何筹措资金，对筹措的资金又是如何具体加以运用的，以及是否及时偿还了债务。再比如，通过损益表，人们只能了解到企业所取得的收入是多少，至于收入是如何具体取得的却很难了解到。这些都给企业的财务分析带来了很大的局限性。解决的最佳途径是尽可能地扩大信息来源，以弥补财务报告所提供信息的不足。

2. 财务数据的可比性

财务分析就是对财务报表所提供的数据资料进行比较的过程。因此，财务报表数据资料是否具有可比性，对财务分析结果会产生重大影响，如果将不可比的资料硬性进行比较，就很难得出正确的分析结果。影响财务报表资料及财务分析可比性的因素，主要有计算方法、计价标准、时间跨度和经营规模等，一旦这些条件发生变动而企业在分析时又未予以考虑，则必然对分析的结果产生不利的影响。解决问题的办法：结合不同时期的实际情况和不同类型的企业，得出客观的评价结论。

3. 财务数据的可靠性

财务分析的目的是通过运用一定的分析方法客观、真实地揭示企业经营管理及其财务状况，从而为改善经营管理提供可靠的决策信息。财务报表所提供的数据资料是否真实可靠，不仅受企业的主观因素即人的因素的制约，同时也与会计方法的合理性密切相关。如果会计方法不当，或者过多地掺杂了各种人为的因素，那么财务报表所提供资料的真实可靠性就缺乏必要的保证。比如，未来预期收益、智力投资使员工知识增长等，就难以在分析数据中反映出来。解决的办法：尽可能将潜在的业绩估计在内，做出恰当的判断和评价。

第四节　财务分析的信息来源

一、政策与市场信息

（一）政策与市场信息的重要性

政策与市场信息是指除企业内部信息之外的所有企业外部信息。在进行企业财务分析过程中，无论是投资者、经营者还是债权人，只靠企业内部信息都是远远不够的。

企业的投资者为保证其投资的收益性和安全性，不但要分析企业的盈利能力、支付能力，而且必须掌握市场上的无风险收益率水平、其他企业的投资收益水平；不但要看企业目前的生产经营状况，而且应根据国家的产业政策信息，预测企业未来的发展前景；不但要了解企业的名义产出和盈利水平，而且要依据通货膨胀率分析确定企业的实际产出和盈利水平等。这些都离不开政策与市场信息。

企业的经营者要不断提高企业经济效益，保证企业经营状况和财务状况不断改善，必须面向市场、进入市场。不掌握国家政策与市场信息，要在市场竞争中立于不败之地是不可能的。例如，企业可根据市场利率信息确定企业的负债结构，根据市场的需求信息确定产品的品种和产量，根据国家的产业政策与技术政策确定企业的发展目标等。

企业的债权人在对企业进行财务分析时，不仅要根据企业会计报表信息分析其流动性和偿债能力，还要研究企业在市场上的信誉状况、企业的发展前景，以及国家信贷政策的变动情况，只有这样，才能保证债权人的收益性与安全性。

（二）宏观经济政策

宏观经济政策主要指财政政策、金融政策、货币政策等。这些政策对企业财务分析来说是至关重要的。宏观财政政策主要通过税收、支出和一些特别会计制度来直接影响企业的绩效，财政政策改变，就会影响产品的价格，影响流通和企业的收益，也会影响企业的资金结构。宏观金融政策主要通过利率和信贷规模来体现。利率提高，就意味着企业承担的资金成本增加，直接影响企业的业绩。利率的降低则有助于企业更好地降低资金成本，提高效益。在经济供过于求的膨胀情况下，宏观政策会收缩货币发行量，提高利率，使得企业获得资金的可能性减少，资金成本也增加。企业扩大生产受到资金的制约，产品供过于求的局面会适当缓解。当经济较为低迷疲软时，金融当局就会降低利率，增加货币投放，降低贷款条件，增加贷款范围，以此来刺激企业发展生产，提高效益，活跃社会经济。了解这些宏观经济政策对企业的影响，一方面可以从宏观经济政策的调整预见到企业的未来，另一方面可以更深入理解企业在相应宏观经济政策下的财务表现。

宏观经济政策分析所需的有效资料一般包括政府的重点经济政策与措施、一般生产统计资料、金融物价统计资料、贸易统计资料、每年国民收入统计与景气动向、突发性非经济因素等。这些资料来源主要有以下几个。①从电视、广播、报纸、杂志等了解世界经济动态与国内经济大事。②政府部门与经济管理部门，省、市、自治区公布的各种经济政策、计划、统计资料和经济报告，各种统计年鉴等，如《中国统计年鉴》、《中国经济年鉴》、《经济白皮书》等。③各主管部门、行业管理部门搜集和编制的统计资料。④部门与企业内部的原始记录。⑤各预测、情报和咨询机构公布的数据资料。⑥国家和省市领导人报告或讲话中的统计数字和信息等。

（三）产业政策与技术政策

产业政策是政府为资源优化配置，实现经济发展目标，以产业和企业为对象实施的以产业结构转换和生产集中为核心内容的一系列政策的总和，它规定了哪些产业是基础产业，哪些产业是支柱产业，并相应的对产业组织、产业技术和产业布局做出规划。例如，中国家电产业的产业政策就从初期的高关税、许可证配给等产业扶持政策转向现阶段市场需求拉动和宏观调控政策，目前中国家电产业的发展模式主要受市场机制左右。不过，中国视家电产业为民族工业，政府政策在家电产业的走向上仍扮演着举足轻重的关键角色。很长时间以来，中国家电的产业政策方向是：力推国内家电企业走向国际舞台，使家电产业从产品输出向资本乃至品牌输出转变。中国几个主要家电厂商如海尔、春兰、格力等加速海外市场扩张及投资，并致力于自行技术研发或国际技术合作正是这种产业政策下的产物。

技术政策是政府利用经济、法律和行政干预等手段，根据国民经济增长和技术进步要求，对原有的产业技术及技术体系进行改革创新，或对未来产业及其新技术、新体系进行规划而采取的一系列政策措施，以引导和促进技术进步与经济、社会、生态的协调发展。如根据《中国保护臭氧层国家方针》制定的冰箱禁氟令于 2006 年 9 月出台，从 2007 年 1 月 1 日起全面执行，含氟的冰箱、冰柜禁止销售。2006 年 7 月 1 日起实施的欧盟环保令，要求投放欧盟市场的电子电器设备中铅、汞、镉等 6 种有害物质的含量不得超过规定限量，欧盟市场禁止含有特定有害物质的产品出售及使用，众多电子生产企业应对不足，出口大受影响。类似的产业技术政策对企业的生产、销售都会带来深远的影响。

（四）微观经济环境

微观经济环境与企业的财务状况紧密相关，主要包括企业所处的市场环境、采购环境、生产环境和人员环境等。

1. 市场环境

市场环境是指企业所处市场的竞争程度，它决定企业产品的市场占有率和销售价格。我们按照竞争程度不同可以把市场划分为完全垄断市场、完全竞争市场、寡头垄断市场和不完全竞争市场 4 种情况。完全垄断市场中，企业是市场价格的制定者，产品易销，价格波动不大，企业利润稳中有升，企业可以利用较多的负债筹集资金。完全竞争市场中，企业是市场价格的接受者，价格容易出现上下波动，企业利润也会随之波动，企业效益的好坏主要取决于企业成本控制的成效，企业不宜过多地采用负债方式筹集资金。寡头垄断市场中，寡头垄断者的价格联盟与合作可以使企业有较高的营业利润和毛利率。不完全竞争市场中，企业要使自己的产品创出特色，创出名牌，要在研究和开发上投入较多的资金，需要企业扩大筹集资金的渠道，以满足创新产品的需要。

2. 采购环境

采购环境是指企业在市场上采购物资时涉及的采购数量、采购价格等相关条件。企业处于稳定的采购环境中，可以少储备物资，不过多占用资金；企业处于波动的采购环境中，需要设置物资的保险储备，需要增加资金的占用量。企业处于价格上涨的环境中，可以提前进货，防止物价进一步上涨，只要资金占用成本低于价格上涨幅度，即可多储备，在存货上多占用资金；企业处于价格下降的环境中，可以随用随购，减少存货库存量，甚至可以在保证生产需要的情况下推迟采购，节约资金。采购环境对企业物资供应的稳定性和采购价格有影响，从而对企业存货资金的占用产生影响。

3. 生产环境

生产环境是指由人力资源、物质资源、技术资源等构成的生产条件和企业产品的寿命周期。如果企业的生产是技术密集型，就需要比较多的固定资产，而只需要少数的工人，那么在固定资产上占用的资金多，而工资费用少，企业必须筹集到足够的长期资金，以满足固定资产投资的需要。如果企业生产是劳动密集型，就需要比较多的工资费用，长期资金占用则较少，企业资产集中于现金、应收账款、存货等项流动资产，资产流动性强。如果企业生产是资源开发型，就需要投入大量资金用于勘探、开采，资金回收期就长。

产品的寿命周期可以分为导入期、成长期、成熟期和衰退期 4 个阶段，在不同阶段企业的收入、成本、资金周转速度都有很大差异，财务分析必须根据实际情况评价财务状况。产品寿命周期长的，企业长期资金利用多；产品寿命周期短的，短期资金就利用得多一些。

4. 人员环境

人员环境是指与企业有经济关系的各利益集团对企业产生影响所形成的条件。与企业有经济关系的利益集团包括股东、债权人、职工、顾客和政府。股东是企业的所有者，他们要求其投入企业的资本保值增值，所以，股东尤其是大股东对企业的筹资、投资、利润分配都有重大的影响；债权人是企业的债主，他们要求企业到期偿还债务并支付利息，如果企业不守信用，到期不能偿还债务并支付利息，企业以后筹资将非常困难；职工是为企业生产产品和提供服务的劳动者，他们认真工作的态度和合理化建议等都会对企业的成本、收益产生重大影响，对职工采取激励措施有利于企业管理；顾客是企业成败的关键，如果没有顾客，企业产品的价值就无法实现，资金也不能顺畅地流动，所以，要为顾客提供优质的产品和服务，还要确定合理的信用条件；政府是宏观经济的调控者，也是社会公共利益的监督者，政府支持什么、反对什么，都对企业的资金和盈利产生影响。

二、财务报告信息

财务报告，是指企业对外提供的反映企业某一特定日期财务状况和某一会计期间经营成果、现金流量的书面文件，主要包括审计报告、会计报表和会计报表附注3部分。

（一）审计报告

审计报告是注册会计师根据独立审计准则的要求，在实施了必要的审计程序后出具的，用于对被审计单位年度会计报表发表审计意见的书面文件。注册会计师根据审计结果和被审计单位对有关问题的处理情况，形成不同的审计意见，出具4种基本类型审计意见的审计报告：①无保留意见的审计报告；②保留意见的审计报告；③否定意见的审计报告；④无法表示意见的审计报告。

在上述4种意见中，第一种属于有利意见或肯定意见，是标准审计报告，注册会计师会使用“在所有重大方面”、“公允反映”等术语；后3种属于不利意见，是非标准审计报告，保留意见的审计报告会出现“除……的影响外”等术语；否定意见的审计报告会出现“由于上述问题造成的重大影响”、“由于受到前段所述事项的重大影响”等术语；无法表示意见的审计报告会出现“由于审计范围受到限制可能产生的影响非常重大和广泛”、“我们无法对上述财务报表发表审计意见”等术语。

（二）会计报表

会计报表是财务报告的主要组成部分。它是根据企业会计账簿记录和有关资料，按照规定的报表格式，总括反映一定期间的经济活动及其结果的报告文件。按现行新准则规定，会计报表应包括资产负债表、利润表、现金流量表、所有者权益（或股东权益）变动表和附注。

（三）会计报表附注

会计报表附注是对在资产负债表、利润表、现金流量表和所有者权益变动表等报表中列示项目的文字描述或明细资料，以及对未能在这些报表中列示项目的说明等，主要包括下列内容。

（1）企业的基本情况。①企业注册地、组织形式和总部地址。②企业的业务性质和主要经营活动。③母公司以及集团最终母公司的名称。④财务报告的批准报出者和财务报告的批准报出日。

（2）会计报表的编制基础。

（3）遵循企业会计准则的声明。

（4）重要会计政策和会计估计，包括财务报表项目的计量基础和会计政策的确定依据；下一会计期间内很可能导致资产、负债账面价值发生重大调整的会计估计的确定依据等。

（5）会计政策和会计估计变更以及差错更正的说明。

（6）报表重要项目的说明。

（7）或有和承诺事项、资产负债表日后非调整事项、关联方关系及其交易等相关需要说明的事项。

除此之外，企业在附注中还会披露在资产负债表日后、财务报告批准报出日前提议或宣布发放的股利总额和每股股利金额。

（四）财务报告的法规环境

企业财务报告的编制，如果没有一定法规的制约，将会对报表信息质量产生严重的影响。世界各国大都对企业财务报表的编制与报告内容制定了一些法规，这使报表信息的提供者在编制报表时操纵报表信息的可能性受到了限制。

在我国，从目前的情况来看，制约企业编制财务报表的法规体系包括会计准则体系以及约束上市公司信息披露的法规体系。制约我国企业编制财务报表法规体系中的会计制度体系主要有《中华人民共和国会计法》、《企业会计准则》等。

1. 现行会计法规体系

我国会计法规体系框架随着会计改革而不断变化，目前正在向国际惯例靠近。从总体上说，我国会计法规体系主要有以下几个层次。

第一层次是全国人民代表大会及其常务委员会颁布的法律，如《会计法》、《公司法》、《税法》等。

第二层次是国务院制定或颁布的法规，如《企业财务会计报告条例》等。

第三层次是由财政部或财政部与其他部委联合制定与颁布的法规，如《企业会计准则》、《企业会计制度》等。

2. 新准则对上市公司年度报告的影响

2006 年 2 月，财政部颁布了新的企业会计准则，并规定从 2007 年 1 月 1 日起率先在上市公司范围内执行，其他企业鼓励执行。随着该准则应用指南在 2006 年年底的正式发布，我国新的企业会计准则体系正式形成。新准则的执行将对上市公司的年度报告带来一定的变化。

第一，新准则对财务报告的目标进行了修改。原准则对会计目标的规定是“满足国家宏观经济管理的需要”，新准则的财务会计报告目标是向财务会计报告使用者提供与企业财务状况、经营成果和现金流量等有关的会计信息，反映企业管理层受托责任履行情况，这有助于财务会计报告使用者做出经济决策。财务会计报告使用者包括投资者、债权人、政府以及有关部门和社会公众等。

第二，新准则引入了公允价值计量法。在公允价值计量下，资产和负债按照在公平交易中熟悉情况的交易双方自愿进行资产交换或者债务清偿的金额计量，不再像以前仅限于用历史成本进行计量。例如，以前企业计量一幢房产价值，是依据它的历史建造成本来计入会计报表的，这样它在报表中的信息就体现不出它的实际价值，而新会计准则通过采用公允价值来进行计量，就可以反映出它真实的市场价值。可以看出，新准则使企业财务报表中所反映出的信息更真实、更具参考性和实用性。

第三，新准则规定固定资产、无形资产、投资性房地产等长期资产的减值损失一经确认不得转回，使得信息披露更贴近于企业经营实际情况。由于此前的会计准则有着较大的操作空间，如部分ST股在主营业务扭亏无望的前提下，往往会利用会计准则操纵利润，将先前计提的坏账准备在终止上市前的年报中再冲回来，从而扭亏为盈，获得A股市场的生存权利。新会计准则基本杜绝了上述现象，使得会计利润更能够反映企业的内在经营本质。而且，过去个别上市公司屡屡通过计提来调节利润，比如在盈利充足的年份，多计提跌价准备，而在盈利能力下降的年份，再将计提的跌价准备冲回，这种调节利润的手段屡屡为业内人士所诟病。在新会计准则之下，这种调节利润的手段也将受到极大遏制。

三、财务分析主要信息资料来源

如上所述，财务分析是对数据信息的再加工、利用的工作，这需要我们收集大量的公开信息资料。这些信息资料可以分成两大类：一类是企业历年的年度报告、中期报告等，目前，我国只有上市公司公开这些资料；另一类是政府部门公布的统计数据和报告。

这些信息资料的主要来源是报纸杂志和因特网。

（一）上市公司信息资料来源

《中国证券报》、《上海证券报》和《证券时报》刊登上市公司的年度报告、中期报告、季度报告、董事会公告和其他公告。

上海证券交易所网站（http：//www. sse. com. cn/）：提供1999年以来沪市上市公司的历年年度报告、中期报告、季度报告和董事会公告或其他公告原文。

深圳交易所网站（http：//www. cninfo. com. cn/）：提供1999年以来深市上市公司的历年年度报告、中期报告、季度报告和董事会公告或其他公告原文。

中国上市公司资讯网（http：//www. cnlist. com/）：提供历年上市公司年度报告、中期报告、季度报告、招股说明书和上市公告书摘要，近期董事会公告或其他公告。

（二）政府部门信息资料来源

中国统计信息网（http：//www. stats. gov. cn/）：提供国民经济的年度和月度统计数据、普查统计数据和其他统计数据。

国家发展计划委员会网站（http：//www. sdpc. cn/）：提供国家长期规划、年度计划和发展白皮书。

国家经济贸易委员会网站（http：//www. setc. gov. cn/）：提供经济运行调控统计数据资料。

中国人民银行网站（http：//www. pbc. gov. cn/）：提供金融统计数据。

国家外汇管理局网站（http：//www. safe. gov. cn/）：提供我国外汇储备、国际收支和外债等统计数据资料。

国家税务总局网站（http：//www. chinatax. gov. cn/）：提供税收统计数据资料。

中华人民共和国交通部网站（http：//www. moc. gov. cn/）：提供我国公路、桥梁和港口等统计数据资料。这些是分析判断交通业上市公司会计报表反映其财务状况及经营成果和现金流量情况真实程度的必要信息资料。

中华人民共和国信息产业部网站（http：//www. mii. gov. cn/）：提供电子信息行业统计数据资料。这些是判断电子信息行业上市公司会计报表反映其财务状况及经营成果和现金流量情况真实程度的必要信息资料。

中华人民共和国对外经济贸易合作部网站（http：//www. moftec. gov. cn/）：提供我国对外经贸统计数据资料。这些是分析判断进出口行业或有进出口业务上市公司会计报表反映其财务状况及经营成果和现金流量情况真实程度的背景资料。

中国农业信息网（http：//www. agri. gov. cn/）：提供国内外农业统计数据资料。这些是分析判断农业上市公司会计报表反映其财务状况及经营成果和现金流量情况真实程度的必要信息资料。

中国煤炭工业网（http：//www. chinacoal. gov. cn/）：提供煤炭行业统计数据资料。这些是判断煤炭行业上市公司会计报表反映其财务状况及经营成果和现金流量情况真实程度的必要信息资料。

中国纺织经济信息网（http：//www. ctei. gov. cn/）：提供纺织行业统计数据资料。这些是判断纺织行业上市公司会计报表反映其财务状况及经营成果和现金流量情况真实程度的必要信息资料。

国家药品监督管理局网站（http：//www. sda. gov. cn/）：提供药品方面的统计数据资料。这些是分析判断医药行业上市公司会计报表反映其财务状况及经营成果和现金流量情况真实程度的必要信息资料。

中国行业研究网（http：//www. chinairn. com/）：提供系统化行业分析数据库，为分析企业把握行业背景信息。

本章小结

1. 从财务分析的产生与发展来看，财务分析最先产生于银行家对贷款审核和评价的需求，后来逐渐发展到投资领域、公司管理领域等更广泛的范围。

2. 财务分析的总体目标是了解企业的过去、评价企业的现状以及预测企业的未来；不同的财务分析主体有不同的财务分析目标。

3. 财务分析的程序主要包括整理材料、战略分析、会计分析、财务分析以及综合评价几个阶段；具体可以采用的分析方法包括趋势分析法、结构分析法、比较分析法、比率分析法以及比率分析法。

4. 财务分析所依据的主要信息包括政策与市场信息以及财务报告信息。

本章习题

1. 简述财务分析的产生和发展历程。

2. 财务分析的总体目标包括哪几个方面?

3. 财务分析的程序分几个阶段?每个阶段分别包括哪些步骤?

4. 在比较分析法中,常用的比较标准有哪些?

5. 在比率分析法中,应该如何选择标准财务比率?

6. 因素分析法中的差额替代法的分析步骤是怎样的?

7. 请选择一家上市公司,然后查找与该公司有关的政策信息、市场信息以及财务报告信息,并将其整理成文件目录。

第二章 外部环境与企业战略分析

学习目标

了解环境与战略分析对于财务分析的重要意义，了解基于战略的环境分析包括哪些内容，掌握宏观环境分析中的“PEST”分析方法，熟悉行业环境分析中的企业生命周期分析，掌握企业战略分析中的波特“五力模型”，熟悉企业3个层次的战略分析方法。

第一节 环境与战略分析概述

对企业而言，企业是一个开放的系统，企业外部的对其产生影响的各种因素和力量统称为企业的外部环境。外部环境是企业生存发展的土壤，它既为企业的生产经营活动提供必要的条件，同时也对其生产经营活动起着制约的作用。任何企业，无论生产什么产品或提供什么服务，它们都只能根据外部环境能够提供的资源种类、数量和质量来决定其生产经营活动的具体内容和方向。与此同时，企业利用上述资源经过自身的转换产生出的产品和劳务，也要在外部市场上进行销售。那么，在生产之前和生产过程中，企业就必须考虑到这些产品能否被用户所接受，是否受市场欢迎。

战略是实现和引导企业潜力、实现企业目标、应对日益复杂和不断变化的外部环境的核心概念。企业管理者要对企业的经营业绩负责，同时，他们还需要向企业所有者及其他相关利益者提供财务报告。在此背景下，战略提供了一套合理而科学的方法和工具，用于分析和管理企业与其所处环境之间的关系。

有效的财务分析要求分析者不仅要学会运用会计数据，而且要善于运用非会计数据。会计数据只是企业实施其经营战略的“财务表现”，忽略对企业所处环境和经营战略的分析，报表分析只能是一种重形式、轻实质的“数字游戏”。

环境与战略分析对于财务分析具有重要的意义。

首先，客观地分析企业所处的外部环境，可以强调对企业组织产生影响的关键因素，并识别企业组织所面临的机会及威胁。

其次，深入至战略分析、战略设计、战略管控的层次思考财务指标，能够使财务

分析具有更广的思维角度，并能形成更具根本性的改进措施。

再次，立足开放的竞争环境进行比较，有利于构建提升核心竞争力和差异化竞争优势的竞争体系。

最后，关注与战略环境、客户价值、核心能力建设、关键资源获取、战略实施及过程管控有关的数据，能够使财务指标真正成为战略的指引根据，使会计信息系统成为有力的决策支撑平台。

环境与战略分析主要包括基于战略的环境分析以及战略选择分析两部分内容，这两部分的内容如图 2-1 和图 2-2 所示。

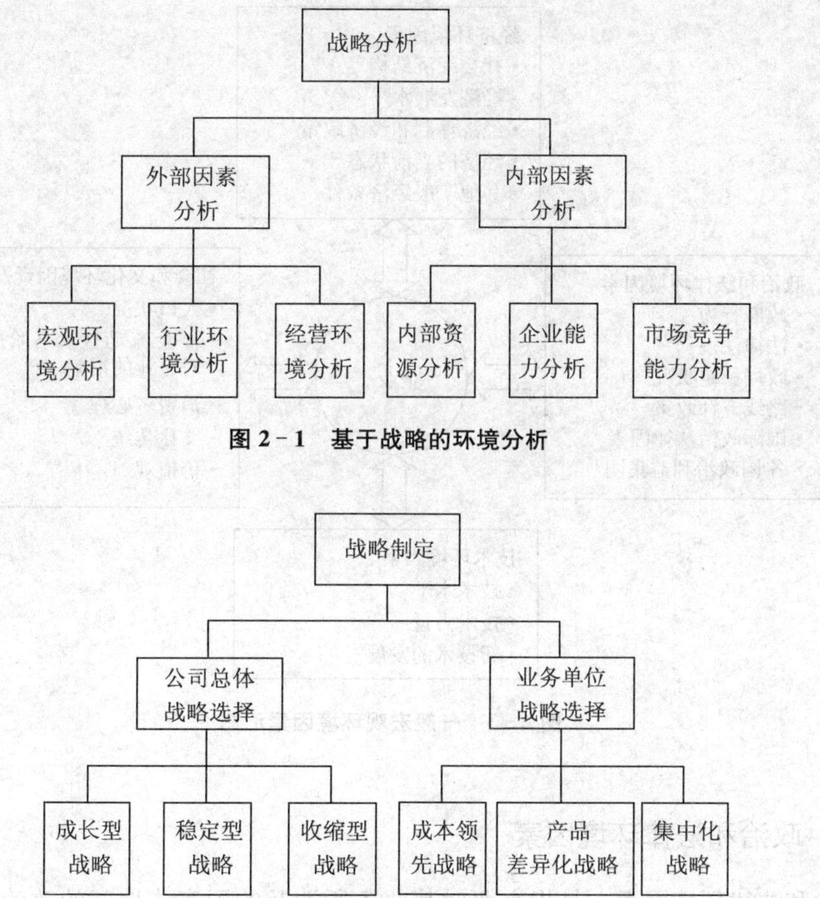

图 2-1 基于战略的环境分析

图 2-2 企业战略选择

基于图 2-1 和图 2-2 的内容结构，本章首先进行外部环境分析，包括宏观环境分析、行业环境分析以及企业经营环境分析，然后结合企业内部因素进行竞争优势分析，接下来进行企业战略分析，包括公司整体战略分析和业务单位战略分析，最后以 FL 照明股份有限公司为例，进行具体的环境与战略分析。

第二节　宏观环境分析

宏观环境分析中的关键要素包括政治和法律因素（Political factors）、经济因素（Economical factors）、社会和文化因素（Social factors）及技术因素（Technological factors），这 4 个因素的英文首字母组合起来就是 PEST，所以宏观环境分析也被称为 PEST 分析。PEST 分析考虑的因素汇总于图 2－3。

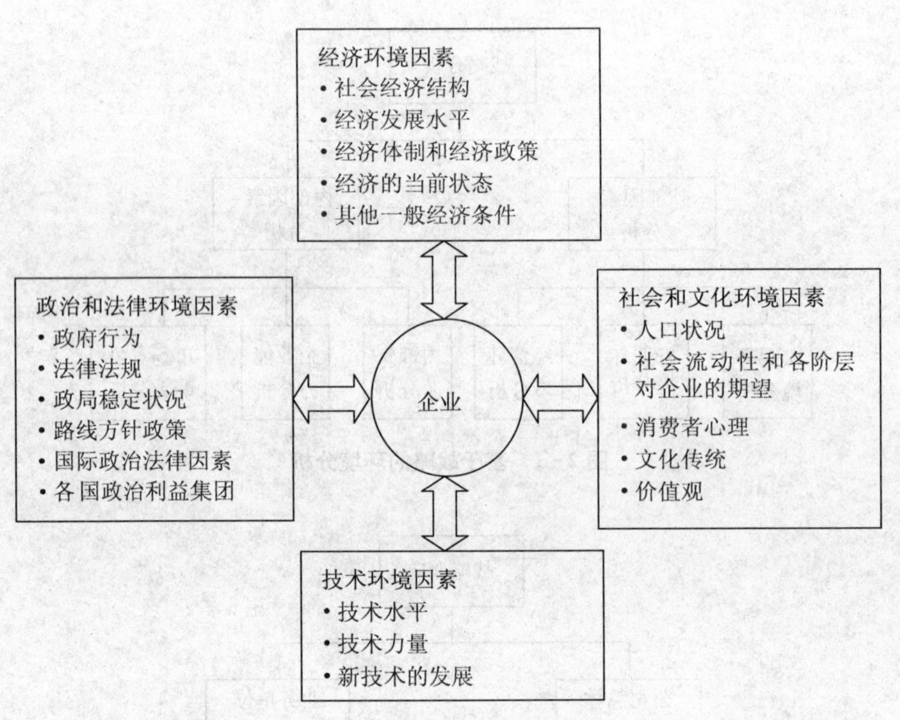

图 2－3　一般宏观环境因素汇总

一、政治和法律环境因素

政治和法律环境因素，是指企业对其业务所涉及的国家或地区的政治体制、政治形势、方针政策以及法律法规等方面的因素。

（一）政治环境因素分析

具体来讲，政治环境因素分析包括以下 4 个方面。

（1）企业所在地区和国家的政局稳定状况。

（2）政府行为对企业的影响。政府如何拥有国家土地、自然资源及其储备等。

（3）执政党所持的态度和推行的基本政策（例如，产业政策、税收政策以及进出口限制等），以及这些政策的连续性和稳定性。

（4）各政治利益集团对企业活动产生的影响。

（二）法律环境因素分析

一般来说，政府主要是通过制定法律法规来间接影响企业的活动。影响企业战略性决策的法律法规有很多，这些法律法规的主要目的是保护企业，反对不正当竞争，保护消费者、员工以及公众权益免受不合理企业行为的损害等。

法律环境因素分析主要是对以下 4 个因素进行分析。

（1）法律规范，特别是和企业经营密切相关的经济法律法规。例如，我国的《公司法》、《中外合资经营企业法》、《合同法》、《专利法》、《商标法》、《税法》、《企业破产法》等。

（2）国家司法执法机关。在我国主要有人民法院、人民检察院、公安机关以及各种行政执法机关。与企业关系较为密切的行政执法机关有工商行政管理机关、税务机关、物价机关、计量管理机关、技术质量监督机关、专利管理机关、环境保护管理机关、政府审计机关等。此外，还有一些临时性的行政执法机关，如各级政府的财政、税收、物价检查组织等。

（3）企业的法律意识。企业的法律意识最终都会物化为一定性质的法律行为，并造成一定的行为后果，从而构成每个企业不得不面对的法律环境。

（4）国际法所规定的国际法律环境和目标国的国内法律环境。

（三）政治法律环境因素对企业影响的特点

政治法律环境因素作为影响企业战略决策的因素，有其自身的特点。

（1）不可预测性。企业很难预测国家政治环境的变化。

（2）直接性。国家政治环境直接影响企业的经营状况。

（3）不可逆转性。政治法律环境一旦影响到企业，就会发生十分迅速和明显的变化，而企业是无法推卸和转移这种变化的。

二、经济环境因素

企业的经济环境主要由社会经济结构、经济发展水平、经济体制、宏观经济政策、当前经济状况和其他一般经济条件等 6 个要素构成。

（一）社会经济结构

社会经济结构，是指国民经济中不同的经济成分、不同的产业部门以及社会再生产各方面在组成国民经济整体时相互的适应性、量的比例以及排列关联的状况。社会经济结构主要包括 5 个方面的内容：产业结构、分配结构、交换结构、消费结构和技术结构。其中，最重要的是产业结构。

（二）经济发展水平

经济发展水平，是指一个国家经济发展的规模、速度和所达到的水平。反映一个国家经济发展水平的常用指标有国内生产总值、国民收入、人均国民收入和经济增长速度。

（三）经济体制

经济体制，是指国家经济组织的形式，它规定了国家与企业、企业与企业、企业与各经济部门之间的关系，并通过一定的管理手段和方法来调控或影响社会经济流动的范围、内容和方式等。

（四）宏观经济政策

宏观经济政策，是指实现国家经济发展目标的战略与策略，它包括综合性的全国发展战略和产业政策、国民收入分配政策、价格政策、物资流通政策等。

（五）当前经济状况

当前经济状况会影响一个企业的财务业绩。经济的增长率取决于商品和服务需求的总体变化。其他经济影响因素包括税收水平、通货膨胀率、贸易差额和汇率、失业率、利率、信贷投放以及政府补助等。

（六）其他一般经济条件

其他一般经济条件和趋势对一个企业的成功也很重要。工资、供应商及竞争对手的价格变化以及政府政策会影响产品的生产成本和服务的提供成本以及它们被出售的市场的情况。这些经济因素可能会导致行业内产生竞争，或将公司从市场中淘汰出去，也可能会延长产品寿命，鼓励企业用自动化取代人工，促进外商投资或引入本土投资，使强劲的市场变弱或使安全的市场变得具有风险。

三、社会和文化环境因素

社会和文化环境因素的范围甚广，它们主要包括人口状况、社会流动性和各阶层对企业的期望、消费心理、生活方式变化、文化传统和价值观等。

（一）人口状况

人口状况包括企业所在地居民的地理分布及密度、年龄、教育水平、国籍等。大型企业通常会利用人口统计数据来进行客户定位，并用于研究应如何开发产品。人口因素对企业战略的制定具有重大影响。例如，人口总数直接影响着社会生产总规模；人口的地理分布影响着企业的厂址选择；人口的性别比例和年龄结构在一定程度上决定了社会的需求结构，进而影响社会供给结构和企业生产结构；人口的教育文化水平直接影响着企业的人力资源状况；家庭户数及其结构的变化与耐用消费品的需求和变化趋势密切相关，因而也就影响到耐用消费品的生产规模等。

对人口因素的分析可以使用以下一些变量：结婚率、离婚率、出生率和死亡率、人口的平均寿命、人口的年龄和地区分布、人口在民族和性别上的比例、地区人口在教育水平和生活方式上的差异等。

例如，在日本，人们的寿命较长，而出生率下降，从而导致人口老化，这一点会对企业或企业计划提供的产品与服务类型产生显著影响。

（二）社会流动性和各阶层对企业的期望

社会流动性主要涉及社会的分层情况、各阶层之间的差异以及人们是否可在各阶层之间转换、人口内部各群体的规模、财富及其构成的变化以及不同区域（城市、郊区及农村地区）的人口分布等。

不同阶层对企业的期望也有差异。例如，企业员工评价战略的标准是看工资收益、福利待遇等，消费者则主要关心产品价格、产品质量、服务态度等。

（三）消费心理

消费心理对企业战略也会产生影响。例如，一部分顾客的消费心理是在购物过程中追求有新鲜感的产品多于满足其实际需要，因此，企业应有不同的产品类型以满足不同顾客的需求。

（四）生活方式变化

生活方式变化主要包括当前及新兴的生活方式与时尚。文化问题反映了一个事实，即国际交流使社会变得更加多元化、外部影响更加开放时，人们对物质的要求会越来越高。随着物质需求的提高，人们对社交、自尊、求知、审美的需要更加强烈，这也是企业面临的挑战之一。

（五）文化传统

文化传统是一个国家或地区在较长历史时期内形成的一种社会习惯，它是影响经济活动的一个重要因素。例如，中国的春节、西方的圣诞节就为某些行业带来了商机。

（六）价值观

价值观，是指社会公众评价各种行为的观念标准。不同的国家和地区人们的价值观各有差异，例如，西方国家的个人主义较强，日本的企业则注重内部关系融洽。

以上所提及的因素会对企业制定营销、促销、开展业务和管理内部资源的战略产生影响。例如，一家食品公司应当了解伊斯兰国家的宗教背景、某个地区人们的偏好或哪些食品不大会被人们所接受。再如，进行产品促销时，比较能令人接受的是采取较为保守的方式，并且应确定所在国家和地区是否存在一种广泛使用的开展业务方式，包括谈判的惯例、交往的习惯等。

四、技术环境因素

市场或行业内部和外部的技术趋势和事件也会对企业战略产生重大影响。某个特定行业内的技术水平在很大程度上决定了应生产哪种产品或提供哪种服务、应使用哪些设备以及应如何进行经营管理。

技术环境对战略所产生的影响包括以下几个方面。

（1）基本技术的进步使企业能对市场及客户进行更有效的分析。例如，使用数据库或自动化系统来获取数据，能够更加准确地进行分析。

（2）新技术的出现使社会和新兴行业对本行业产品和服务的需求增加，从而使企业可以扩大经营范围或开辟新的市场。

(3) 技术进步可创造竞争优势。例如，技术进步可令企业利用新的生产方法，在不增加成本的情况下，提供更优质和更高性能的产品和服务。

(4) 技术进步可导致现有产品被淘汰，或大大缩短产品的生命周期。

(5) 新技术的发展使企业可以更多关注环境保护，企业的社会责任及可持续成长问题，也使生产越来越多地依赖于科技的进步。

第三节　行业环境分析

所谓行业，是指其产品具有主要的共同特征的一大批企业或企业群体。对处于同一行业内的企业都会发生影响的环境因素的集合就是行业环境。行业环境分析是指对某个行业加以分析，从而找出决定该行业盈利性的因素、该行业目前及预期的盈利性以及这些因素的变动情况。管理层必须确定企业在以下方面如何与竞争对手区别开来：所提供的产品和服务，提供产品和服务的方式及地点，以及其在形成竞争优势前希望达到的行业规模。

一、行业生命周期分析

每个行业都会经历一个对行业的当前业绩和未来前景产生影响的生命周期。大多数行业都会经历一个与产品生命周期相似的生命周期，即起步期、成长期、成熟期和衰退期，如图 2－4 所示。但是，许多行业往往会通过使用新技术而得以更新或再成长，而不会像某些特定产品或服务那样走向衰退。在制定企业战略时，了解行业所处的生命周期属于哪个阶段是非常重要的。

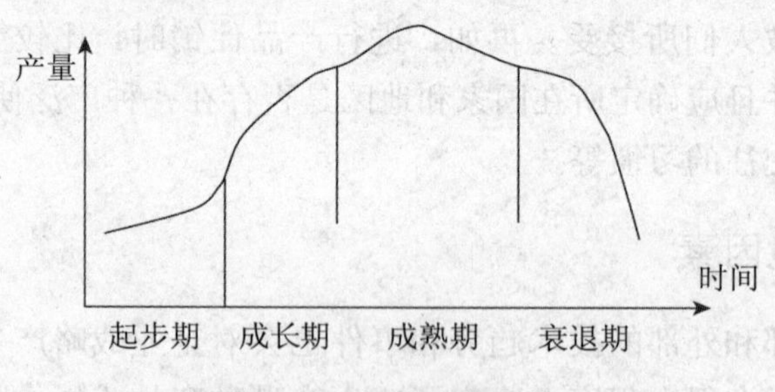

图 2－4　行业生命周期

判断行业所处生命周期阶段的主要指标有市场份额、需求增长率、产品品种以及竞争者数量等。各个周期的具体特征如表 2－1 所示。

表 2－1　　　　行业生命周期各阶段的特征

阶段 指标	起步期	成长期	成熟期	衰退期
顾客	需要培训、早期采用者	更广泛接受、效仿购买	巨大市场、重复购买、品牌选择	有见识、挑剔
产品	处于试验阶段，质量没有标准，也没有稳定的设计	产品的可靠性、质量、技术性和设计产生了差异	各部门之间标准化的产品	产品范围缩减，质量不稳定
风险	高	增长掩盖了错误的决策	重大	广泛波动
利润率	高价格、高毛利率、高投资、低利润	利润最高、公平的高价和高利润率	价格下降、毛利和利润下降	毛利降低
竞争者	少	参与者增加	价格竞争	一些竞争者退出
投资需求	最大	适中	减少	最少或者没有
战略	市场扩张，研发是关键	市场扩张，市场营销是关键	保持市场份额	集中于成本控制或减少成本

（一）起步期

在起步期，企业的规模可能会非常小，产品类型、特点、性能和目标市场尚在不断发展变化当中。

在该阶段，市场中会充满各种新发明的产品或服务。例如，在电视媒体行业的起步阶段，对于其将如何发展，人们有过各种不同的看法。免费电视节目提供商认为应由广告客户而不是消费者来为运作付费，付费电视节目提供商的看法则与之相反。这种多样性反映了能力各异的企业基于不同的看法而进入某行业的情况。管理层需要采取战略来支持产品上市，并定期审核投资项目和监控竞争对手技术和产品的发展情况。这个时期的产品设计尚未成熟，行业主品的开发相对较缓慢，利润率较低，但市场增长率较高。

（二）成长期

一旦一个行业已经形成并快速地发展，便进入了成长期。大多数企业因为拥有高增长率而在行业中继续生存。在该阶段，管理层必须确保充分扩大产量以达到公司所设定的目标市场份额。不过，在大多数情况下，因为需要大量资金来实现高增长率和扩产计划，现金会比较短缺。通过专利权或其他扩产和降低成本的方式来设置阻止竞争者进入行业的“进入壁垒”也非常重要。

（三）成熟期

当增长率降到较正常水平时，行业即进入了成熟期。这是一个相对稳定的阶段，各年销售量之间的变动较小，利润增长幅度也较小，但是市场内的竞争变得更加激烈了。消费者的见识更广，要求也更加严格，并非所有原先存在的主品、企业或战略都继续适用于该阶段。企业应重点关注效率、成本控制和市场细分。

在成熟期的后期，该行业会进入动荡阶段。由于投资回报率不能满意，一些企业会从市场中退出。一小部分企业通过收购或依靠其自有主品的优势开始主导该行业。在该阶段，要监控行业是否存在潜在的兼并机会，通过探索新市场或研发新技术来继续扩张发展，或开发出具有不同特色或功能的新产品，进行战略管理至关重要。

（四）衰退期

行业的生命周期与产品的生命周期有所不同，因为行业的存在期比任何单一产品都要长。行业进入衰退期之后，会出现行业生产能力过剩，技术被模仿后出现的替代产品充斥市场，市场增长率严重下降，产品品种减少，行业的活动水平随着各公司从该行业中退出而下降等情况。最终，某一行业可能不复存在或被并入另一行业。要确定如何在这样一个非赢即输的环境中保持独特优势，充分运用战略管理显得尤为重要。

二、企业的竞争优势分析

迈克尔·波特提出了最具影响力的战略分析模型——五力模型，用以确定企业在行业中的竞争优势和行业可能达到的最终资本回报率。如图 2-5 所示。

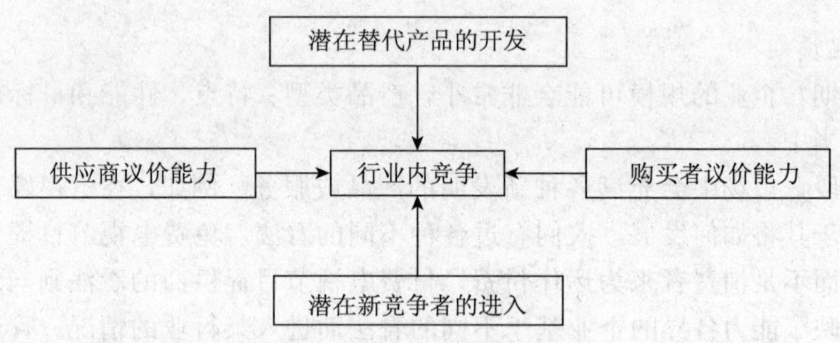

图 2-5　波特的“五力模型”

波特的“五力模型”中的“五力”分别是：①行业新进入者的威胁；②供应商的议价能力；③购买者的议价能力；④替代产品的威胁；⑤同业竞争者的竞争强度。波特认为，这 5 种竞争驱动力决定了企业的最终盈利能力。

（一）行业新进入者的威胁

新进入者越容易进入行业市场，当前行业的获利能力就越容易被削弱。新进入行业的企业会对现有的竞争者构成威胁，削弱现有企业产生理想财务回报率的能力，分割市场份额并激化市场竞争。新进入者通常会采取降低产品价格、引入有特色的新产品或提高服务质量等策略来赢得市场份额。新进入者的威胁力度和数量很大程度上取决于各种进入壁垒的高度。决定进入壁垒高度的主要因素有以下几个方面。

1. 规模经济

规模经济表现为，在一定时间内产品的单位成本随总产量的增加而降低。规模经济的作用迫使新进入者以较大生产规模进入行业，并冒着被现有企业强烈反击的风险；新进入者也可以较小的生产规模进入，但要长期忍受产品成本高的劣势。这两者都不是新进入者所期望的。

2. 客户忠诚度

在市场上存在了很长时间或拥有良好形象而获得的信誉会提高消费者的忠诚度，从而使新进入者难以建立品牌知名度并以此获得新的市场份额。

3. 资金投入

有些行业，例如，制药行业和科技行业，要求投入大量的资金来建立公司并进行研究和开发，因而与资金投入相关的投资风险就会阻碍新公司进入该行业。

4. 转换成本

如果消费者从一个供货商转向另一个供货商的成本较高，那么无论是从时间、金钱方面还是从便利性方面考量，消费者改变购买意向的可能性都较低。

5. 对销售渠道的使用权

新进入者想通过已有渠道来销售其产品和服务可能会遇到困难，因为这些渠道已经被现有的竞争对手垄断。例如，超市会优先将货架提供给知名品牌，这样，新进入者在货架上获得一席之地来摆放产品进行促销的机会就会大大减少。

6. 政府政策

政府可能会通过限制执照发放，例如，通讯和电视广播行业，和限制外资的方式来限制某些公司进入某行业。

7. 现有产品的成本优势（与规模经济无关）

当现有公司对市场非常了解，拥有主要客户的信任，在基础设施方面投入了大量资金并且拥有专利产品技术，独占最优惠的资源，占据市场有利位置，获得政府补贴和经验曲线效应时，新进入者无论具有什么样的规模经济，都很难在市场中获得一席之地。

（二）供应商的议价能力

供应商，是指那些向行业提供产品或服务的企业、群体或个人，也包括劳动力和资本的供应商。供货商的威胁手段有两类：一是提高供应价格；二是降低供应产品或服务的质量。这些手段可以使下游行业利润下降。

许多因素都会提高供应商在行业中的议价能力，从而降低企业在行业中的盈利性，这些因素包括以下几个方面。

（1）市场中没有替代品，因而没有其他供货商。

（2）该产品或服务是独一无二的，且转换成本非常高。

（3）供应商所处的行业由少数几家公司主导并面向大多数客户销售，如软件行业。若行业中可供选择的供应商只有少数几家，则购买者与供应商在价格、质量的条件上进行谈判时就没有什么选择余地。

（4）供应商的产品对客户的生产业务很重要。

（5）企业的采购量占供应商产量的比例很低。

（6）供应商能够直接销售产品并与企业抢占市场。

（三）购买者的议价能力

购买者是指该行业的客户或客户群，包括该行业的客户和寻求低成本以提高其自身利润或获取更好货源的分销商，希望为其消费者获得更多好处的政府机构或其他非营利性组织，或希望以较低价格买入优质产品的个人消费者。购买者可能会要求降低产品价格，提高产品质量和获得更多的优质服务，其结果是使行业竞争更加激烈，导致行业利润下降。

从本质上来说，购买者的议价能力与供应商的议价能力是相反的。在以下情况中，购买者处于有利的谈判地位：

（1）购买者从供应商购买的产品占了供应商销售量的很大比例。

（2）购买者所购买的产品对其生产经营来说不是很重要，而且该产品缺少唯一性，导致购买者不需要锁定一家供应商。

（3）转换其他供应商购买的成本较低。

（4）购买者所购买的产品或服务占其成本的比例较高，在这种情况下，购买者更有可能进行谈判以获得最佳价格。

（5）购买者所购买的产品或服务容易被替代，在市场上充满供货商的竞争者。

（6）购买者的采购人员具有高超的谈判技巧。

（7）购买者有能力自行制造或提供供应商的产品或服务。

（四）替代产品的威胁

替代产品，是指可由其他企业生产的产品或提供的服务，它们具有的功能大致与现有产品或服务的功能相似，可满足消费者同样的需求。

购买者所面临的替代产品越多，其议价能力就越强。因此，替代产品可通过以下方面来影响一个行业的盈利性：设置价格上限（因为消费者可能轻易地转而购买可满足其相同需求的其他替代产品）、改变需求量和迫使企业投入更多资金并提高服务质量。

（五）同业竞争者的竞争强度

同业竞争者的竞争强度，是指行业现有竞争者之间的竞争程度。一个企业的行为可能会引来另一个竞争对手采取相应的行为。竞争程度影响着行业的赢利水平，通常竞争程度越高，价格越接近边际成本，赢利水平也越低。竞争亦会令企业看到其需要改善地位的机会，以增强自身的竞争力。竞争强度取决于下列因素。

1. 竞争者的数量

市场中的竞争者越多，当中就必有一定数量的企业为了占有更大的市场份额和取得更高的利润而突破本行业约定俗成的一致行动的限制，做出排斥其他企业的竞争行为。因此，竞争者之间越难进行有效的合作，竞争强度就越高。如果行业市场份额主要集中在少数企业，即集中程度高，则竞争程度较低。

2. 行业增长率

如果行业增长速度比较快，则现有企业间不必为相互争夺市场份额而开展价格战；如果行业增长缓慢，而新进入者为了寻求发展需要从其他竞争者那里争取市场份额，则竞争程度就会增强。此外，如果行业增长速度较为缓慢甚至停滞，则现有企业之间争夺既有市场份额的竞争就会变得激烈。

3. 行业的固定成本

如果行业的固定成本较高，则具有良好的规模经济性，企业唯有寻求降低单位产品的固定成本或增加产量，这将导致企业在价格上互相竞争。

4. 产品的转换成本

如果产品缺乏差异性或具有标准化，购买者可轻易地转换供应商，则供应商之间就会相互竞争。产品差异程度越大，竞争程度越低。当然，差异程度与替代成本相关，当替代成本较低时，企业间仍可进行价格竞争。

5. 不确定性

当一个企业不确定同行业中另一个企业会如何经营时，便可能会通过制定更具竞争力的战略来应对这种不确定性，例如，自愿降低产品的价格和提高服务方面的要求等。

6. 战略重要性

如果企业最重要的战略目标是获得成功，则企业可能会采取具有竞争力的行为来实现目标。

7. 退出成本

当行业生产能力大于市场需求而行业退出成本又较高时，势必会引起激烈的价格竞争，以充分使用生产能力；如果退出成本较低，则竞争将减弱。例如，机器设备或资产在市场中十分独特以致难以收回对该机器设备或资产的高额初始投资或人员的遣散成本过高。这样，即使该行业的投资回报率较低，企业也会仍然坚持竞争，从而令该行业的竞争强度加大。

总之，可以使用波特“五力模型”来识别影响企业的关键因素，从而确定可获得的机会和应考虑的威胁。在一个理想市场中，如果供应商及客户的议价能力低、无替代产品、进入壁垒高、竞争者之间的竞争程度弱，则很容易赚取利润。这种理想的状况可带来较高的行业盈利能力。但是，行业的高盈利能力并不意味着行业中所有的企业都会拥有相似的盈利能力。企业只有在综合考虑和评估行业盈利能力之后，才能评估企业的盈利能力。

三、波特“五力模型”的局限性

波特的“五力模型”虽然在分析企业的外部环境时是有效的，但它也存在着局限性，具体如下。

(1) 该分析模型基本上是静态的，然而，在现实中竞争环境始终在变化。这些变化可能从高变低，也可能从低变高，其变化速度比模型所显示的要快得多。

(2) 该模型能够确定行业的盈利能力，但是对于非营利机构，有关获利能力的假设可能是错误的。

(3) 该模型基于这样的假设：一旦进行了这种分析，企业就可以制定企业战略来处理分析结果。这只是一种理想的方式。

(4) 该模型假设战略制定者可以了解整个行业（包括所有潜在的进入者和替代产品）的信息，但这一假设在现实中并不存在。对于任何企业来讲，在制定战略时掌握整个行业的信息既不可能也无必要。

(5) 该模型低估了企业与供应商、客户或分销商、合资企业之间可能建立长期合作关系以消除替代产品的威胁的可能性。在现实的商业世界中，同行之间、企业与上下游企业之间不一定完全是你死我活的关系。强强联手或强弱联手，有时可以创造更大的价值。

第四节　企业战略分析

战略决策不仅仅是企业领导者的任务，不同区域、不同职能和较低级别的管理人员都应该参与到战略的制定过程中来。企业战略可以划分为 3 个层次：总体战略、业务单位战略和职能战略。

总体战略覆盖企业整体；业务单位战略是为企业每个业务部门制定的战略；职能战略则是针对企业内部的每项职能制定的战略，职能战略必须符合企业整体战略。

一、企业总体战略分析

企业总体战略是指为实现企业总体目标，对企业未来基本发展方向所做出的长期性、总体性的谋划。总体战略决定了企业各项业务在战略谋划期间的资源分配和发展方向。

对大多数企业来说，企业会选择增长发展，因为它们都假定未来会不断扩大规模、不断地增长。然而，在某些情况下，企业并不希望增长，如小型企业老板更希望保持对企业的严格控制，而不愿意雇用大量的员工。企业总体战略主要考虑的问题是企业业务是应当扩张、收缩还是维持不变。相应地，企业总体战略可以划分为 3 种类型：成长型战略、稳定型战略和收缩型战略。

（一）成长型战略

成长型战略是以发展壮大企业为基本导向，致力于使企业在产销规模、资产、利润或新产品开发等某一方面或某几方面获得增长的战略。成长型战略是最为普遍采用的企业战略。成长型战略主要包括 3 种基本类型：一体化战略、密集型成长战略和多元化成长战略。

1. 一体化战略

一体化战略是指企业对具有优势和增长潜力的产品或业务，沿其经营链条的纵向或横向扩大业务的深度和广度，扩大经营规模，实现企业成长。一体化战略按照业务拓展的方向可以分为纵向一体化战略和横向一体化战略。

（1）纵向一体化战略。纵向一体化战略是指企业沿着产品或业务链向前或向后，延伸和扩展企业现有业务的战略。从理论上分析，企业采用纵向一体化战略有利于节约与上、下游企业在市场上进行购买或销售的交易成本，控制稀缺资源，保证关键投入的质量或者获得新客户。不过，企业一体化也会增加企业的内部管理成本，企业规模并不是越大越好。

企业采用纵向一体化战略的主要风险包括：①不熟悉新业务领域所带来的风险；②纵向一体化，尤其是后向一体化，一般涉及的投资数额较大且资产专业性较强，增加了企业在该产业的退出成本。

（2）横向一体化战略。横向一体化战略是指企业收购、兼并或联合竞争企业的战略。企业用横向一体化战略的主要目的是减少竞争压力、实现规模经济和增强自身实力以获取竞争优势。

横向一体化战略主要通过以下几种途径实现：①购买，即一家实力占据优势的企业收购与之相竞争的另一家企业；②合并，即两家相互竞争而实力和规模较为接近的企业合并为一个新的企业；③联合，即两个或两个以上相互竞争的企业在某一个业务领域进行联合投资、开发和经营。

在下列情形中，比较适宜采用横向一体化战略：①企业所在行业竞争较为激烈；②企业所在行业的规模经济较为显著；③企业的横向一体化符合反垄断法律法规，能够在局部地区获得一定的垄断地位；④企业所在行业的增长潜力较大；⑤企业具备横向一体化所需的资金、人力资源等。

2. 密集型成长战略

密集型成长战略，也称加强型成长战略，是指企业充分利用现有产品或服务的潜力，强化现有产品或服务竞争地位的战略。密集型成长战略主要包括 3 种类型：市场渗透战略、市场开发战略和产品开发战略。企业成长矩阵如图 2－6 所示。

	现有产品	新产品
现有市场	市场渗透	产品开发
新市场	市场开发	多元化

图 2－6　企业成长矩阵

（1）市场渗透战略——现有产品和市场。市场渗透战略的基础是增加现有产品或服务的市场份额，或增长正在现有市场中经营的业务。它的目标是通过各种方法来增加产品的使用频率。例如，改进罐头的配方、吸引竞争对手的顾客和新用户购买产品。

市场渗透战略主要适用于以下情况。

①当整个市场正在增长，或可能受某些因素影响而产生增长时，企业要进入该市场可能会比较容易，那些想要取得市场份额的企业能够以较快的速度达成目标。相反，向停滞或衰退的市场渗透可能会难得多。

②如果一家企业决定将利益局限在现有产品或市场领域，即使在整个市场衰退时也不允许销售额下降，那么企业可能必须采取市场渗透战略。

③如果其他企业由于各种原因离开了市场，则市场渗透战略可能是比较容易成功的。

④如果企业拥有强大的市场地位，并且能够利用经验和能力来获得强有力的独特竞争优势，那么向新市场渗透是比较容易的。

⑤市场渗透战略对应的风险较低、高级管理者参与度较高、需要的投资相对较低时，市场渗透策略也会比较适用。

（2）产品开发战略——新产品和现有市场。产品开发战略是通过改进或改变产品或服务以增加产品销售量的战略。产品开发战略有利于企业利用现有产品的声誉和商标，吸引用户购买新产品。拥有特定细分市场、综合性不强的产品或服务范围窄小的企业可能会采用这一战略。

另外，产品开发战略是对现有产品进行改进，对现有市场较为了解，产品开发的针对性较强，因而较易取得成功。该战略比较富有挑战性，这是因为它通常要求企业致力于对产品进行强有力的研究与开发。这可能是由产品的本质或市场的需求决定的，例如，在技术较复杂的市场中，产品（如计算机）的寿命周期较短，或者是因为产品必须要更具特色所迫使的。消费者对供应商会实施潜在的压力，要求企业在正常经营范围内提供丰富多样的产品或服务，这样便会促使企业去开发新的产品。由于消费者有许多选择空间，企业通常很难抵抗这种压力。

开发新产品可能会极具风险，特别是当新产品投放到新市场中时。这一点也会导致该战略实施起来有难度。尽管该战略明显带有风险，但是企业仍然有以下合理的原因采用该战略：①充分利用企业对市场的了解；②保持相对于竞争对手的领先地位；③从现有产品组合的不足中寻求新的机会；④使企业能继续在现有市场中保持安全的地位。

产品开发战略适用于以下几种情况：①企业产品具有较高的市场信誉度和顾客满意度；②企业所在产业属于适宜创新的高速发展的高新技术产业；③企业所在产业正处于高速增长阶段；④企业具有较强的研究与开发能力；⑤主要竞争对手以类似价格提供更高质量的产品。

（3）市场开发战略——现有产品和新市场。市场开发战略是指将现有产品或服务打入新市场的战略。市场的战略成本和风险也相对较低。实施市场开发战略的主要途径包括开辟其他区域市场和细分市场。采用市场开发战略可能有几个原因：①企业发现现有产品生产过程的性质致使难以转而生产全新的产品，因此他们希望能开发其他市场；②市场开发往往与产品开发结合在一起，例如，将工业用的地板或地毯清洁设备做得更小、更轻，这样可以将其引入到民用市场；③现有市场或细分市场已经饱和，这可能会导致竞争对手去寻找新的市场。

市场开发战略主要适用于以下几种情况：①存在未开发或未饱和的市场；②可得到新的、可靠的、经济的和高质量的销售渠道；③企业在现有经营领域十分成功；④企业拥有扩大经营所需的资金和人力资源；⑤企业存在过剩的生产能力；⑥企业的主业属于正在迅速全球化的产业。

3. 多元化成长战略——新产品和新市场

多元化成长指企业进入与现有产品和市场不同的领域。当现有产品或市场不存在期望的增长空间时，例如，受到地理条件限制、市场规模有限或竞争太过激烈，企业经常会考虑多元化战略。但是，有些人认为多元化从本质上来说是一个消极的战略。多元化总是在逃避某些问题。它表明企业只是对整个企业所发生的不良事件作出反应。不管怎样，多元化已经成为日益常见的经营战略。

广义上，企业的多元化战略分为两种：一种是相关多元化，即企业进入现有业务相关产业的多元化，另一种是非相关多元化，即企业进入与现有业务不相关产业的多元化。

企业的多元化成长战略具有如下优点。

①分散风险，当现有产品及市场失败时，新产品或新市场能为企业提供保护。

②获得高利润的机会，购买方通过购买同行业中比其自身拥有更佳经济特征的企业来提高自身的盈利性和灵活性。

③从现有的业务中撤离。

④能更容易地从资本市场中获得融资。

⑤在企业无法增长的情况下找到新的增长点。

⑥运用盈余资金。

⑦利用未被充分利用的资源。

⑧获得资金或其他财务利益，如累计亏损税项。

⑨运用企业在某个市场中的形象和声誉来进入另一个市场。在另一个市场中要想取得成功，企业形象和声誉是至关重要的。

企业的多元化成长战略具有如下缺点。

①如果企业进入一个具有低市盈率的成长型行业中，则其股东收益会被稀释。

②企业集团式收购不会给股东带来额外的利益。因为不会产生协同效应，所以，与投资于控股企业相比，个人投资者对其子公司进行投资反而会获得更高的投资收益。

③企业集团式企业中缺乏共同的身份和目的。企业集团式企业要取得成功，各种

负责联合经营的总部必须拥有优秀的管理能力和财务能力。

④某项业务的失败会将其他业务拖下水，因为它会耗尽资源。

⑤对股东来说这不是一个好办法。股东通过购买多样化的股票组合就可以轻而易举地分散掉投资风险，而不需要管理层越俎代庖。

一般认为，相关多元化的风险比非相关多元化稍微低一些。企业作出了一些新的尝试，但是仍然在其自身所限定的行业中，并因此能运用自身的经验。通过技能和资源的分享与交流，相关多元化提供了获取协同效应的可能性。

（二）稳定型战略

稳定型战略，又称为防御型战略、维持型战略，即企业在战略方向上没有重大改变，在业务领域、市场地位和产销规模等方面基本保持现有状况，以安全经营为宗旨的战略。稳定型战略有利于降低企业实施新战略的经营风险，减少资源重新配置的成本，为企业创造一个加强内部管理和调整生产经营秩序的修整期，并有助于防止企业过快发展。应用较为广泛的稳定型战略主要有暂停战略、无变战略和维持利润战略。

1. 暂停战略

暂停战略，是指在一段时期内降低成长速度，巩固现有资源的临时战略。暂停战略主要适用于在未来不确定性产业中迅速成长的企业，目的是避免出现继续实施原有战略导致企业管理失控和资源紧张的局面。

2. 无变战略

无变战略，是指不实行任何新举动的战略。无变战略适用于外部环境没有任何重大变化、本身具有合理盈利和稳定市场地位的企业。

3. 维持利润战略

维持利润战略，是指为了维持目前的利润水平而牺牲企业未来成长的战略。很多情况下，当企业面临不利的外部环境时，管理人员会采用减少投资、削减一些可控费用（如研发费用、广告费和维修费）等的方式来维持现有利润水平。维持利润战略只是一种度过困境的临时战略，对企业持久竞争优势会产生不利影响。

总的来说，稳定型战略较适宜在短期内运用，长期实施则存在较大风险。这些风险主要包括：①稳定型战略的成功实施要求战略期内外部环境不发生重大变化，竞争格局和市场需求都基本保持稳定；②稳定型战略的长期实施容易导致企业缺乏应对挑战和风险的能力。

（三）收缩型战略

收缩型战略，也称为撤退型战略，是指企业因经营状况恶化而采取的缩小生产规模或取消某些业务的战略。采取收缩型战略一般是因为企业的部分产品或所有产品处于竞争劣势，以致销售额下降、出现亏损等，从而采取的收缩或撤退措施，用以抵御外部环境压力，保存企业实力，等待有利时机。收缩型战略的目标侧重于改善企业的现金流量，因此，一般都采用严格控制各项费用等的方式来度过危机。收缩型战略也是一种带有过渡性质的临时战略。按照实现收缩目标的途径，可将收缩型战略划分为3

种类型：扭转战略、剥离战略和清算战略。

1. 扭转战略

扭转战略，是指企业采取缩小产销规模、削减成本费用、重组等方式来扭转销售和盈利下降趋势的战略。实施扭转战略，对企业进行“瘦身”，有利于企业整合资源，改进内部工作效率，加强独特竞争能力。扭转战略是一种“以退为进”的战略。

2. 剥离战略

剥离战略，是指企业出售或停止经营下属经营单位（如部分企业或子企业）的战略。实施剥离战略的目的是使企业摆脱那些缺乏竞争优势、失去吸引力、不盈利、占用过多资金或与企业其他活动不相适应的业务，以此来优化资源配置，使企业将精力集中于优势领域。在某些情况下，企业也通过实施剥离战略来为战略性收购或投资筹集资金。

3. 清算战略

清算战略，是指将企业的全部资产出售，从而停止经营的战略。清算战略是承认经营失败的战略，通常是在实行其他战略全部不成功时的被迫选择。尽管所有管理者都不希望进行清算，但及时清算可能是比继续经营导致巨额亏损更有利的选择。清算能够有序地将企业资产最大限度地变现，并且股东能够主动参与决策，因而较破产更为有利。

成长型战略、稳定型战略和收缩型战略是最基本的企业总体战略。这些战略不仅可以单独使用，也可以组合使用。很多大型企业，一般都拥有多个业务单位，这些业务单位面临的外部环境和所需的内部条件都不尽相同，完全可能因地制宜、因时制宜地采用不同的总体战略。

二、业务单位战略分析

业务单位战略，也称竞争战略，是指在给定的一个业务或行业内，企业用于区分自己与竞争对手业务的方式，或者说是企业在特定市场环境中营造、获得竞争优势的途径或方法。

企业在市场竞争中获得竞争优势的途径虽然很多，但有 3 种最基本的一般战略，即成本领先战略、差异化战略与集中化战略。波特（1980）提出，企业只需要选择 3 种战略中的一种。如果企业选择了超过一种的一般战略，那么企业就很难冒尖，因为这会造成企业在集中化、成本领先或者差异化方面都没有特别的优势。

（一）成本领先战略

成本领先战略指企业能以较低的成本提供与竞争对手相同的产品或服务，其目标是成为整个行业中成本最低的制造商。低成本可能并不会减少消费者从产品中获得的价值，即使是购买一件低成本的产品，他们仍然愿意支付一个合理的价格。通过低成本生产，制造商在价格上可以与行业中的任一制造商竞争，并赚取更高的单位利润。

成本领先战略的优势主要包括以下几个方面。一是可以抵御竞争对手的进攻。低成本使企业可以制定比竞争者更低的价格，并仍然可以获得适当的收益。因此，即使面对激烈的竞争，成本领先者仍然可以有效地保护企业。二是具有较强的对供应商的议价能力。成本领先战略往往通过大规模生产或销售建立起成本优势，较大的购买量使这类企业对供应商往往具有较强的议价能力，从而进一步增加了其成本优势。三是形成了进入壁垒。成本领先战略充分利用了规模经济的成本优势，使得无法达到规模经济的企业难以进入该行业并与之竞争。因此，成本领先者有可能获得高于行业平均水平的投资回报。

成本领先战略主要适用于以下一些情况：①市场中存在大量的价格敏感用户；②产品难以实现差异化；③购买者不太关注品牌；④消费者的转换成本较低。这时，企业应当力求成为产业中的低成本生产者，使产品价格低于竞争者，以提高市场份额。

采取成本领先战略的风险主要包括：①可能被竞争者模仿，使得整个产业的盈利水平降低；②技术变化导致原有的成本优势丧失；③购买者开始关注价格以外的产品特征；④与竞争对手的产品产生了较大差异；⑤采用成本集中战略者可能在细分市场取得成本优势。

（二）差异化战略

差异化战略是指企业针对大规模市场，通过提供与竞争者存在差异的产品或服务来获取竞争优势的战略。这种差异性可以来自设计、品牌形象、技术、性能、营销渠道或客户服务等各个方面。成功的差异化战略能够吸引品牌忠诚度高且对价格不敏感的顾客，从而获得超过行业平均水平的收益。与成本领先战略主要用于提高市场份额不同，差异化战略有可能获得比成本领先战略更高的利润率。

差异化战略主要适用于以下一些情况：①产品能够充分地实现差异化且为顾客所认可；②顾客的需求是多样化的；③企业所在产业技术变革较快，创新成为竞争的焦点。

采取差异化战略的风险主要包括：①竞争者可能模仿，使得差异消失；②产品或服务差异对消费者来说失去了重要意义；③与竞争对手的成本差距过大；④采用差异化集中战略者能够在细分市场实现更大的差异化。

（三）集中化战略

集中化战略是针对某一特定购买群体、产品细分市场或区域市场，采用成本领先或产品差异化来获取竞争优势的战略。采用集中化战略的企业，由于受自身资源和能力的限制，无法在整个产业实现成本领先或者产品差异化，故而将资源和能力集中于目标细分市场，实现成本领先或差异化。集中化战略一般是中小企业采用的战略，可分为两类：集中成本领先战略和集中差异战略。

集中化战略主要适用于以下情形：①企业资源和能力有限，难以在整个产业实现成本领先或差异化，只能选定个别细分市场；②目标市场具有较大的需求空间或增长潜力；③目标市场的竞争对手尚未采用同一战略。

实施集中化战略的风险主要包括：①竞争者可能模仿；②目标市场由于技术创新、

替代品出现等原因导致需求下降；③由于目标细分市场与其他细分市场的差异过小，大量竞争者涌入细分市场；④新进入者重新瓜分市场。

三、职能战略的选择

战略方案的第三层次是职能战略。这部分内容侧重于企业内部特定职能部门的运营效率，如生产、财务、营销、研究与开发以及人力资源开发等。职能战略在更细的层面上运行，从各部门的战略实施层面上考虑，以实现总体和业务层的战略目标。

第五节 FL 公司的环境与战略分析

一、FL 公司的环境分析

（一）宏观环境分析

运用 PEST 分析模型，考虑从政治法律环境、经济环境、社会文化环境以及技术环境 4 个方面对 FL 公司所处的环境进行分析。

1. 政治法律环境分析

从 FL 公司所处的政治法律环境来看，长期以来，我国政局稳定，共产党团结带领全国各族人民，贯彻落实党的理论和路线方针政策，实施正确而有力的宏观调控，充分发挥我国社会主义制度的政治优势，充分发挥市场在资源配置中的基础性作用。社会主义经济建设、政治建设、文化建设、社会建设以及生态文明建设和党的建设取得重大进展。当今世界，和平、发展、合作仍是时代潮流，国际环境总体上有利于我国和平发展。

从政府对照明行业的相关政策法规来看，多年以来，节能照明领域一直是国家产业政策和能源政策鼓励发展的领域。自 2002 年起，国家陆续出台了《能源节约与资源综合利用“十五”规划》、《节能中长期专项规划》（2004）、《促进产业结构调整暂行规定》（2005）、《能源发展“十一五”规划》（2007）、《中华人民共和国节约能源法》（2007）、《节能产品政府采购清单》（2007）、《高效照明产品推广财政补贴资金管理暂行办法》（2008）、《中国逐步淘汰白炽灯路线图》（2011）、《关于促进节能服务产业发展增值税、营业税和企业所得税政策问题的通知》（2011）以及《战略性新兴产业重点产品和服务指导目录》（2013）等文件，在产品更新换代、节能环保以及税收支持等方面，给予政策和法规指引，为照明行业创造了良好的发展机遇，促使节能照明行业获得了快速、健康发展。

2. 经济环境分析

从总体经济环境来看，2010 年，我国国内生产总值已经跃居世界第 2 位，成为世界第二大经济体。从人均 GDP 来看，我国步入了中等收入国家的行列。产业结构优化升级取得积极进展，节能减排和生态环境保护扎实推进，各具特色的区域发展格局初步形成，人民生活明显改善，就业规模持续扩大，城乡居民收入持续快速增长，金融市场运行平稳。对外开放迈上新台阶，进出口总额稳居世界前列，利用外资水平不断提升，境外投资也明显加快。

麦肯锡的调查报告指出，到 2020 年，全球照明市场将增长到 1100 亿欧元（合 1590 亿美元），其中，在普通照明、汽车照明和背光照明三大照明市场中，普通照明市场最大，将占到照明市场总规模的 80％。普通照明又可以细分出很多领域，其中住宅照明所占比例最大。麦肯锡的报告还有一个重要发现，就是普通照明市场的增长与当地的建设投资密切相关。因此，亚洲，尤其是中国，将迎来最快的增长，到 2020 年，亚洲市场的份额将达到 45％，欧洲和北美的份额将分别达到 25％和 20％。就照明产品品种而言，LED 等将在 2020 年占到 70％左右的市场份额。

连续多年来，我国照明行业快速稳定地发展。到 2011 年，我国已经成为世界第一大照明电器生产国和出口国，照明行业产值突破千亿元，出口 100 亿美元，占据了全球 18％的市场份额。未来，随着我国城市基础建设的逐步升级，相关地铁、航空行业将进一步发展，与之相关的隧道、码头、机场等配套行业也将快速发展，再加上我国体育事业快速发展带来的专业场馆照明设备的需求，我国照明行业将进入持续的增长期。

3. 社会文化环境分析

从人口来看，我国是世界上人口最多的国家，随着我国人口调整政策的实施，一方面，我国人口持续低速增长，自然增长率逐年下降，占世界人口的比重持续下降。在控制人口数量的同时，我国人口素质不断提高，城镇化水平也稳步提高，二、三产业和非公有制经济就业人口逐步提高。另一方面，我国流动人口规模持续增加，老龄化进程持续加快。

我国历史悠久，具有丰富多彩的民族文化。这些文化总体上是围绕以自然经济为基础，以家族为本位，以血缘关系为纽带的宗法等级、伦理纲常这一基本精神展开的。其中，充满了矛盾，也具有鲜明的两重性。

随着现代社会环境变化的日趋加快，人们开始重新审视自己的信仰、追求和生活方式。人们的消费目的不仅是要满足生理需求，更重要的是要获得心理或精神上的享受。高效节能环保的照明器具迎合了人们日益增强的环保需求，具有重大的产业价值和社会意义。

4. 技术环境分析

在照明行业的技术方面，我国一些企业通过聘请海外技术人员，在技术上不断取得突破，很多企业已经取得自主知识产权，国内优质企业的技术水平已经与中国台湾大厂的技术水平相差不大，与国际大厂的整体差距也在不断缩小。

但是，国内照明企业与世界领先的照明企业相比，在技术创新能力上差距还比较大。近年，国外照明行业发展快，生产的高端产品技术附加值高，掌握着关键的技术，

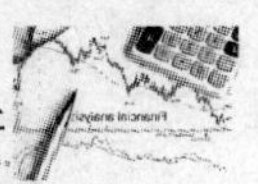

而我国照明企业中，除少数几家企业拥有较为先进的核心技术外，拥有具备国际竞争力的尖端技术的企业比较少，大部分企业的工艺和技术水平还比较落后。

（二）照明行业环境分析

根据中国照明学会发表的《2010 年特殊环境照明市场分析》，全球照明产品2007—2010 年市场规模年均复合增长率为 12.51%，2010 年总规模达到 2786 亿美元。同一期间，中国内地的市场规模复合增长率为 26.92%，2010 年总规模达到 2027.2 亿元人民币。按 2010 年度美元平均汇率折算，中国内地市场规模占全球总额比重达到 10.65%。

经过快速增长，中国照明产业的规模得到最大化扩张，到 2009 年，照明行业企业已经有 10000 多家，其中，照明电器生产企业 5000 多家，灯具生产企业约 3000 家，电光源企业约 1000 家，其余为电器附件、灯头灯座以及专用材料生产企业。主要产品有电光源、灯具以及电器附件等，年销售额达到 2300 亿人民币，其中，出口达到 162 亿美元，产品销售到世界 170 多个国家。

中国节能灯、白炽灯等光源产品产量和出口量居世界第一，灯具产品的出口达到世界灯具贸易额的 1/3。全球几乎所有知名的照明公司都在中国采购产品或 OEM 生产，中国成为全球照明产品生产大国。

当照明行业迅速发展并逐步走向比较缓慢的增长时，照明行业就已经进入了成熟期。在成熟期，需求量增长放缓，各大企业为了保持自身的增长率必须努力扩大市场占有率，从而使竞争加剧。

经过多年发展，中国照明行业已经形成广东、浙江、江苏、福建和上海五大主要产区，五大产区的企业数量达到全行业企业总数的 90%以上。具体来讲，有以装饰类灯具为主的广东中山古镇，以室外灯具为主的浙江余姚梁弄、江苏高邮，以生产节能灯为主的浙江临安、江苏建湖等。

产业集群区域内，特别是灯具类产品，企业与企业之间的相互配套依存度非常高。灯具的代表性企业有雷士、欧普、三雄极光、燎原、中企等，灯饰有华艺、开元、宝辉、金达等，光源有浙江阳光、厦门通士达、FL 公司、上海亚明等。从企业性质分析，目前我国照明行业中除少数外商独资与合资企业外，大部分企业为民营企业，国有企业已经基本上退出了照明行业。本行业中，有 4 家上市公司，为佛山电器、浙江阳光、上海飞乐和广东雪莱特，还有一批企业在筹备境内外上市。

（三）照明市场竞争状况分析

中国照明行业高度分散。中国照明行业的主要国际品牌有飞利浦、通用电气和欧司朗。虽然中国有超过 10000 家照明电器企业，但是，前 3 家国内品牌公司的总销售额却仅占中国照明产品销售价值的 2.5%左右。

以下将借用波特的“五力模型”对 FL 公司的竞争状况进行分析。

1. 行业新进入者的威胁

现阶段 LED 在国内照明市场的渗透率仅为 5%，核心技术依赖进口、整体成本较高成为阻碍LED产业进一步发展的绊脚石。LED上游芯片生产主要技术都掌握在国外公司手中，技术国产化进程较慢，影响了产业的发展。MOCVD外延炉及其相关配套技术是LED产业链的最高端，目前主要依赖进口，这极大地制约了LED产业上游的成本控制。随着国际巨头厂商进入中国市场，国内很多具有一定核心竞争力的企业将面临被并购的风险，而缺乏竞争力的企业或将直接被淘汰出局。

2. 供应商的议价能力

以在照明器具中占最大份额的LED灯具为例。LED灯具的成本主要包括芯片、封装、散热、结构成本以及电源等，其中，芯片的成本占15%左右。在LED产业链中，外延片和芯片占70%的利润，LED封装和应用则只占30%左右的利润。然而，LED上游芯片主要技术掌握在国外公司手中，大尺寸芯片依赖进口，主要来自美国和中国台湾企业，同时，目前全球LED封装的前五大厂商为日亚、Cree、三星、Lumileds以及中国台湾亿光，其中台湾亿光专注于封装，是SMD LED封装行业的老大，中国大陆LED封装企业与海外企业的差距还很大。由于LED芯片核心技术被国外公司掌握，大功率LED封装技术和国外还存在较大差距，尽管小功率的封装技术已经成熟，但是由于国内封装企业数量庞大，竞争激烈，导致国内供应商的成本控制能力有限，产品的议价能力有限。

3. 购买商的议价能力

以在照明器具中占最大份额的LED灯具为例。经过多年的发展，国内LED照明企业已有三四千家，LED照明产业飞速发展，各式灯具花样百出，价格的差异也是相当明显。生产LED与LED灯饰的厂商为数众多，不同厂商选用不同品质的LED造成LED灯具价格差异较大。面对花样繁多的LED灯具，消费者选择较多，对产品有一定的议价能力。

4. 替代产品的威胁

灯具类型的日趋增多和个性化设计风格的日益突出，消费者在购买灯具时更加注重灯具类型的搭配和个性化，国内照明企业多，品牌多，产品种类丰富，价格差异较大，消费者的选择较多，产品的可替代性较大。

5. 同业竞争者的竞争

如前文行业环境分析所述，到2009年，照明行业企业已经有10000多家，其中，照明电器生产企业5000多家，灯具生产企业约3000家，电光源企业约1000家，其余为电器附件、灯头灯座以及专用材料生产企业。主要产品有电光源、灯具以及电器附件，年销售额达到2300亿人民币。在这些企业里有4家上市公司，FL公司就是其中之一，其他3家是阳光照明、飞乐音响和雪莱特。本行业的企业规模排名如表2-2所示。

表 2-2　　照明行业企业规模排名

企业名称（含国际企业）	排名	企业名称（不含国际企业）	排名
飞利浦	1	雷士照明	1
雷士照明	2	顺德华强本邦	2
顺德华强本邦	3	上海振欣	3
上海振欣	4	浙江阳光	4
欧司朗	5	中山华艺	5
浙江阳光	6	中山欧普	6
中山华艺灯饰	7	FL 公司	7
北京松下	8	福建立达信	8
中山欧普	9	广东东松三雄	9
FL 公司	10	厦门通士达	10

从上述行业排名来看，FL 公司作为上市公司，在行业中排名是处于前列的，其中，综合考虑中资企业和国际企业的话，FL 公司排名第 10，不考虑国际企业的话，FL 公司排名第 7，可见其在同行业中具有一定的竞争实力。

具体来看，中国照明行业的竞争格局中分化出了三大阵营：高端市场阵营、中端市场阵营和低端市场阵营。各阵营具体分析如表 2-3 所示。

表 2-3　　中国照明行业竞争格局中的三大阵营

竞争格局	主要企业	主要特征描述
第一阵营（高端市场）	飞利浦、通用电气、欧司朗、西门子、松下等国际品牌	企业数量不多，相对成熟；主要竞争点为功能、品牌形象；主要面向高档社区、别墅、酒店、政府设施等工程用户和少量高端个人消费者
第二阵营（中端市场）	雷士、TCL、FL 公司、阳光照明、欧普、三雄极光、亚明、华艺等国内一线品牌	企业相对集中，并渐趋成熟；主要竞争点在于功能、品牌形象、外观设计等；拥有一两个领导品牌带动共同成长；主要面向城市商用房建设、基础设施建设、行业用户、个人消费者
第三阵营（低端市场）	国内众多低端品牌	企业众多，成熟度低；主要竞争点在于价格、铺货；缺少绝对领导品牌，区域性散点竞争；主要面向农村、城镇个人用户及建筑集体用户

从中国照明行业竞争格局的三大阵营分化来看，FL 公司与众多知名中资企业集中

在第二阵营，在中端产品市场上展开激烈竞争，而在利润空间更大的高端产品市场，没有一家中资企业能够取得竞争地位。

二、FL公司的战略分析

（一）FL公司概况

1. 股权结构

FL照明股份有限公司（简称FL公司）成立于1958年。在1992年10月，经过改组，FL公司成为股份制企业。1993年在深圳证券交易所挂牌上市，发行社会公众股（A股）1930万股。1995年获准发行5000万股B股。另外，公司还在2000年进行了普通股增发，并在2006年和2007年实施了两次资本公积转增股份，截至2008年6月，FL公司共发行股份4.66亿股。FL公司上市以来的历次股份变动总结见表2-4。

表2-4　FL公司历次股票发行与上市情况　　单位：元，万股

年份	股票种类	发行日期	发行价格	发行数量	上市日期	上市交易量	总股本
1993	发行A股	1993.10	10.23	1930	1993.11.23	1930	7717.00
1994	A股送股（10送5）	1994.04	—	3858.50	1994.05.11	965	11575.50
	A股配股（10配3）	1995.01	8.00	1815.30	1995.02.22	481.20	13390.80
1995	发行B股	1995.07	5.61	5000	1995.08.08	5000	18390.80
	内部职工股上市	1992.08	4.00	1157	1995.09.29	1157	18390.80
1996	A、B股公积金转增股本（10增5）	1996.08	—	9195.41	1996.09.20	5278.30	27586.21
	转配股上市	1995.01	8.00	31.96	2000.04.14	31.96	27586.21
2000	A、B股转增股本（20增1）	2000.06	—	2758.62	2000.06.23	2758.62	30344.83
	A股增发	2000.12	12.65	5500	2000.12.23	5500	35844.83
2007	A、B股转增股本（10转3）	2007.06	—	10753.45	2007.06.08	10753.45	46598.28
2008	A、B股转增股本（10转5）	2008.06	—	23299.14	2008.06.06	23299.14	69897.42
2009	A、B股转增股本（10转4）	2009.06	—	27958.96	2008.06.26	27958.96	97856.38

注：1995年B股发行以港元标价，价格为5.61港元。按当时汇率，5.61港元折合6.02元人民币。

数据来源：FL公司2012年年度报告。

2006 年之前，FL 公司的第一大股东是佛山市国有资产监督管理委员会（2005 年之前名为佛山市国有资产管理办公室）。其中，2000 年普通股增发之前，佛山市国资委持股比例为 28.32%，2000 年增发之后，其持股比例变为 23.97%。经国家有关部门批准，2006 年 4 月 7 日，佛山市国资委将所持股份 8592200 股转让给欧司朗佑昌控股有限公司和佑昌灯光器材有限公司。从此之后至 2008 年 11 月，欧司朗佑昌持有 FL 公司 13.47%的股份，成为第一大股东。佛山国资委不再持有该公司的股份。

欧司朗佑昌控股有限公司于 2004 年在中国香港设立，注册资本金为 50 万港元，没有实质性业务经营，德国欧司朗公司持股 61.14%，佑昌灯光器材有限公司持股 39.86%。

从 2008 年开始，德国欧司朗全资拥有欧司朗控股有限公司。佑昌灯光器材有限公司为 FL 公司的第二大股东，持股比例为 10.5%。其他股东持股比例都在 1.5%以下。

2. 主要经营业务

FL 公司主要生产和经营各种电光源产品及配套灯具。主要产品包括普通灯泡、装饰灯泡、碘钨灯、溴钨灯、单端灯、汽车灯、摩托车灯、高压汞灯、高压钠灯、金属卤化物灯、T8 及 T5 细管径高效节能荧光灯、紧凑型节能荧光灯和反光碗等，以及主要与 T8、T5 节能灯配套的灯具等系列产品。公司获得国家知识产权局授权的专利 105 项，机动车灯泡有 25 项获欧洲 EMark 认证。1999 年通过 ISO 9002 国际质量体系认证，2003 年通过 ISO 9001：2000 版国际质量体系的转换。2001 年被批准为广东省高新技术企业，公司生产的 FSL 型紧凑型节能灯、T8 荧光灯、普泡、灯具系列四大类产品均被国家质检总局批准为国家免检产品，公司生产的绿色节能产品获得国家节能产品认证，并被国家财政部、发改委批准列入《节能产品政府采购清单》。

FL 公司是以工艺管理见长的公司，具有国内最好的成本控制能力，在采购、生产、销售和融资等方面训练有素，各项费率持续控制在较稳定的范围内。尤其在管理财务费用方面，每年给公司节省上百万元的成本。一只 T5 灯管 FL 公司的成本是 5 元，欧司朗可以卖到 10 元，而欧司朗自己生产的成本是 8 元。FL 公司的产品价格比飞利浦和欧司朗都便宜很多。

从 1993 年该公司股票上市以来，FL 公司的经营一直以稳健著称，与竞争对手相比，其工艺管理和成本控制水平具有一定的竞争优势。该公司的原董事长在 1992—2013 年长达 20 年的任期（在 2010 年有为期 3 个月左右的短暂中断）中，十分注重成本控制，在管理过程中重点关注采购价格、废品率以及工人投诉等因素，对采购业务的审批非常严格。在公司的管理层上行下效的成本控制措施下，虽然该公司的产品大都属于利润空间比较窄的中低端产品，但是，其毛利率水平却总是领先于同行业竞争对手。

公司作为传统电光源的龙头企业，追求科学管理，不断革新技术，努力为顾客提供优质产品和最佳服务，其核心竞争力主要体现在以下方面。

（1）在渠道建设方面，坚持深耕细作的市场策略，在维护和强化公司批发渠道优势的同时，加快建设专卖店，完善商超、电商渠道，不断完善市场布局和网点建设。

（2）在品牌战略方面，努力提高品牌知名度，目前FL公司的3个品牌中，“FSL”和“汾江”已成为中国驰名商标。

（3）在技术革新方面，公司在巩固和强化传统照明产品技术优势的基础上，加快研发高光效、低能耗产品。2012年1月，公司获批成为2011年度第一批高新技术企业，重点发展LED业务，不断引进专业人才，不断推出具有竞争优势的新产品、新款式，优化产品结构，提升产品层次。

（二）主业投资策略

企业的主业投资主要表现为购建新生产线、建立新企业或与其他企业合资建立新企业，FL公司作为照明行业的传统领头企业，其主业投资也是如此。FL公司1993年上市之后，最初几年的投资策略并不稳定，投资方向把握得并不理想。表2-5总结了1993—1999年FL公司的主要投资项目。

表2-5　FL公司1993—1999年的主要投资项目

起始年	项目	金额（万元）	合作者	进展
1993	合资生产铅玻璃管项目	6000	日本东芝公司、三井公司以及香港佑昌	1998年完成
1995	欧司朗（佛山）照明有限公司35%的股权	24000	欧司朗、广州佑昌	1997年撤出86%；1999年完全撤出
1996	北方照明电器集团（宝鸡）日光灯、汽车灯业务70%的股权	7000	北方照明电器集团	1998年停止
1999	河北廊坊灯泡厂	1256.7	独资	2003年停止，资产撤回佛山

数据来源：FL公司1993—2003年年报。

FL公司在1993年通过IPO发行A股募集到1.9亿元资金，在1995年通过发行B股募集资金2.8亿元，但是这些资金的投资却并不顺利。如表2-5所示，在1993—1999年，只有与日本东芝等公司的合作投资项目取得成功，其他与欧司朗、北方照明电器的合作投资以及在廊坊独资建厂的项目都以失败告终。

在照明行业，欧司朗、通用以及菲利普等世界领头企业在技术研发方面投入了巨额的资金，坚持自主研发，同时，这些国际照明巨头在中国照明市场上也是逐渐建立起优势地位。相反，FL公司在研发方面采取的是“拿来主义”，在自主研发方面投入的资金比较少，主要是通过购入技术成果的方式，在某项技术应用市场接近成熟的时候，迅速购入并迅速提高市场规模。其研发方面的资金投入，主要用于引进新设备的消化吸收以及现有技术的实用革新方面。

2000年，FL公司获得5000万股A股的增发机会，获得了6.67亿元资金。FL公司使用这些资金陆续引进了以T8荧光灯为主的一系列生产线。见表2-6。

表 2-6　　FL 公司 1999—2007 年间引进生产线情况　　单位：条

生产线＼年份	1999	2000	2001	2002	2003	2004	2005	2006	2007
T8 灯生产线	3	5	0	6	5	1	3	1	0
T5 灯生产线	1	0	1	0	1	1	0	0	0
金属卤灯生产线	1	0	0	1	0	0	0	0	0
汽车灯生产线	1	0	0	0	0	0	0	0	0
紧凑型节能灯生产线	0	1	0	0	0	0	0	0	0

数据来源：FL 公司 1999—2007 各年年报。

在 1999 年之前，中国只有浙江阳光和上海真空电子器件股份有限公司生产 T8 灯，1999 年 FL 公司开始从中国台湾引进 T8 生产线。如表 2-6 所示，随着引入 T8 生产线的逐年增多，FL 公司逐渐成为 T8 灯的行业龙头，2001—2007 年一直拥有行业第一的市场份额。值得注意的是，FL 公司 T5、金属卤以及紧凑型节能灯的市场占有情况并不理想。

电光源产品的利润空间比较低，所以，规模是电光源企业生存的根本。FL 公司的主业投资策略就是避开新技术研发，迅速吸收成熟的新技术，在国内建立庞大的销售网络，尽快提高生产规模，并严格控制成本，获得比较理想的毛利率。

（三）主业的发展轨迹

更重要的是，分红带来的巨大的财务压力限制了公司的大胆开拓能力。因为 FL 公司的毛利率位居全行业首位，产品质量也很有口碑，具有巨大的竞争优势，所以通过价格优势打击竞争对手以扩大市场份额是完全可行的。但是，实际情况却相反。表 2-7列出了 2003—2006 年电光源行业的市场前 5 名。可以发现，在 2004 年之前，FL 公司市场老大的地位优势还是很明显的。但是，2004—2006 年，FL 公司的排名逐渐下滑，甚至到 2006 年市场占有率只有浙江阳光的 60%左右。

表 2-7　　中国电光源市场前 5 名企业（2003—2006 年）

排名＼年份	2003	2004	2005	2006
1	FL 公司 （10.74%）	顺德华强本邦 （6.55%）	浙江阳光 （6.31%）	浙江阳光 （6.45%）
2	顺德华强本邦 （7.47%）	FL 公司 （6.06%）	顺德华强本邦 （5.63%）	顺德华强本邦 （5.94%）
3	南京华东 （null）	浙江阳光 （5.46%）	FL 公司 （4.91%）	欧司朗（佛山） （4.29%）

续 表

排名 \ 年份	2003	2004	2005	2006
4	欧司朗（佛山） （null）	欧司朗（佛山） （4.73%）	欧司朗（佛山） （4.60%）	FL公司 （3.90%）
5	上海飞亚 （3.98%）	南京华东 （4.59%）	南京华东 （3.89%）	厦门胜利 （3.24%）

注：数据来源于《中国照明电器》杂志2003—2008年各期由中国照明电器协会撰写的有关文章。表内括号中的数字是市场占有率。2003年按销售量统计，其他年份按销售收入统计。另据FL公司各年报（中国照明电器协会提供数据），1994—1996年FL公司3年销售额为同行业第1。

在FL公司的紧跟式投资策略下，其各种产品的市场表现也并不尽如人意。在全球提倡“绿色照明”的今天，普通白炽灯的市场将日益缩小，直至消失。所以，对于FL公司的老牌强势产品普通灯泡不用深入分析了。市场前景广阔的绿色照明产品更能说明问题。

对于绿色节能照明产品，FL公司目前占有优势的主要有两个：T8型荧光灯和高压汞灯。在T8灯方面，FL公司一直是行业领袖，2002年其T8市场份额为36.51%，是第2名南京飞东市场份额（18.64%）的近两倍，然而，到了2005年，其T8份额降低为24.45%，只比第2名顺德华强本邦（14.64%）高出70%。再看高压汞灯，2004年市场份额为12.29%，居第2位，只落后第1名6%，但是到了2006年，FL公司落到了第5位，仅占8.55%，几乎只有上海飞亚（第1名）市场份额的一半。再看其他产品，T4/T5荧光灯为第6名（2005年），紧凑型荧光灯为第17名（2005年），一体化节能灯为第23名（2005年），金卤灯为第15名（2006年），高压钠灯没能进入前15名（2006年），几乎再也没有可以称得上优势的后继产品。可见，FL公司的“技术紧跟”战略并没有收到理想的效果，既没有守好自己的主打品种，又没有培育好后备产品梯队，发展势头将难以持续。

（四）证券投资业务偏好

FL公司的管理层一直对证券投资业务具有一种偏好。1998年，FL公司投资1800万元，获得光大银行0.36%的股权。2000年，其再通过配售对光大银行增加投资1282.9万元，同年，投资3600万元购入交通银行2000万股。2005年，投资1898万元增持交通银行股份，同年投资2971万元购入招商银行股份，2006年投资6038万元购买投资基金。

FL公司公司章程规定，股东大会授权董事会，对占公司净资产10%以内（含10%）投资额的经营项目及资产运营进行决策和实施。在这个限度内，FL公司的投资业务发展的相当迅速，其历年的投资收益与投资收益占利润总额的比重见图2-7。此外，FL公司和浙江阳光的投资收益占利润总额的比重见图2-8。

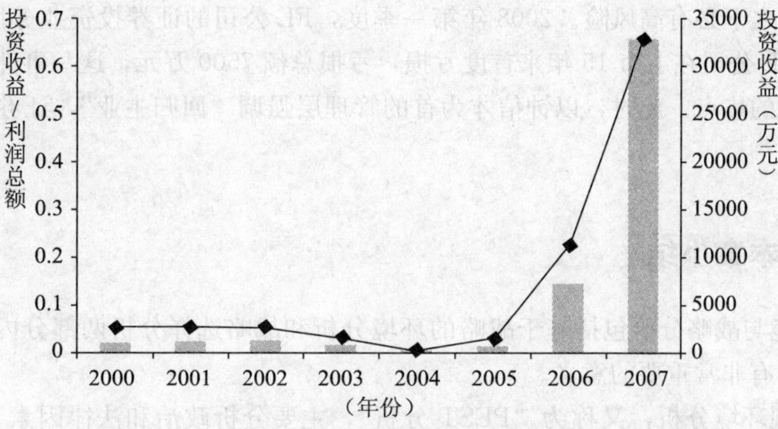

图 2-7 FL 公司的投资收益情况

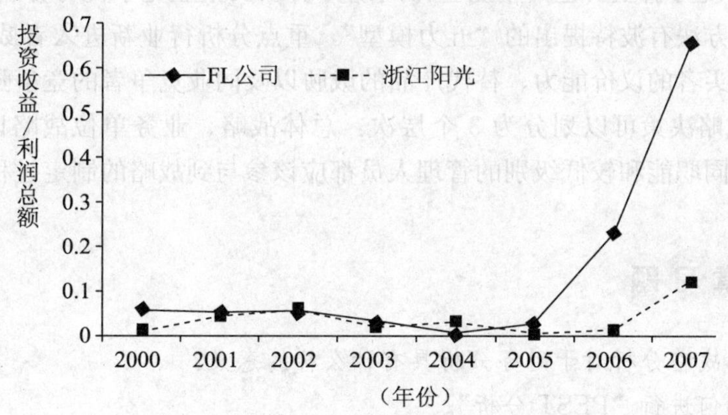

图 2-8 FL 公司与浙江阳光（投资收益/利润总额）比较

FL 公司的投资收益 2004 年开始出现爆发式增长，2005—2007 年的投资收益分别为 663 万元、7301 万元和 32955 万元，年度增长率分别为 461.86%、1001.21%和 351.38%。在 2005 年之前，FL 公司的投资收益占利润总额的比例一直小于 5%，但是 2006 年和 2007 年该比例分别达到了 23%和 66%，而同期的浙江阳光的投资收益占利润总额的比重则分别只有 1%和 12%。

相反，浙江阳光的投资更集中于主业，而且，其重点投资的是比 T8 利润空间更高的 T5 荧光灯的生产线。更重要的是，浙江阳光对主业的投资并不奉行 FL 公司那样的紧跟策略，而是一开始就着手自主研发，更重视知识产权，其曾自主研发出国产的第一款 T5 荧光灯。两家公司在投资策略上的巨大差异可以为两者股票的表现给出一定的解释。

在这种情况下，很多证券分析师和机构投资者就意识到 FL 公司的投资收益对其利润贡献比较多，而在主营业务上的增长并不是很明显。一些分析师相继放弃了对 FL 公司的跟踪，大部分机构投资者也放弃了对 FL 公司的持有。

高收益之下必有高风险。2008年第一季度，FL公司的证券投资业务巨亏1.17亿元，导致FL公司在上市15年来首度亏损，亏损总额7500万元，这一事件一度成为证券市场关注的焦点。此时，以钟信才为首的管理层强调“回归主业”，证券投资规模开始降低。

本章小结

1. 环境与战略分析包括基于战略的环境分析和战略选择分析两部分内容，其对于财务分析具有非常重要的意义。

2. 宏观环境分析，又称为“PEST分析”，主要分析政治和法律因素、经济因素、社会和文化因素以及技术因素。

3. 行业环境分析主要包括企业生命周期分析以及企业竞争优势分析，企业竞争优势分析的主要方法有波特提出的“五力模型”，重点分析行业新进入者威胁、供应商的议价能力、购买者的议价能力、替代产品的威胁以及同业竞争者的竞争强度。

4. 企业战略决策可以划分为3个层次：总体战略、业务单位战略以及职能战略。不同区域、不同职能和较低级别的管理人员都应该参与到战略的制定过程中来。

本章习题

1. 环境与战略分析对于财务分析具有什么样的意义？
2. 阐述如何进行“PEST分析”。
3. 阐述行业生命周期各阶段中各个指标的特点。
4. 企业的总体战略主要包括哪几种类型？
5. 企业的密集型成长战略主要包括哪几种类型？
6. 企业的业务单位战略包括哪几种基本的类型？
7. 选择一家企业，按照本章的几个组成部分所提出的内容，分析该企业的环境与战略。

第三章　资产负债表分析

学习目标

掌握资产负债表的基本结构，熟悉资产负债表分析的主要目标和主要内容，了解资产负债表分析的局限性，掌握资产负债表的水平分析与垂直分析方法，掌握资产负债表的主要项目的分析方法，了解资产负债表改造的基本原理。

第一节　资产负债表分析概述

一、资产负债表的基本结构

资产负债表是静态地反映企业在某一特定日期的财务状况的会计报表。所谓财务状况，即企业的资产、负债和所有者权益状况。其中，在任何时点上，资产、负债和所有者权益之间必定符合会计恒等式：资产＝负债＋所有者权益。

资产负债表由表头和表体两个部分组成。其中，表头一般包括表格名称、编制企业名称、资产负债表日和货币单位等要素。表体的格式各国各不相同。比如，英式财务报告体系中把流动性最差的资产项目放在最前面，而把流动性最强的现金放在最后面。美式财务报告体系则按照流动性从强到弱的顺序来从前往后排列各个资产项目。

资产负债表一般有 3 种格式：报告式、账户式和财务状况式。

（一）报告式

在报告式的资产负债表中，垂直依次列示资产、负债和所有者权益的各个项目，具体还可以分为两种格式：“资产＝权益”式和“资产－负债＝所有者权益”式。见表 3－1。

表 3-1　　报告式资产负债表的两种基本结构

"资产＝负债＋所有者权益"式	"资产－负债＝所有者权益"式
资产负债表 编制单位：××企业　××××年××月××日 单位：元	资产负债表 编制单位：××企业　××××年××月××日 单位：元
资产： （具体资产项目） 负债： （具体负债项目） 所有者权益： （具体所有者权益项目）	资产： （具体资产项目） 减：负债 （具体负债项目） 所有者权益： （具体所有者权益项目）

报告式资产负债表的优点是便于编制比较资产负债表，而且易于使用括弧注明某些特殊项目。其缺点是资产和权益间的恒等关系不能一目了然。

（二）账户式

账户式资产负债表按照 T 型账户的形式来设计资产负债表，将资产列在左边，将负债与所有者权益依次列在右边，左边与右边总额相等。我国财政部 2006 年 10 月 30 日颁布的《企业会计准则——应用指南》规定的一般企业资产负债表基本格式就是账户式的，具体如图 3-1 所示。账户式的资产负债表中，资产项目按流动性排列，流动性强的排在前边，流动性弱的排在后边；负债项目按到期日排列，到期日近的排在前边，到期日远的排在后边。所有者权益项目按形成来源分类后，再按其留在企业内部的永久程度排列，留在企业内部时间长的排在前边，留在企业内部时间短的排在后边。

资产负债表

编制单位：××企业　　××××年××月××日　　单位：元

资产	年初数	年末数	负债和所有者权益	年初数	年末数
流动资产 非流动资产			流动负债 非流动负债 所有者权益		
资产总计			负债和所有者权益总计		

图 3-1　账户式资产负债表的基本格式

账户式资产负债表的优点是资产、负债和权益之间的关系一目了然，特别便于比较流动资产和流动负债的数额。其缺点是不便于编制比较资产负债表，特别是编制3年以上的比较资产负债表更为不便。另外，也难以对某些特殊项目加以清晰的标注。

（三）财务状况式

财务状况式的资产负债表特别把“营运资本”的数额列示出来，具体见表3－2。其中，营运资本的计算公式是：

营运资本＝流动资产－流动负债

资产负债表

编制单位：××企业	××××年××月××日	单位：元
流动资产		
减：流动负债		
营运资本		
加：非流动资产		
减：非流动负债		
所有者权益		

图3－2 财务状况式资产负债表的基本格式

财务状况式资产负债表的优点是不但便于编制比较资产负债表，而且可以直接显示出营运资本信息，有利于方便地判断企业的流动性和短期偿债能力。其缺点是资产、负债与所有者权益之间的恒等关系并不一目了然。

二、资产负债表分析的目标

资产负债表是企业会计报表体系中最主要的一张会计报表，其可以为企业管理层、股权投资者、债权人以及政府部门等相关利益主体提供重要的信息。具体来讲，资产负债表分析的目的主要如下。

（1）通过资产负债表分析，了解企业财务状况的变动情况及变动原因。

（2）通过资产负债表分析，分析和评价企业的偿债能力。

（3）通过资产负债表分析，评价企业的会计政策。

（4）通过资产负债表分析，评价会计信息对企业经营状况的反映程度。

（5）通过资产负债表分析，修正资产负债表的有关数据。

（6）通过资产负债表分析，有助于评价企业绩效，帮助企业管理层做出合理决策。

三、资产负债表分析的内容

（一）水平分析

水平分析是一种动态分析，通过本期和基期数据的比较，分析资产、负债以及所有者权益的变动情况，揭示财务状况的变动趋势，并分析变动原因。

（二）垂直分析

垂直分析是一种静态分析，通过分析各项目占资产及权益项目的比重，分析结构变化，探索企业资产结构优化、资本结构优化及资产结构与资本结构优化的思路。

（三）主要项目分析

所谓主要项目分析，就是在资产负债表全面分析的基础上，对资产负债表中资产、负债和所有者权益的主要项目进行深入分析，具体包括会计政策、会计估计变更对相关项目影响的分析。

四、资产负债表的局限性

（一）报表项目受会计准则确认标准的限制

会计报表主要披露的是能用货币表述的信息，因此资产负债表难免遗漏许多无法用货币计量的重要经济资源和义务的信息。例如，企业的人力资源（包括人数、知识结构和工作态度）、网点和品牌的价值等，诸如此类的信息对决策都是具有影响力的，然而由于无法数量化，或者至少无法用货币计量，现行的会计实务并不将其作为资产和负债纳入资产负债表中。另外，一些或有事项，由于不符合负债定义，可能不将其确认为负债（如担保），这些项目可能对企业造成风险，但表内并没有反映；报表上一些项目，如商誉等，则可能并没有经济价值。

（二）计量的局限性

资产负债表是以历史成本为报告基础的，它不反映资产、负债和所有者权益的现行市场价值，因而表中信息虽有客观、可核实之优点，然而，可能由于通货膨胀的影响，账面上的原始成本与报表日的现时价值具有很大差距。例如，10年前购入的房屋，即使目前市场价格已涨了好几倍，甚至几十倍，但报表上只能以10年前购入的成本扣除累计折旧后的净值列报，难免不符合实际，削弱了资产负债表的价值。又如虽然在账面上已资不抵债的企业，但是在清算时，有可能不仅债权人能收回全部债权，而且所有者在分配剩余财产时还能有所收获，等等。此类事例在现实中并不少见。

（三）资产负债表的信息包含了许多估计数

资产负债表中披露的很多项目都是基于会计估计确定出来的，例如，对坏账准备、固定资产累计折旧和无形资产摊销的计量，分别有赖于对坏账百分比、固定资产使用年限和无形资产摊销期限等因素的估计。此外，诸如预提修理费用、或有负债等项目的计量也需要估计。估计的数据难免主观，从而影响信息的可靠性。

（四）理解资产负债表的含义必须依靠报表阅读者的判断

资产负债表有助于解释、评价和预测企业的长、短期偿债能力和经营绩效，然而此表本身并不直接披露这些信息，而要靠报表使用者自己加以判断。各家企业所采用的会计政策可能完全不同，所产生的信息当然有所区别，简单地根据报表数据评价和预测偿债能力以及经营绩效，并据以评判优劣，难免有失偏颇。所以，要理解资产负债表的含义并作出正确的评价，并不能仅仅局限于资产负债表信息本身，而要借助其他相关信息。选择哪些信息，也要依靠报表使用者判断，而这并非易事。

第二节 资产负债表水平分析

一、资产负债表水平分析的基本步骤

资产负债表的水平分析主要通过编制水平分析表，揭示出资产、负债和所有者权益各个项目的总体变化情况，并分析探寻其变化的原因。资产负债表水平分析的主要分析步骤如图3-3所示。

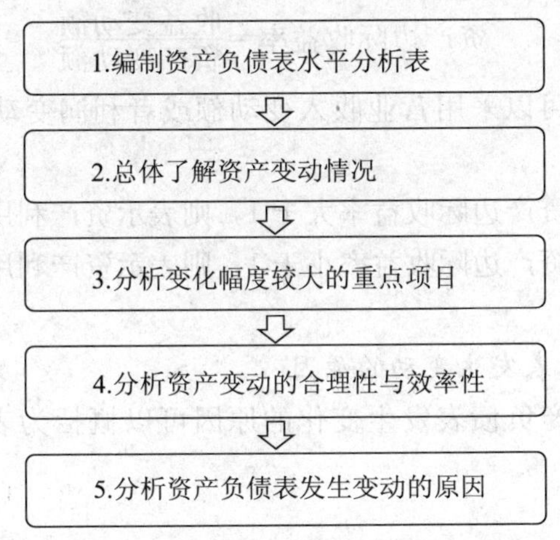

图3-3 资产负债表水平分析的步骤

（一）编制资产负债表水平分析表

资产负债表水平分析表中，各项目变化情况的计算公式如下：

$$某项目的变动额=该项目实际数-该项目基准值$$

$$某项目的变动率=\frac{该项目变动额}{该项目基准值}\times 100\%$$

其中，各项目的基准值根据分析目的的不同而不同。如果分析目的在于分析各项目的实际变动情况及其原因，则基准值应该选择各项目的上年实际数；如果分析目的在于分析资产负债表各项目的预算或计划的执行情况及其影响因素，则基准值应该选择各项目的预算数或计划数。

另外，为了揭示各项目变化对总资产或总负债的影响程度，以便于确定下一步的重点分析项目，还需要计算出各项目变动对总资产（或总负债＋所有者权益）的影响程度，计算公式如下：

$$\begin{array}{c}\text{某项目变动对总资产}\\\text{（或负债和所有者权益）的影响}\end{array}=\frac{\text{该项目变动额}}{\text{基期总资产（或负债和所有者权益）}}\times 100\%$$

（二）总体了解资产变动情况

分析总资产规模的变动状况以及各类、各项资产的变动状况，揭示出资产变动的程度与主要方面。

（三）分析变化幅度较大的重点项目

选择对总资产变动影响较大（或者对负债与所有者权益总额影响最大的）的项目作为重点分析对象，分析其变化的影响以及发生变化的原因。

（四）分析资产变动的合理性与效率性

通常需要通过资产变动与营业收入变动、利润变动以及经营活动现金流变动相比较，才能对资产变动的合理性和效率性做出评价。通常可以采用的评价指标为资产边际收益指标，其计算公式如下：

$$\text{资产边际收益率}=\frac{\text{收益变动额}}{\text{资产变动额}}$$

其中，收益变动额可以采用营业收入变动额或者利润变动额，也可以采用经营现金流量变动额。

如果资产变动使得资产边际收益率大于1，则表示资产利用效率提高，形成资金节约；如果资产变动导致资产边际收益率小于1，则表示资产利用效率下降，可能造成资产闲置与资金浪费。

（五）分析资产负债表发生变动的原因

一般来说，导致资产负债表发生变化的原因可以概括为表3-2所示的4种基本类型。

表3-2　资产负债表发生变动的四种基本类型

序号	资产变动类型	资产变动原因	评价意见
1	负债变动型	负债变动	不确定
2	投资变动型	投资人追加投资或收回投资	不确定
3	经营变动型	企业营业利润的留存	正向评价
4	股利分配变动型	股利分配	非负向评价

其中，在第1种和第2种类型中，因为负债变动或投资变动而导致的资产变动与

企业资产利用效率以及经营绩效没有直接关系，只是筹资活动的结果，所以并不能给予明确的正向或负向评价；在第 3 种类型中，由于企业营业利润的留存而导致的资产变动，这正是企业有效地利用资产获得经营效益的表现，应该给予正向评价；在第 4 种类型中，企业把获得经营成果的一部分作为股利发放出去，导致资产数额的变动，这种情况与企业经营失败导致的资产减少在实质上并不一样，因而并不能说明企业利用资产的效率降低，不能给予负向评价，只是需要结合其他信息来做进一步的评判。

实际上，很难有一个企业资产负债表的变动与上述几种典型情况之一相一致，但任何一个企业资产负债表的变动都可以通过以上几种类型的组合来说明。

二、FL 公司的资产负债表水平分析

（一）编制 FL 公司的 2012 年度资产负债表水平分析表

FL 公司的 2012 年度资产负债表水平分析表见表 3-3。

表 3-3　**FL 公司 2012 年度资产负债表水平分析表**　单位：万元

项目	期末余额	期初余额	变动额	变动率（%）	对总资产的影响（%）
流动资产：					
货币资金	98545.09	69069.18	29475.91	42.68	9.34
交易性金融资产	401.27	409.74	−8.46	−2.07	0
应收票据	17590.70	12041.71	5548.99	46.08	1.76
应收账款	33400.69	30022.39	3378.30	11.25	1.07
预付款项	1238.34	4103.29	−2864.94	−69.82	−0.91
应收保费	0	0	0	0	0
应收分保账款	0	0	0	0	0
应收分保合同准备金	0	0	0	0	0
应收利息	53.05	50.63	2.42	4.78	0
应收股利	0	0	0	0	0
其他应收款	5619.64	1885.13	3734.51	198.10	1.18
存货	43454.14	49361.34	−5907.21	−11.97	−1.87
一年内到期的非流动资产	0	0	0	0	0
其他流动资产	293.52	0	293.52		0.09
流动资产合计	200596.45	166943.40	33653.05	20.16	10.66
非流动资产：					
发放委托贷款及垫款	0	0	0	0	0

续 表

项目	期末余额	期初余额	变动额	变动率（%）	对总资产的影响（%）
可供出售金融资产	7181.76	6781.47	400.30	5.90	0.13
持有至到期投资	0	0	0	0	0
长期应收款	0	0	0	0	0
长期股权投资	51969.34	44702.41	7266.93	16.26	2.30
投资性房地产	0	0	0	0	0
固定资产	53914.50	64307.87	−10393.37	−16.16	−3.29
在建工程	9568.46	8801.74	766.72	8.71	0.24
工程物资	0	0	0	0	0
固定资产清理	0	0	0	0	0
生产性生物资产	0	0	0	0	0
油气资产	0	0	0	0	0
无形资产	15042.44	21863.75	−6821.31	−31.20	−2.16
开发支出	0	0	0	0	0
商誉	0	0	0	0	0
长期待摊费用	0	0	0	0	0
递延所得税资产	2300.31	2154.80	145.51	6.75	0.05
其他非流动资产	4254.17	0	4254.17	0	1.35
非流动资产合计	144230.98	148612.04	−4381.05	−2.95	−1.39
资产总计	344827.43	315555.44	29272.00	9.28	9.28
流动负债：					
短期借款	0	0	0	0	0
应付票据	0	0	0	0	0
应付账款	24665.25	19687.19	4978.06	25.29	1.58
预收款项	1963.23	1846.44	116.79	6.32	0.04
应付职工薪酬	6308.64	5348.97	959.67	17.94	0.30
应交税费	5899.20	−208.26	6107.46	−2932.64	1.94
应付利息	0	0	0	0	0
应付股利	0	0	0	0	0
其他应付款	3708.56	2711.94	996.61	36.75	0.32
一年内到期的非流动负债	0	0	0	0	0

续 表

项目	期末余额	期初余额	变动额	变动率（%）	对总资产的影响（%）
其他流动负债	0	0	0	0	0
流动负债合计	42544.88	29386.28	13158.60	44.78	4.17
非流动负债：					
长期借款	0	0	0	0	0
应付债券	0	0	0	0	0
长期应付款	0	0	0	0	0
专项应付款	0	0	0	0	0
预计负债	0	0	0	0	0
递延所得税负债	626.88	566.84	60.04	10.59	0.02
其他非流动负债	1935.34	1767.74	167.60	9.48	0.05
非流动负债合计	2562.23	2334.58	227.64	9.75	0.07
负债合计	45107.11	31720.87	13386.24	42.20	4.24
所有者权益：					
实收资本（或股本）	97856.37	97856.37	0	0	0
资本公积	62559.58	62219.32	340.25	0.55	0.11
减：库存股	0	0	0	0	0
盈余公积	62249.45	58353.73	3895.72	6.68	1.23
未分配利润	72345.29	60658.44	11686.86	19.27	3.70
外币报表折算差额	0	0	0	0	0
归属于母公司所有者权益合计	295010.70	279087.87	15922.83	5.71	5.05
少数股东权益	4709.62	4746.70	—37.08	—0.78	—0.01
所有者权益合计	299720.32	283834.57	15885.75	5.60	5.03
负债和所有者权益总计	344827.43	315555.44	29272.00	9.28	9.28

（二）总体了解资产变动情况

由表 3－3 可知，总体来看，2012 年该公司的总资产增加 2.93 亿元，增长 9.28%。总资产的增加，主要是因为流动资产增加了 3.37 亿元，增长 20.16%。而与此同时，非流动资产降低了 0.44 亿元，降低 2.95%。

进一步地分析流动资产的变动，可以发现，流动资产的大幅度增加主要是由货币资金、应收票据、应收账款以及其他应收款的增加而形成的。其中，最主要的是货币资金的增加，增加了 2.95 亿元，增长 42.68%。另外，流动资产中的预付账款和存货都发生了比较大幅度的减少。

进一步地分析非流动资产的变动，可以发现，一方面非流动资产的减少主要是由固定资产和无形资产的大幅度减少导致的，其中固定资产减少了1.04亿元，降低16.16%；无形资产减少了0.68亿元，降低31.20%。另一方面，长期股权投资却增加了0.73亿元，增长16.26%。

从负债来看，2012年该公司负债总额增加了1.34亿元，增长42.20%。具体来讲，流动负债增加了1.32亿元，增长44.78%，而非流动负债只增加了0.23亿元，增长9.75%，可见，流动负债的增加是负债总额增加的主要原因。进一步分析，可以发现，导致流动负债大幅度增加的主要项目是应付账款和应缴税费，两项合计增加1.11亿元。

从所有者权益来看，所有者权益增加了1.59亿元，增长5.60%，其增长率小于负债的增长率。具体来讲，未分配利润增加了1.17亿元，是推动所有者权益增加的主要原因。

（三）分析变化幅度较大的重点项目

在资产类项目中，对总资产变动影响最大的项目是货币资金，其导致总资产增长了9.34%。其次是长期股权投资，导致总资产增长了2.30%。其他导致总资产增长1%以上的项目还有应收票据、应收账款和其他应收款。另外，存货的变动导致总资产降低了1.87%。

根据FL公司财务报表的附注，①本年度货币资金大幅度增长的主要原因是人民币银行存款（增长了2.95亿元）的增长，具体原因是该公司本期转让佛山市高富度假村有限公司股权收取了股权转让款，这部分现金流属于投资活动收回的现金，并非来自经营活动。②长期股权投资增长的主要原因是对厦门银行追加的股权投资，追加投资0.84亿元，账面金额达到2.93亿元。③存货的减少主要是由于原材料的减少，原材料减少了0.79亿元；另外，产成品增加了0.20亿元。

在负债类项目中，对负债和所有者权益变动影响最大的项目是应交税费，增加0.61亿元，导致负债和所有者权益增长了1.94%；其次是应付账款，增加0.50亿元，导致负债与所有者权益增长了1.58%。

根据FL公司财务报表的附注，①应交税费增加的主要原因是应交增值税增加，增加0.39亿元；其次是应交企业所得税增加，增加0.16亿元。②应付账款增加的主要原因是1年以内应收账款的增加，增加0.31亿元。

在所有者权益类项目中，对负债和所有者权益变动影响最大的项目是未分配利润，增加了1.17亿元，导致负债与所有者权益增长3.70%；其次，盈余公积的变动导致负债与所有者权益增长了1.23%。根据附注，未分配利润的增长主要是由本期税后利润增长引起的，盈余公积的增加是由根据本期净利润计提法定盈余公积引起的。

（四）分析资产变动的合理性与效率性

计算FL公司2012年度的资产边际收益率，如表3-4所示。

表 3-4 FL 公司 2012 年度的资产边际收益

计算结果 \ 收益的代表指标	营业收入	利润总额	经营现金流量
收益变动额（万元）	−5901.91	11691.64	16751.84
资产边际收益率（%）	−0.20	0.40	0.57

分别用营业收入、利润总额和经营现金流量变动额来计算资产边际收益率，可以发现：①3 种方式计算的资产边际收益率都小于 1，说明该公司 2012 年度的资产利用效率下降，可能造成资产闲置或资金浪费；②该公司 2012 年度资产增加，营业收入却减少，此时资产边际收益率小于零，说明该公司资产运用效率比较低，资金周转缓慢。

（五）分析资产负债表发生变动的原因

2012 年度该公司负债与所有者权益发生变动的主要项目是流动负债和未分配利润，所以可以判断该公司资产负债表变动类型是负债变动型和经营变动型两种类型的综合。但是，结合上述对资产变动合理性与效率性的分析，可以认为，该公司增加负债的策略是低效率的，应该给予负向评价。

第三节 资产负债表垂直分析

一、资产负债表垂直分析的基本步骤

资产负债表的垂直分析主要通过计算资产负债表中各项目占总资产或权益总额的比重，分析评价企业资产结构和权益结构变动的合理程度。主要分析步骤如图 3-4 所示。

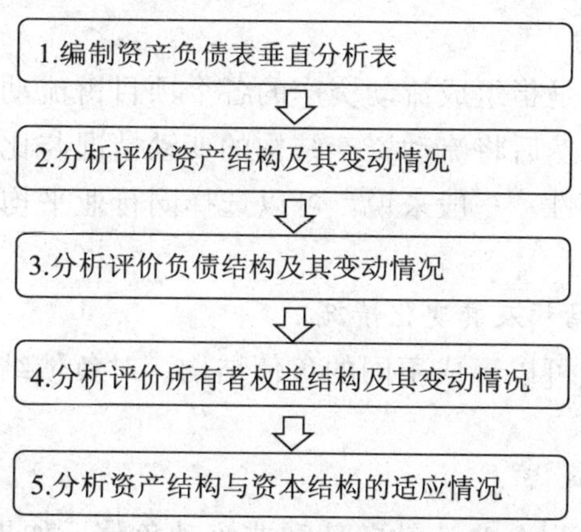

图 3-4 资产负债表垂直分析的步骤

（一）编制资产负债表垂直分析表

在资产负债表垂直分析表中，各项目占总资产或总权益比重的计算公式如下：

$$某项目比重=\frac{该项目金额}{资产总额（或债务与所有者权益总额）}\times 100\%$$

某项目比重的差异＝该项目期末比重-该项目期初比重

按上述公式分别计算两个分析指标之后，一方面可以从静态的角度去研究本期资产总额或权益总额的实际构成情况，另一方面也可以从动态的角度去研究各项目占比的变化程度或者与预算值、行业平均值的偏离程度。

（二）分析评价资产结构及其变动情况

对企业资产结构的具体评价主要包括以下几个方面。

1. 经营资产与非经营资产的比例关系

总资产按照用途可以划分为经营资产和非经营资产两大类。其中，经营资产是指用于企业自身经营的资产，如货币资金、存货、固定资产以及无形资产等。非经营资产是指没有用于企业自身经营的资产，如被其他企业所运用的应收账款、应收票据，以及今后将转化为费用的长期待摊费用、开发支出或递延所得税资产等。

如果经营资产占总资产的比重增加，表明企业的实际经营能力是增长的；如果资产总额增加，经营资产占总资产的比重减小，而非经营资产占总资产的比重增加，则表明企业的实际经营能力并没有实质性增强。

2. 固定资产与流动资产的比例关系

一般而言，企业固定资产与流动资产之间只有保持合理的比例结构，才能形成现实的生产力，否则，可能造成产能闲置或产能不足。有 3 种固定资产与流动资产结构政策（以下简称固流结构政策）可供企业选择。①适中的固流结构政策。此时，固流比例保持在平均水平，企业盈利水平适中，风险程度也适中。②保守的固流结构政策。此时，流动资产比例比较高，企业风险程度比较低，同时收益水平也比较低。③激进的固流结构政策。此时，固定资产的比例比较高，企业盈利水平比较高，同时风险程度也比较高。

3. 流动资产内部结构

流动资产的内部结构是指组成流动资产的各个项目占流动资产的比重。企业需要首先选择一个比较基准，然后将流动资产结构的变动情况与比较基准相比较，以反映流动资产结构变化的合理性。一般来说，可以选择同行业平均水平或计划的目标作为比较基准。

（三）分析评价负债结构及其变化情况

负债的不同分配方式可以形成不同的负债结构。对负债结构的分析，可以从以下几个方面进行分析。

1. 负债期限结构

负债按到期日远近可以分为流动负债和非流动负债。如果流动负债的比重上升，则表明企业偿债压力提高，财务风险上升，但是负债成本也会降低；如果流动负债比重下降，非流动负债比重上升，则表明企业偿债压力下降，财务风险下降，但是负债成本上升。

2. 负债方式结构

负债按照取得方式可以分为银行信用、商业信用、债券以及其他负债。其中，银行负债资金的风险高于其他负债方式。

3. 负债成本结构

由于来源渠道和取得方式不同，不同负债种类的成本也不同。有些负债，如应付账款，成本基本为0；有些负债，如短期借款，属于低成本负债；其他负债，如长期借款以及应付债券，属于高成本负债。如果成本比较低的负债方式占总负债比重上升，则负债成本将降低，利息负担将减轻。

（四）分析评价所有者权益结构及其变化情况

所有者权益主要包括股本、资本公积、盈余公积以及未分配利润4个项目。其中，股本和资本公积属于投资资本，筹资费用比较高，因而资本成本比较高；盈余公积和未分配利润属于内部形成权益资金，筹资费用比较低，因而资本成本比较低。投资资本占比上升则意味着股权资本成本上升，投资资本占比下降则意味着股权资本成本下降。

（五）分析资产结构与资本结构的适应程度

归纳起来，资产结构与资本结构的适应形式有以下4种类型。

1. 保守结构

在保守结构形式中，无论资产负债表左方的资产结构如何，资产负债表右方的资金全部来源于长期资金，非流动负债与所有者权益的比例高低不影响这种结构形式。其形式见表3－5。

表3－5　　保守结构

<table>
<tr><th colspan="2">资产</th><th>权益</th></tr>
<tr><td rowspan="2">流动资产</td><td>临时占用流动资产</td><td>非流动负债</td></tr>
<tr><td>永久性占用流动资产</td><td rowspan="2">所有者权益</td></tr>
<tr><td colspan="2">非流动资产</td></tr>
</table>

从表3－5可以看出，保守结构的主要标志是企业全部资产的资金依靠长期资金来满足。其结果如下。①企业风险极低。由于资产都来源于长期资金，因此到期不能偿付债务的风险是很小的。②资金成本较高。由于长期债务的成本一般而言高于短期债务的成本，因此此结构的资金成本较高。③筹资结构弹性弱。由于资金来源全部是长期资金，如果企业产生资金盈余，也不能用来偿付债务，导致筹资结构弹性弱。

2. 稳健结构

在稳健结构形式中，长期资产的资金需要依靠长期资金解决，短期资产的资金需要则使用长期资金和短期资金共同解决，长期资金和短期资金的比例不影响短期资产的资金需要。其形式见表 3－6。

表 3－6　　稳健结构

资产		权益
流动资产	临时占用流动资产	流动负债
	永久性占用流动资产	非流动负债
非流动资产		所有者权益

从表 3－6 可以看出，稳健结构的主要标志是用一部分长期资金满足流动资产的资金需要。其结果如下。①财务信誉优异。通过流动资产的边线足以满足偿还短期债务的需要，企业风险较小。②负债成本相对较低，具有可调性。企业可以通过调整流动负债与非流动负债的比例使负债成本达到企业目标标准，相对于保守结构形式而言，这一形式的负债成本相对较低，并具有可调性。③资产结构和资本结构具有一定的弹性。特别是当临时性资产需要降低或消失时，可通过偿还短期债务或进行短期证券投资来调整，一旦临时性资产需要再产生时，又可以通过重新举债或出售短期证券来满足其需要。

3. 平衡结构

在平衡结构形式中，以流动负债满足流动资产的资金需要，以非流动负债及所有者权益满足长期资产的资金需要，长期负债与所有者权益之间的比例不是判断这一结构形式的标志。其形式见表 3－7。

表 3－7　　平衡结构

资产		权益
流动资产	临时占用流动资产	流动负债
	永久性占用流动资产	
非流动资产		非流动负债 所有者权益

平衡结构的主要标志是流动资产的资金需要全部依靠流动负债来满足。其结果如下。①同样高的资产风险和筹资风险中和后，企业风险均衡。②负债政策取决于资产结构。③存在潜在的风险。这一形式以资产变现时间和数量与偿债时间和数量相一致

为前提，一旦两者出现时间上的差异和数量上的差异，如营业收入未能按期取得现金等，有可能使企业陷入资金周转困难的境地。

4. 风险结构

在风险结构形式中，流动负债不但用于满足流动资产的资金需要，而且用于满足部分长期资产的资金需要，这一结构形式不因流动负债在多大程度上满足长期资产的资金需要而改变。其形式见表 3-8。

表 3-8　风险结构

资产	权益
流动资产	流动负债
非流动资产	非流动负债 所有者权益

风险结构的主要标志是以短期资金满足部分长期资产的资金需要。其结果如下。①财务风险较大。流动负债与长期资产在流动性上并不对称，如果通过长期资产的变现来偿还短期内到期的债务，必然给企业带来沉重的偿债压力，从而要求企业极大地提高资产的流动性。②负债成本最低。③存在"黑字破产"的潜在危险。由于企业时刻面临偿债的压力，一旦市场发生变动，或意外事件发生，就可能引发企业资产经营风险，使企业资金周转不灵而陷入财务困境，造成企业因不能偿还到期债务而"黑字破产"。

这种形式只适用于处在发展壮大时期的企业，而且只能在短期内采用。

二、FL 公司的资产负债表垂直分析

（一）编制 FL 公司的 2012 年度资产负债表垂直分析表

FL 公司的 2012 年度资产负债表垂直分析表见表 3-9。

表 3-9　FL 公司 2012 年度资产负债表垂直分析表　　单位：万元

项目	期末余额	期初余额	期末（%）	期初（%）	变动
流动资产：					
货币资金	98545.09	69069.18	28.58	21.89	6.69
交易性金融资产	401.27	409.74	0.12	0.13	—0.01
应收票据	17590.70	12041.71	5.10	3.82	1.29
应收账款	33400.69	30022.39	9.69	9.51	0.17
预付款项	1238.34	4103.29	0.36	1.30	—0.94

续 表

项目	期末余额	期初余额	期末（%）	期初（%）	变动
应收利息	53.05	50.63	0.02	0.02	0
应收股利	0	0	0	0	0
其他应收款	5619.64	1885.13	1.63	0.60	1.03
存货	43454.14	49361.34	12.60	15.64	—3.04
一年内到期的非流动资产	0	0	0	0	0
其他流动资产	293.52	0	0.09	0	0.09
流动资产合计	200596.45	166943.40	58.17	52.90	5.27
非流动资产：	0	0	0	0	0
可供出售金融资产	7181.76	6781.47	2.08	2.15	—0.07
持有至到期投资	0	0	0	0	0
长期应收款	0	0	0	0	0
长期股权投资	51969.34	44702.41	15.07	14.17	0.90
投资性房地产	0	0	0	0	0
固定资产	53914.50	64307.87	15.64	20.38	—4.74
在建工程	9568.46	8801.74	2.77	2.79	—0.01
工程物资	0	0	0	0	0
固定资产清理	0	0	0	0	0
生产性生物资产	0	0	0	0	0
油气资产	0	0	0	0	0
无形资产	15042.44	21863.75	4.36	6.93	—2.57
开发支出	0	0	0	0	0
商誉	0	0	0	0	0
长期待摊费用	0	0	0	0	0
递延所得税资产	2300.31	2154.80	0.67	0.68	—0.02
其他非流动资产	4254.17	0	1.23	0	1.23
非流动资产合计	144230.98	148612.04	41.83	47.10	—5.27
资产总计	344827.43	315555.44	100.00	100.00	0
流动负债：	0	0	0	0	0
短期借款	0	0	0	0	0
交易性金融负债	0	0	0	0	0
应付票据	0	0	0	0	0

续 表

项目	期末余额	期初余额	期末（%）	期初（%）	变动
应付账款	24665.25	19687.19	7.15	6.24	0.91
预收款项	1963.23	1846.44	0.57	0.59	－0.02
应付手续费及佣金	0	0	0	0	0
应付职工薪酬	6308.64	5348.97	1.83	1.70	0.13
应交税费	5899.20	－208.26	1.71	－0.07	1.78
应付利息	0	0	0	0	0
应付股利	0	0	0	0	0
其他应付款	3708.56	2711.94	1.08	0.86	0.22
一年内到期的非流动负债	0	0	0	0	0
其他流动负债	0	0	0	0	0
流动负债合计	42544.88	29386.28	12.34	9.31	3.03
非流动负债：	0	0	0	0	0
长期借款	0	0	0	0	0
应付债券	0	0	0	0	0
长期应付款	0	0	0	0	0
专项应付款	0	0	0	0	0
预计负债	0	0	0	0	0
递延所得税负债	626.88	566.84	0.18	0.18	0
其他非流动负债	1935.34	1767.74	0.56	0.56	0
非流动负债合计	2562.23	2334.58	0.74	0.74	0
负债合计	45107.11	31720.87	13.08	10.05	3.03
所有者权益：	0	0	0	0	0
实收资本（或股本）	97856.37	97856.37	28.38	31.01	－2.63
资本公积	62559.58	62219.32	18.14	19.72	－1.58
减：库存股	0	0	0	0	0
盈余公积	62249.45	58353.73	18.05	18.49	－0.44
未分配利润	72345.29	60658.44	20.98	19.22	1.76
外币报表折算差额	0	0	0	0	0
归属于母公司所有者权益合计	295010.70	279087.87	85.55	88.44	－2.89
少数股东权益	4709.62	4746.70	1.37	1.50	－0.14
所有者权益合计	299720.32	283834.57	86.92	89.95	－3.03
负债和所有者权益总计	344827.43	315555.44	100.00	100.00	0

（二）分析评价资产结构及其变动情况

1. 经营资产与非经营资产的比例关系

计算FL公司2012年与2011年经营资产与非经营资产比例关系，如表3-10所示。

表3-10　　FL公司经营资产与非经营资产比例关系分析　　单位：万元

项目	期末余额	期初余额	期末（%）	期初（%）	变动
经营资产：					
货币资金	98545.09	69069.18	28.58	21.89	
存货	43454.14	49361.34	12.60	15.64	
固定资产	53914.5	64307.87	15.64	20.38	
在建工程	9568.46	8801.74	2.77	2.79	
无形资产	15042.44	21863.75	4.36	6.93	
经营资产合计	220524.63	213403.88	63.95	67.63	−3.68
非经营资产：			0	0	
交易性金融资产	401.27	409.74	0.12	0.13	
应收票据	17590.7	12041.71	5.10	3.82	
应收账款	33400.69	30022.39	9.69	9.51	
预付款项	1238.34	4103.29	0.36	1.30	
应收利息	53.05	50.63	0.02	0.02	
其他流动资产	293.52	0	0.09	0	
其他应收款	5619.64	1885.13	1.63	0.60	
可供出售金融资产	7181.76	6781.47	2.08	2.15	
长期股权投资	51969.34	44702.41	15.07	14.17	
递延所得税资产	2300.31	2154.8	0.67	0.68	
其他非流动资产	4254.17	0	1.23	0	
非经营资产合计	124302.79	102151.57	36.05	32.37	+3.68
资产总计	344827.43	315555.44	100.00	100.00	0

通过表3-10可以发现，本年度该公司资产总额增加，但是经营资产占总资产的比重略有减小，而相应的非经营资产占总资产的比重略有增加，这表明企业的实际经营能力并没有实质性增强。

2. 固定资产与流动资产的比例关系

计算2012年度FL公司与3家对比公司的固流比例，如表3-11与表3-12所示。

表 3-11　　FL 公司 2011—2012 年度固流比例分析　　单位：万元

项目	期末余额	期初余额	期末固流比例	期初固流比例	变动
流动资产合计	200596.45	166943.4			
固定资产：					
固定资产	53914.5	64307.87	0.32	0.44	−0.12
在建工程	9568.46	8801.74			
固定资产合计	63482.96	73109.61			

表 3-12　　FL 公司与 3 家对比公司的固流比例对比

指标＼公司名称	FL 公司	阳光照明	飞乐音响	雪莱特	行业平均值
期末固流比例	0.32	0.33	0.50	0.45	0.40
期初固流比例	0.44	0.43	0.38	0.44	0.42
变动	−0.12	−0.10	+0.12	+0.01	−0.02

通过表 3-12 的计算结果可以发现，虽然 2011 年年末 FL 公司的固流比例比较高，但是 2012 年年末 FL 公司的固流比例在对比企业中是最低的，比 2011 年年末下降了 0.12。这说明 FL 公司的固流结构政策变得更加保守了，这在降低了企业风险程度的同时，也将会降低企业的盈利水平。

3. 流动资产内部结构

关于流动资产的内部结构，我们可以以货币资金为例进行分析。货币资金占流动资产比重的计算公式为：

$$货币资金占比=\frac{货币资金}{流动资产}$$

计算 FL 公司与 3 家对比公司的货币资金占比，如表 3-13 所示。

表 3-13　　FL 公司与 3 家对比公司的货币资金占比对比分析

指标＼公司名称	FL 公司	阳光照明	飞乐音响	雪莱特	行业平均值
期末货币资金占比	0.49	0.44	0.22	0.06	0.30
期初货币资金占比	0.41	0.24	0.30	0.16	0.28
变动	+0.08	+0.20	−0.08	−0.10	+0.02

从上述计算结果来看，不论是 2011 年年末还是 2012 年年末，FL 公司的货币资金

占比都是最高的，这意味着该公司具有比较高的偿债能力和支付能力，同时，资产的盈利能力比较低。

（三）分析评价负债结构及其变动情况

负债的不同分配方式可以形成不同的负债结构。对负债结构的分析，可以从以下几个方面进行分析。

1. 负债期限结构分析

分析负债期限结构的主要指标为流动负债占比，计算公式为：

$$流动负债占比=\frac{流动负债}{负债总额}$$

计算 FL 公司与 3 家对比公司 2012 年度的流动负债占比，如表 3－14 所示。

表 3－14　　FL 公司与 3 家对比公司的负债期限结构对比分析

公司名称 指标	FL 公司	阳光照明	飞乐音响	雪莱特	行业平均值
期末流动负债占比	0.94	0.91	0.86	1.00	0.93
期初流动负债占比	0.93	0.80	0.97	1.00	0.93
变动	＋0.05	＋0.11	－0.11	0	0

根据表 3－14 的计算结果，2012 年的年初和年末，FL 公司的流动负债占比都基本上与行业平均值相等，所以，可以认为 FL 公司的偿债难度并不大，同时债务资本成本也是适中的。

2. 负债方式结构分析

以银行信用占总负债比重为例，银行信用占比的计算公式如下：

$$银行信用占比=\frac{短期借款＋长期借款}{负债总额}$$

计算 FL 公司与 3 家对比公司 2012 年度的银行信用占比，如表 3－15 所示。

表 3－15　　FL 公司与 3 家对比公司的银行信用占比分析

公司名称 指标	FL 公司	阳光照明	飞乐音响	雪莱特	行业平均值
期末银行信用占比	0	0.16	0.45	0	0.15
期初银行信用占比	0	0.32	0.49	0.06	0.22
变动	0	－0.16	－0.04	－0.06	－0.07

根据表 3－15 的计算结果，可以发现 FL 公司的银行信用一直为 0，而该指标在

2011 年和 2012 年的行业平均值分别为 0.15 和 0.22，所以，可以认为 FL 公司的偿债风险相对较低。

3. 负债成本结构

负债成本结构分析主要分析各种不同成本的负债方式占总负债的比重，进而分析公司负债的资本成本水平高低。结合企业的实际情况，计算低成本负债占比的公式为：

$$低成本负债占比=\frac{应付账款+应付票据}{负债总额}$$

计算 FL 公司与 3 家对比公司 2012 年度的低成本负债占比，如表 3－16 所示。

表 3－16　FL 公司与 3 家对比公司的低成本负债占比分析

公司名称 指标	FL 公司	阳光照明	飞乐音响	雪莱特	行业平均值
期末低成本负债占比	0.55	0.49	0.36	0.69	0.52
期初低成本负债占比	0.62	0.44	0.36	0.58	0.50
变动	－0.07	＋0.05	0	＋0.11	＋0.02

根据表 3－16 的计算结果，可以发现 FL 公司的低成本负债占比高于行业平均值，可以认为 FL 公司的负债成本比较低，利息负担比较轻。

（四）分析评价所有者权益结构及其变化情况

在所有者权益的各个项目中，股本和资本公积属于投资资本，筹资费用比较高，因而资本成本比较高；盈余公积和未分配利润属于内部形成权益资金，筹资费用比较低，因而资本成本比较低。投资资本占比指标计算公式如下：

$$投资资本占比=\frac{股本+资本公积}{所有者权益总额}$$

计算 FL 公司与 3 家对比公司 2012 年度的投资资本占比，如表 3－17 所示。

表 3－17　FL 公司与 3 家对比公司的投资资本占比分析

公司名称 指标	FL 公司	阳光照明	飞乐音响	雪莱特	行业平均值
期末投资资本占比	0.54	0.70	0.59	0.57	0.60
期初投资资本占比	0.56	0.43	0.48	0.59	0.52
变动	－0.02	＋0.27	＋0.11	－0.02	＋0.08

根据表 3－17 的计算结果，可以发现 2012 年年末 FL 公司的投资资本占比相对 2012 年年初略有上升，但是仍然略低于行业平均值。这说明 FL 公司的股权资本成本

适中，而且2012年比2011年略有下降。

（五）分析资产结构与资本结构的适应程度

可以通过流动比率来分析资产结构与资本结构的适应程度。流动比率的指标主要用来分析短期偿债能力，将在第七章中进行详细讨论。流动比率的计算公式如下：

$$流动比率=\frac{流动资产}{流动负债}$$

计算FL公司2012年年末与2012年年初的流动比率，如表3-18所示。

表3-18　FL公司与3家对比公司的银行信用占比分析　单位：万元

项目	年末金额	年初金额
流动资产合计	200596.40	166943.40
流动负债合计	42544.88	29386.28
流动比率	4.71	5.68

通过上述计算结果，可以发现FL公司对资产结构—资本结构的适应形式采取的是稳健结构，财务信誉比较好，负债成本相对比较低，资产结构和资本结构都具有一定的弹性。

第四节　资产负债表项目分析

一、主要资产项目分析

在资产负债表中，需要重点分析的项目主要有货币资金、应收款项、存货、长期股权投资、固定资产以及无形资产。

（一）货币资金

货币资金主要由会计核算中的库存现金、银行存款以及其他货币资金3个具体科目汇总而成，其优点是流动性最强，缺点是获利能力最弱。所以，总体来讲，企业持有的货币资金必须与自己的经营规模和财务政策相适应，持有量不能过低，也不能过高。

对货币资金的分析主要包括以下几个方面。

1. 分析货币资金的规模及其占总资产的比重是否合理

这项分析属于静态分析，所需要考虑的因素有资产与业务规模、企业融资能力、企业运用货币资金的能力以及企业所处的行业特点。其中，资产与业务规模越大，会导致货币资金规模越大；企业运用货币资金的能力越高或者企业融资能力越高，都将导致货币资金规模越小；如果行业平均货币资金持有规模比较大，则企业货币资金规模也会比较大。

2. 分析货币资金规模及其占总资产比重的变动是否合理

这项分析属于动态分析，所需要考虑的因素有资产与业务规模变动、信用政策变动、近期是否有大笔现金支出、资金调度以及近期的筹资活动等。其中，资产与业务规模、信用政策中现销比例以及资金调度中短期证券投资变现的变动都会导致货币资金规模同向变动，另外，近期将有大笔现金支出（如支付利息、支付股利或者或有负债）或近期的筹资金额尚未动用则将会导致货币资金规模的显著增加。

3. 分析货币资金的构成质量

企业的货币资金有本币和外币两种存在方式，其中，如果外币的比例比较高，则外币汇率的变动将导致货币资金整体实际购买力的变动。

（二）应收款项

应收款项主要包括应收账款、应收票据、预付账款和其他应收款等。由于存在坏账的可能性，因此，应收款项注定要以低于账面的价值量进行收回；应收票据不能收回时转为应收账款，预付账款不能收回时转为其他应收款，因此对应收款项的分析，主要就是对应收账款和其他应收款的分析。

我国会计准则规定，应该对企业的应收账款和其他应收款计提坏账准备，并在附注中披露企业债权的账龄结构。坏账准备尽管一定程度上可以反映债权的贬值程度，但是企业计提坏账准备的方法主要是应收账款余额百分比法和销售收入百分比法。受各种因素的制约，这些坏账计提方法并不能真实反映债权的贬值程度，因为这些方法忽略了决定债权质量的首要方面：特定债务人的偿还能力。因此，在对应收款项质量进行分析时，仅仅靠披露坏账准备的数字是不够的，还要结合债务人情况进一步分析。

1. 决定应收账款规模的主要因素

（1）分析企业销售规模变动对应收账款的影响。

（2）分析企业信用政策、收账政策变动对应收账款的影响。

（3）分析企业会计政策、会计估计对应收账款的影响。如确认收入政策的变化、应收账款的入账政策。

（4）企业的经营方式及所处行业的特点。一般来讲，商业零售企业应收款项比较少，工业企业比较多。

（5）分析企业是否利用应收账款进行利润调节，并关注企业是否有应收账款巨额冲销行为。

2. 应收款项的质量分析

应收账款的质量，是指该项非货币资产转化为货币的质量。具体的分析要点如下。

（1）对应收款项的账龄进行分析，如是否过信用期、超期多长时间等。

（2）对债务人的构成进行分析，如债务人所处的环境、债务人的所有制构成、债务人是否是关联方以及债务人是否稳定等。

（3）分析应收款项的周转质量。一般可采用应收账款周转率指标来衡量周转质量，如果周转率比较高，则说明应收账款周转质量较好，但是如果应收账款周转率过快，则可能会影响企业的销售，进而影响企业的存货周转速度。

(4) 在坏账准备分析时，也要注意分析会计政策变更的影响。如坏账准备计提方法、比例的变更以及变更的原因。

3. 其他应收款的质量分析

对其他应收款的分析，主要分析其他应收款的规模及变动情况、其他应收款包括的内容、关联方其他应收款余额及账龄、是否存在违规拆借资金以及分析会计政策变更对其他应收款的影响。

其他应收款可以借助上述的方法进行分析，但是从实践来看，许多企业对其他应收款项目的运用并不规范。如许多企业将其母公司对注册资本的抽逃作为债权计入其他应收款项目，将对其他企业资金拆借而形成的债权也计入其他应收款项目。

(三) 存货

存货是企业最重要的流动资产之一，通常占流动资产一半以上。存货核算的准确性对资产负债表和利润表有较大的影响。存货分析包括存货构成分析和变动情况分析。

1. 存货构成分析

按性质分，存货可以分为原材料、在产品和产成品。存货构成分析既包括各类存货规模与变动情况分析，也包括各类存货结构与变动情况分析。

(1) 存货规模与变动情况分析。一般而言，随着企业收入的增加，企业原材料和在产品会随之增加，它们的非正常减少，会对企业今后的生产连续性产生影响。

(2) 存货结构与变动情况分析。一般来说，原材料、在产品与产成品三者之间比例应该保持相对的稳定。

2. 存货的计价分析

存货的计价分析主要包括：①存货计价方法是否合理；②存货的盘存制度对存货数量和价值的影响；③期末存货价值的计价原则对存货项目的影响。

3. 存货质量分析

存货的质量，主要应当关注存货的增值能力、变现能力（指对外出售的存货）以及其物理质量（指主要用于企业内部，不对外出售的存货）状况。

(1) 对存货的毛利率的走势进行分析。

(2) 对存货的周转以及积压情况的分析。

(3) 存货的物理质量分析。存货的物理质量分析主要分析存货自然质量，即存货的自然状态。另外，还需要进行存货的品种构成分析，如企业存货多元化程度、现有存货的盈利能力、不同存货的周转状况以及现有存货的市场发展前景等。

(4) 存货的时效状况分析。所谓与实效性相关的企业存货，是指那些被利用价值和变现价值与时间联系较大的企业存货，比如，与保质期相关联的存货，如食品；与内容相关联的存货，如出版物中的数学书籍与会计专业书籍；与技术相关联的存货，有的变化较快，如电子计算机等，有的较慢，如中药配方、食品配方等。

(5) 对存货的品种构成结构分析。

(6) 对存货跌价准备处理恰当性分析，如存货成本与市价孰低规则运用是否适当。

(四) 长期投资

长期投资是企业持有的不准备随时变现、持有期超过 1 年以上，因对外出让资产而形成的股权或债权。特别需要注意的是，长期股权投资被认为在很大程度上代表企业长期不能直接控制的资产流出，代表企业高风险的资产领域，长期股权投资收益的确认往往被认为反映了企业现金流状况的恶化。

长期股权投资变动情况分析的主要内容包括企业长期投资的目的；企业长期投资的种类；企业长期投资所运用的资产形态；长期股权投资会计处理的一般惯例及其对企业财务业绩的影响，如减值处理方法等。

(五) 固定资产

1. 固定资产规模及变动情况分析

固定资产由于投资投入、购入、租入、盘盈等原因增加，由于投资投出、出售、租出以及盘亏等原因减少。用于本部分内容的分析指标主要有固定资产增长率以及固定资产占比等。其中，

$$固定资产增长率=\frac{固定资产增加额}{基期固定资产总额}\times 100\%$$

$$固定资产占比=\frac{固定资产}{总资产}\times 100\%$$

2. 固定资产结构分析

固定资产结构分析主要包括以下 3 个方面。

(1) 生产用固定资产与非生产用固定资产之间的比例变化情况。

(2) 未使用和不需用固定资产比率的变化情况。

(3) 生产用固定资产内部结构是否合理。

3. 固定资产的质量分析

固定资产可以划分为具有增值潜力的固定资产和不具有增值潜力的固定资产，具有增值潜力的固定资产越多，则固定资产的质量越高，未来企业的总体财务实力将得到增强。

(六) 无形资产

由于无形资产的特点和会计处理惯例，在分析无形资产时，需要注意的问题如下。

(1) 表中作为无形资产列示的基本上是企业外购的无形资产。

(2) 企业可能存在会计处理原因而导致的账外无形资产。

(3) 账外无形资产价值的实现方式可有多种选择。

(4) 无形资产的质量具有特殊性，主要表现在企业内部利用价值和对外投资或转让的价值上。

二、负债项目分析

负债项目分析主要包括短期借款分析、应付款项分析以及长期借款分析。

（一）短期借款变动情况分析

短期借款变动的原因：流动资产资金需要；节约利息支出；调整负债结构和财务风险；增加企业资金弹性。

（二）应付账款及应付票据变动情况分析

应付账款以及应付票据变动的原因：企业销售规模的变动；充分利用无成本资金；提供商业信用的企业的信用政策发生变化；企业资金的充裕程度。

（三）长期借款变动情况分析

长期借款变动的原因：银行信贷政策及资金市场的资金供求状况；满足企业对资金的长期需要；保持企业权益结构的稳定性；调整企业负债结构和财务风险。

三、所有者权益项目分析

（一）股本变动情况分析

股本变动的原因：企业增发新股或配股；资本公积或盈余公积转增股本；以送股进行利润分配。

（二）未分配利润变动情况分析

未分配利润变动的原因：企业生产经营活动产生税后净利润；企业的利润分配政策。

第五节　资产负债表改造

为了更便捷地分析，还可以把原始的资产负债表进行改造，按照有利于分析的要求，把各个项目重新分类编排。

一、资产项目重新分类与编排

（一）剔除虚拟资产

所谓虚拟资产，是指已经发生的费用或损失，但由于企业缺乏承受能力而暂时挂列为待摊费用、递延资产、待处理流动资产损失和待处理固定资产损失等资产项目。从本质上说，虚拟资产并不是资产，而是企业已经发生的费用或损失，所以为了更可靠地反映资产实力，在分析时应该予以剔除。

（二）考虑重要资产的增值

谨慎性原则要求对资产可能产生的增值不予以记录，主要包括：以出让方式取得的土地使用权；无形资产的价值；价格上涨的各种实物资产。考虑主要资产增值的同时考虑增加所有者权益。

（三）考虑账外资产

账外资产主要包括以下方面。

（1）投资者投入或非投资者捐赠的无法入账或尚未入账的资产。

（2）企业自创的无法入账的无形资产。

（3）其他原因形成的未入账或无法入账的资产，如将购置资产的支出作为期间费用处理；自行建造的固定资产，将支出列作费用；赊购的资产，因未取得发票又未估价入账而出现盘盈等。

（4）人力资产与企业文化，优秀员工、人力资源、研发能力、营销能力和优秀的企业文化，这些因素都能给企业带来经济利益，有时甚至是巨大的经济利益。问题在于为他们花费的支出都计入了当期费用，没有留下任何账面价值，并且这些资产非常"脆弱"，随时可能丧失，因此不能像上述所说的账外资产那样能够确定其价值，并据以改造资产负债表。这类资产是企业的"无价之宝"，我们不能忽视其的存在。

（四）对改造后的资产重新分类

1. 先将资产分为自用和他用两类，再将其进一步分为流动资产和长期资产。

偿债能力分析是财务分析的重要方面，原来对其的分析仅仅依据于资产的变现能力，不能反映资产面临的风险的大小，应该把资产的"控制能力"作为重要的参考。具体分类内容见表 3－19。

表 3－19　　对资产的重新分类

<table>
<tr><td rowspan="10">自用资产</td><td rowspan="5">流动资产</td><td>货币资金</td></tr>
<tr><td>短期投资：随时可以变现，不受他人控制，属于自用资产</td></tr>
<tr><td>银行承兑的应收票据：收款有保障，不受他人控制，属于自用资产</td></tr>
<tr><td>存货</td></tr>
<tr><td>其他自用流动资产</td></tr>
<tr><td rowspan="5">长期资产</td><td>长期债权投资：国债等收款有绝对把握的债券投资</td></tr>
<tr><td>长期股权投资：控股情况下的股权投资</td></tr>
<tr><td>固定资产</td></tr>
<tr><td>无形资产</td></tr>
<tr><td>其他自用长期资产</td></tr>
<tr><td rowspan="5">他用资产</td><td rowspan="5">流动资产</td><td>企业承兑的应收票据</td></tr>
<tr><td>应收账款</td></tr>
<tr><td>其他应收款</td></tr>
<tr><td>预付账款</td></tr>
<tr><td>其他他用流动资产</td></tr>
</table>

续 表

他用资产	长期资产	长期债权投资：公司债券等收款无绝对把握的债券投资及其他债券投资，如委托贷款
		非控股长期股权投资
		其他他用长期资产

2. 将流动资产分为定额流动资产和非定额流动资产

定额流动资产是指流动资产中各具体项目的基本占用额之和。所谓基本占用额，就是占用额相对稳定的部分。该部分流动资产是企业维持一定规模的生产经营活动而对流动资产提出的最低要求，其对应的具体存在形态一般情况下只能在内部流转，不能减少，否则会影响生产经营活动的规模。定额流动资产非常类似长期资产。

非定额流动资产是指流动资产扣除定额流动资产基本占用额之后的余额，其占用额不稳定，变动大，属于真正的流动资产。由于这部分流动资产已经超过了生产经营活动的最低要求，如果减少，并不会对生产经营活动产生绝对的影响，因此可以用于偿还债务。由此可见，真正体现企业偿债能力强弱的标志是非定额流动资产的多少。

确定定额和非定额流动资产时，最准确的方法是针对每项流动资产分别选择恰当的依据进行分解，然后再进行汇总。在这里选择恰当的分解依据是关键，但是由于该做法工作量较大，因此常用方法是回归直线法和高低点法。

二、负债项目重新分类与编排

（一）剔除虚拟负债

虚拟负债是实际上不需要偿还的负债，主要包括以下内容。

（1）因债权人的原因而无法支付的应付账款和其他应付款等债务。

（2）企业为了逃避纳税义务而虚列的债务，如故意不将预收账款结转收入、多计提的工资和福利费。

（3）企业为了截留、隐瞒利润而虚列的债务，如企业在正常范围之外巧立名目计提的预提费用和预计负债。

（4）其他的可以剔除的虚拟债务，如超过诉讼时效的债务、债权人企业发生变更而未通知债务人企业的债务、债权人企业领导层发生人事变更对以前的债权概不认账的债务等。

（二）考虑账外负债

账外负债是指未入账的债务，它主要由两种情况构成：一是应计提而尚未计提的负债，如漏记的借款利息；二是由担保、承诺等行为引起的或有负债。

（三）对改造后的负债重新分类

1. 负债按偿还的紧迫性分解

先将负债分为必须偿还的负债、可以拖延的负债和不一定偿还的负债 3 类，再按清偿时间长短将各类负债进一步分为流动负债和长期负债。

（1）必须偿还的负债。它指因设有抵押或担保、法律强制性规定或其他原因必须及时清偿的债务。

流动负债包括已抵押和担保方式取得的短期借款和利息、应交税金、其他应交款、应付票据、应付工资、部分应付账款和部分与经营活动有关的其他应付款等。

长期负债包括已抵押或担保方式取得的长期借款、发行的债券及其利息、长期应付款中的融资租赁款。

（2）可以拖延的债务。它指负债的清偿期限没有硬性规定，或清偿期限虽有规定但不要求严格执行，或虽要求严格按期清偿债务但是如果不执行亦不会因此承担重大责任或发生重大损失的债务。

可以拖延的债务包括部分应付账款、部分与经营活动有关的其他应付款等。

（3）不一定偿还的债务。它指虽然从性质说属于负债，但清偿的时间和金额完全由企业根据需要或具体情况随时做出决定的债务。

不一定偿还的债务包括应付福利费、除短期借款利息以外的预提费用、与经营活动无关的其他应付款等。预收账款属于特殊性质的债务，其特殊性在于用产品清偿债务，债务的清偿不会消耗企业的现金资源，因而可以将其归属于不一定偿还的负债之列。

2. 应付账款和其他应付款的分解

与前面流动资产的分解相同，应付账款、其他应付款同样可以划分为定额流动负债和非定额流动负债。

定额流动负债是指流动负债各具体项目中负债额相对稳定部分之和。该部分流动负债所形成的资金来源一般情况下可供企业长期使用而无须绝对性偿还（即可能存在一借一贷的现象，但不会出现只还不借的情况，因而不会影响该部分负债的总额），所以称之为“视同自有资金”，如企业收取的包装物的押金。

非定额流动负债是指流动负债扣除定额流动负债部分后的余额。该部分流动负债形成的资金来源金额不稳定，变动大，只能供企业临时使用，是真正的流动性负债，企业的偿债压力实际上来源于此。

本章小结

1. 我国企业会计准则规定的一般企业资产负债表基本格式是账户式的，其中，资产项目按流动性从强到弱排列，负债项目按到期日由近及远排列，所有者权益项目按形成来源分类后，按其留在企业内部的永久程度从长期到短期排列。

2. 资产负债表水平分析是一种动态分析，通过本期和基期数据的比较，分析资产、负债以及所有者权益的变动情况，揭示财务状况的变动趋势，并分析变动原因。

3. 资产负债表垂直分析是一种静态分析，通过分析各项目占资产及权益项目的比重，动态地分析结构变化，探索企业资产结构优化、资本结构优化及资产结构与资本结构优化的思路。

4. 资产负债表主要项目分析，就是在资产负债表全面分析的基础上，对资产负债表中资产、负债和所有者权益的主要项目进行深入分析，具体包括会计政策、会计估计变更对相关项目影响的分析。

5. 为了更便捷地分析，还可以把原始的资产负债表进行改造，按照有利于分析的要求，把资产、负债以及所有者权益等部分的各个项目重新分类编排。

本章习题

1. 请画出账户式资产负债表的基本结构。
2. 资产负债表水平分析的要点有哪些？
3. 资产负债表垂直分析的要点有哪些？
4. 资产负债表主要项目分析中，需要分析的主要项目有哪些？
5. 阐述如何对原始的资产负债表进行改造。
6. 选择一家上市公司，对其某年度的资产负债表进行水平分析、垂直分析以及主要项目分析，并对原始资产负债表进行改造。

第四章 利润表分析

学习目标

熟悉利润表的基本结构，了解利润表分析的目标，掌握利润表增减变动分析与结构变动分析的基本方法，熟悉对利润表主要项目分析的内容，掌握主营业务收入与主营业务成本的影响因素分析，了解利润表其他项目的分析。

第一节 利润表分析概述

利润表是一张动态报表，反映了一定期间（如年度、季度或月度）内企业的经营成果。例如，企业营业收入是多少，成本费用是多少，投资收益是多少以及缴纳了多少税金，等等。它一方面利用企业一定时期内的收入、成本费用及税负数据计算确定企业利润，另一方面按照有关规定将所实现的利润在相关利益主体之间进行分配。利润表反映了企业由期初财务状况变为期末财务状况的原因，利润表核算的净利润最终会反映到资产负债表所有者权益项目的变动上，并且，利润表所反映的经营成果会影响当期的经营活动现金流状况。通过阅读利润表，可以了解企业利润的来龙去脉。

一、利润表的基本结构

编制利润表所依据的基本公式如下：

利润＝收入－成本费用

利润表由表头和表体两部分组成。其中，表头一般包括表格名称、编制企业名称、对应的期间和货币单位等要素。目前通行于世界各国的利润表有两种格式：一是单步式利润表，二是多步式利润表。

（一）单步式利润表

单步式利润表是将所有收入和所有成本费用分别加以汇总，用收入合计减去成本费用合计得出本期利润。具体格式见如图 4－1 所示。

利润表

编制单位：××公司　　××××年××月　　单位：元

项目	本期金额	上期金额
一、收入		
营业收入		
投资收益		
营业外收入		
收入合计		
二、费用		
营业成本		
营业税金及附加		
销售费用		
管理费用		
财务费用		
营业外支出		
所得税		
费用合计		
三、净利润		
每股收益		

图 4－1　单步式利润表的基本格式

单步式利润表的优点是能清晰地反映出企业一定时期的总收入、总成本费用和利润，编制方便，钩稽关系清楚；缺点是没有准确地反映利润形成的过程及各种收入与相应成本费用之间的关系，没能为深入分析提供更多的信息。

（二）多步式利润表

多步式利润表按照利润形成的几个环节，分步骤地将有关收入与成本费用相减，从而得出各步骤的利润。我国 2006 年 10 月 30 日颁布的《企业会计准则——应用指南》指定的利润表格式为多步式的，具体格式如图 4－2 所示。

利润表

编制单位：××公司　　　　××××年××月　　　　单位：元

项目	本期金额	上期金额
一、营业收入		
减：营业成本		
营业税金及附加		
销售费用		
管理费用		
财务费用		
资产减值损失		
加：公允价值变动收益（损失以“一”号填列）		
投资收益（损失以“一”号填列）		
其中：对联营企业和合营企业的收益		
二、营业利润（亏损以“一”号填列）		
加：营业外收入		
减：营业外支出		
其中：非流动资产处置损失		
三、利润总额（亏损总额以“一”号填列）		
减：所得税费用		
四、净利润		
五、每股收益		
（一）基本每股收益		
（二）稀释每股收益		

图4－2　多步式利润表的基本格式

多步式利润表的优点是反映了利润形成的过程及各种收入与相应成本费用之间的关系，为深入分析提供了详细的信息；缺点是编制比较烦琐。

二、利润表分析的目标

（一）解释、评价和预测企业的经营成果和获利能力

由于利润受各环节和各因素的影响，因此，通过不同环节的利润分析，可准确说明各环节的业绩。如通过产品利润分析，不但可以说明产品销售利润受哪些因素影响以及影响程度，而且可以说明是主观影响还是客观影响，是有利影响还是不利影响。

利润表是按照企业利润的形成过程，对营业利润、投资净收益和营业外收支等进行分项反映，这不仅反映了企业的形成过程和结果，还反映了企业利润的构成情况，而按利润结构层次的分析有利于为预测企业未来盈利能力提供重要依据，因为利润构成情况在一定时期内具有相对稳定性。

对利润表的分析不但能明确成绩，而且能发现问题。利润表分析的重点就是发现企业经营活动及财务活动中的具体变化，找出问题所在，为进一步改进企业经营管理指明方向。这有利于促进企业全面改进经营管理，促使利润不断增长。

（二）为投资者、债权人的投资与信贷决策提供正确信息

投资者、债权人及其他利益相关者都从各自目的出发，通过利润分析得到自己所需要的信息，从而有利于自己的决策。比如，虽然利润表本身并不提供偿债能力的信息，但是，获利能力对偿债能力具有重要的影响，如果一家企业长期丧失获利能力，则其将逐渐陷入偿债困境。另外，利润分析对于国家宏观管理者研究企业对国家的贡献也有重要意义，同时，利润分析也是税收部门课征所得税的依据。

（三）判断企业价值的大小

借助利润分析能够通过对分析期利润构成状态及变化的原因或事件的发生的分析，并结合未来一定时期内可能影响企业价值发生变动的驱动因素，联系资产负债表和现金流量表提供的情况，判断出企业未来盈利状况，提高企业价值计算的准确性。

（四）评价和考核管理人员的绩效

比较前后期利润表上各项收入、费用、成本及收益的增减变动情况，并查找其增减变动的原因，客观地评价各职能部门、各生产经营单位的绩效，以及这些部门和人员的绩效与整个企业经营成果的关系，从而评价各部门管理人员的功过得失，及时作出采购、生产销售、筹资和人事等方面的调整，使各项活动趋于合理。

三、利润表分析的内容

（一）利润增减变动分析

利润增减变动分析又称为水平分析，它是一种动态分析，主要通过本期数据和基期数据的比较，计算出利润的变动额和变动率，分析企业利润额的水平及其变动情况，进而揭示出企业在利润形成过程中的管理业绩及存在的问题。

（二）利润构成变动分析

利润构成变动分析又称为垂直分析，它是一种静态分析，主要通过计算利润表各主要组成部分占营业收入总额的比例及其变动，分析各项利润及成本费用与收入的关系，以反映企业的各环节的利润构成，评价企业利润的质量，针对需要改进的相关问题提出建议。

（三）主要项目分析

主要项目分析针对利润表中的主要组成部分进行具体分析，如营业收入、营业成本、毛利润、营业利润、利润总额、净利润以及每股收益等，这些项目对企业利润的

影响比较大，需要结合利润表附注等附加资料具体分析其变动情况和变动原因，为改善相关项目提出对应的措施建议。

四、利润表的局限性

（1）利润表中没有包含未实现利润和已实现利润未摊销费用。

（2）利润表信息没有反映物价变动的影响。

（3）因为原材料计价的原因，销售成本没有反映实际价值。

（4）利润数值经常受到会计方法与估计的影响。

第二节 利润增减变动分析

一、利润增减变动分析的基本步骤

利润增减变动分析，也就是水平分析，其基本步骤如下。

（一）编制利润表水平分析表

编制水平分析表，重点是计算变动额和变动率两个指标。

利润表水平分析表中，各项目变化情况的计算公式如下：

$$某项目的变动额=该项目实际数值-该项目基准值$$

$$某项目变动率=\frac{该项目变动额}{该项目基准值}\times 100\%$$

其中，各项目的基准值根据分析目的的不同而不同。如果分析目的在于分析各项目的实际变动情况及其原因，则基准值应该选择各项目的上年实际数；如果分析目的在于分析利润表各项目的预算或计划的执行情况及其影响因素，则基准值应该选择各项目的本期预算数或本期计划数。

（二）进行水平分析评价

利润表水平分析评价的主要内容如下。

1. 净利润或税后利润分析

净利润是指企业所有者最终取得的财务成果，或可供企业所有者分配或使用的财务成果。通过水平分析，找出企业净利润增长或下降的原因。

2. 利润总额分析

利润总额是反映企业全部财务成果的指标，它不但反映企业的营业利润，而且反映企业的对外投资收益及营业外收支情况。通过水平分析，找出企业利润总额增加或减少的关键原因。

3. 营业利润分析

营业利润是指企业营业收入与营业成本费用及税金之间的差额。它既包括主营业务利润，又包括其他业务利润，并在二者之和基础上减去营业费用、管理费用与财务费用。它反映了企业自身生产经营业务的财务成果。通过水平分析，找出引起营业利润增减的主要原因。

4．主营业务利润分析

主营业务利润反映了企业从事商品生产经营业务所取得的财务成果，是企业经营成果的主体。

（三）利润增减变动的主要原因分析

深入地分析影响净利润的因素，可以探寻引发企业利润变动的原因，为企业提高盈利能力提供决策支持。按照净利润形成的层次，可以归纳出如下的影响因素。

1．企业主营业务的发展水平

影响企业主营业务的因素很多，包括企业所处的行业、所选择的竞争战略及企业的管理水平等。这些因素最终会影响到企业的财务业绩，财务业绩的外在表现状况的分析基础是这些终极因素。在这里可以借鉴战略分析的思路：一是外部环境分析，包括宏观环境分析（PEST）、行业环境分析（波特的五力模型）、竞争环境分析；二是内部的资源、能力和核心竞争力分析；三是企业采取的战略，包括总体战略和竞争战略。

2．企业其他业务的发展水平

如果企业存在与主营业务不相协调的其他业务，则表明企业正常的经营活动出现了问题或可以说企业在人为地操纵利润而进行特定目的的报表管理。影响其他业务发展水平的发展因素如下。

（1）企业主营业务变化情况。是否存在企业主营业务发生了较大或根本性的变化。不正常的其他业务的发生可能预示着某种潜在的危机。

（2）企业内部管理水平适应企业正常运营的状况。高水平的企业内部管理可以减少企业其他业务发生的较大变动，其他业务保持一定程度的稳定表明企业具有较低的风险水平。

3．企业的投资策略

企业的投资策略影响企业未来发展的实力。企业对外投资的动机各异，因而投资收益的来源、方式及对企业整体收益的贡献程度是不同的。投资失误可以严重损害企业的发展实力甚至导致破产。一般而言，企业对外投资基本上属于企业生产运作之外的资本运作，这必然孕育着特殊性风险，应进行更深入的分析。影响企业投资活动的因素如下。

（1）企业投资于原主营业务还是新的主营业务或新行业，是通过收购兼并还是直接投资新项目。若适应于宏观经济环境、行业发展状况、产品生命周期和市场竞争程度下会有怎样的盈利前景。

（2）企业财务策略的选择。在企业的竞争力中，财务战略及管理的能力是企业各方面能力的综合体现，而投资策略影响着企业财务体系的健康程度。保守型、中庸型或激进型财务战略下企业的投资策略是不同的，它们应适应于企业的主营业务和资源条件，否则，会影响企业未来的财务业绩。

(3) 企业资本运作水平。企业根据其经营战略选择不同的投资方式和投资项目会产生不同的效果，如企业注重于内部投资，其目的是获取稳定的和短期的收益，但这可能会对企业整个发展战略造成不利影响，使企业未来盈利能力下降。

4. 企业营业外事项

企业营业外事项产生于企业主要经营业务之外的活动，企业管理当局对其基本不能完全控制。影响营业外事项的因素如下。

(1) 企业日常资产运营水平。在规模经济思想的支配下，企业必须科学合理地界定资产占用水平，决定最佳的资产组合，对不需要的资产及时选择科学的方法予以处理。

(2) 生产经营管理水平。生产经营管理水平的高低决定着生产计划安排的合理性、非正常损失发生的概率及正常生产经营意外情况的发生幅度等。

二、FL 公司的利润增减变动分析

按照利润增减变动分析的基本步骤，对 FL 公司 2012 年度的利润增减变动进行分析。

(一) 编制利润表水平分析表

编制 FL 公司 2012 年度利润表水平分析表，如表 4-1 所示。

表 4-1　　FL 公司 2012 年度利润表水平分析表　　单位：万元

项目	本期金额	上期金额	增减额	增减 (%)
一、营业总收入	220191.07	226092.99	−5901.91	−2.61
二、营业总成本	192616.46	189293.39	3323.06	1.76
其中：营业成本	163042.95	162086.26	956.69	0.59
营业税金及附加	2323.38	2581.46	−258.07	−10.00
销售费用	10986.75	10415.47	571.28	5.48
管理费用	16710.29	15058.01	1652.28	10.97
财务费用	−1098.89	−749.46	−349.43	46.62
资产减值损失	651.98	−98.34	750.31	−763.00
加：公允价值变动收益	−8.46	−88.95	80.49	−90.49
投资收益	20768.96	−549.11	21318.07	3882.26
其中：对联营企业和合营企业的投资收益	−1033.06	−794.97	−238.09	29.95
汇兑收益	0	0	0	0

续 表

项目	本期金额	上期金额	增减额	增减（%）
三、营业利润	48335.11	36161.53	12173.59	33.66
加：营业外收入	315.68	436.18	－120.50	－27.63
减：营业外支出	1444.49	1083.04	361.45	33.37
其中：非流动资产处置损失	993.65	712.84	280.80	39.39
四、利润总额	47206.30	35514.67	11691.64	32.92
减：所得税费用	7183.32	5787.27	1396.05	24.12
五、净利润	40022.99	29727.39	10295.59	34.63
其中：被合并方在合并前实现的净利润	0	0	0	0
归属于母公司所有者的净利润	40046.67	29166.01	10880.67	37.31
少数股东损益	－23.69	561.38	－585.07	－104.22
六、每股收益				
（一）基本每股收益（元）	0.41	0.30	0.11	36.67
（二）稀释每股收益（元）	0.41	0.30	0.11	36.67
七、其他综合收益	340.25	－2305.35	2645.60	－114.76
八、综合收益总额	40363.24	27422.04	12941.20	47.19
归属于母公司所有者的综合收益总额	40386.93	26860.66	13526.27	50.36
归属于少数股东的综合收益总额	－23.69	561.38	－585.07	－104.22

（二）利润表水平分析评价

1. 净利润或税后利润变动分析

2012 年度，FL 公司实现净利润 4.00 亿元，比 2011 年增加 1.03 亿元，增长 34.63%，这是 2008—2012 年 5 年来的最大增长幅度。根据上述水平分析表，可以发现，净利润大幅度增长的主要原因是利润总额的大幅度增长。

2. 利润总额变动分析

2012 年度，FL 公司实现利润总额 4.72 亿元，比 2011 年增加 1.17 亿元，增长 32.92%，与净利润的增长一样，这也是 2008—2012 年 5 年来的最大增长幅度。根据上述水平分析表，可以发现，利润总额大幅度增长的主要原因是营业利润的大幅度增长，营业外收入和支出数额都比较小，对利润总额的变动影响不大。

3. 营业利润变动分析

2012 年度，FL 公司实现营业利润 4.83 亿元，比 2011 年增长 1.22 亿元，增长幅度为 33.66%，同样，这也是自 2008—2012 年 5 年来的最大增长幅度。根据上述水平分析表，可以发现，营业利润大幅度增长的主要原因是投资收益的大幅度增长。2012

年度投资收益比 2011 年度增加了 2.13 亿元，而且是扭亏为盈，从 2011 年度的－0.05 亿元，大幅度增加到 2012 年的 2.08 亿元，增长幅度比营业利润额的增长幅度还大。这说明 FL 公司的主营业务发展并不好，2012 年度是依靠投资收益再实现利润增长的，而投资收益的持续性很差，所以，FL 公司 2012 年度的利润质量比较低。

4. 主营业务利润变动分析

本行业主要经营业务方面，2012 年度营业收入比 2011 年减少 0.59 亿元，营业总成本增加 0.33 亿元，其中，营业成本增加 0.10 亿元，毛利润减少 0.69 亿元。在 FL 公司 2012 年报中的附注部分，可以查到 2012 年度主营业务收入为 21.77 亿元，比 2011 年度减少 0.55 亿元；2012 年度主营业务成本为 16.10 亿元，比 2011 年度增加 0.03 亿元。所以，2012 年度主营业务利润比 2011 年度减少 0.58 亿元。追究主营业务收入减少的原因，可以发现出口额下降是主要原因。因为，2012 年度，FL 公司主营业务内销收入比 2011 年度增长 1.64 亿元，内销成本增长 1.54 亿元，也就是说内销利润增长了 0.10 亿元；外销收入减少 2.15 亿元，外销成本减少 1.48 亿元，也就是说外销利润减少了 0.67 亿元。

5. 主要指标变动情况综合分析

为了更清晰地把握 FL 公司的利润指标变动趋势，一般还需要分析过去多年的各个利润指标的变化特征。查找 FL 公司 2008—2012 年共 5 年的数据进行统计分析研究，具体计算结果如表 4－2 所示。

表 4－2　　FL 公司 2008—2012 年各年主要利润指标统计特征

项目	2008 年	2009 年	2010 年	2011 年	2012 年	平均值	标准差	离散系数
净利润增长率（%）	－47.45	0.35	19.83	9.66	34.63	3.40	27.85	8.18
利润总额增长率（%）	－45.25	－1.63	20.07	9.53	32.92	3.13	26.75	8.56
营业利润增长率（%）	－45.16	－2.02	17.86	15.26	33.66	3.92	27.02	6.89
毛利润增长率（%）	12.74	31.75	18.77	18.35	－10.72	14.18	13.92	0.98

从表 4－2 可以发现，净利润、利润总额与营业利润的变化规律很相似，最近 5 年的波动程度都比较高，离散系数分别达到了 8.18、8.56 和 6.89，特别是在 2008 年，由于巨额的公允价值变动损益，导致 3 个层次的利润指标都出现了 45%以上的大幅度下跌。但是，如果考察毛利润的变动，可以发现 5 年来毛利润的变动相对稳定一些，标准差系数只有 0.98。所以，不管是 2008 年度的公允价值变动损益，还是 2012 年的巨额投资收益，都属于稳定性和质量比较差的利润组成部分，只有主营业务利润才是最可靠的。但是，纵览 FL 公司的毛利润增长率，最近几年的下降趋势也是很明显的。

另外，虽然在 2012 年度营业利润、利润总额和净利润都实现了大幅度的增长，但是，毛利润在 2012 年却下跌了 10.72%。究其原因，可以发现，2012 年度投资收益比

2011年大幅度上升，从2011年亏损549.11万元增加到2012年的盈利2.08亿元。考虑到投资收益的高风险性和低持续性，可以认为2012年度该公司的利润数量虽然上升但是利润质量是下滑的。

如果进一步分析投资收益，则需要区分短期投资与长期投资、股权投资和债权投资各自的收益。尽管不同的投资具体承受风险的大小不同，但总的来说，对外投资均属于高风险资产。根据风险—报酬平衡原理，需要计算各项投资的报酬率，据以考核各项投资的报酬率是否与其承受的风险相适应，对于报酬率与其承受的风险相适应的投资项目，可以持有，否则应查明风险与报酬不相适应的原因，如果是暂时因素造成的，可以谨慎持有，如果是长期因素造成的，则不宜持有。为了满足企业管理对外投资而产生的对有关会计信息的需求，应尽可能地搜集有关收益的详细资料，并在损益表中分别列示。

第三节　利润构成变动分析

利润构成变动分析即利润表的垂直分析，依据的资料仍是利润表、相关附表及附注资料。利润结构变动分析评价主要根据利润表中的资料，分析同一会计期间利润表各项目的相对增长速度的差异，目的是找出企业经营成果的变动最终是由哪些因素引起的，分析这些原因对企业影响的程度，进而在企业的经营活动中发现这些因素变动的原因，并判断这些原因对未来企业的财务成果造成怎样的影响。

一、利润表构成变动分析的基本步骤

（一）垂直分析表的编制

分析方法采用垂直分析法，即共同百分比分析法。共同百分比分析法是将普通会计报表转化成共同百分比报表。对利润表而言，一般是把营业收入作为100％（也可以把利润总额作为100％），其他项目除以该项目得到共同比。具体计算公式如下：

$$某项目比重=\frac{该项目金额}{营业收入}\times 100\%$$

$$某项目比重的差异=该项目期末比重-该项目期初比重$$

通过计算各因素或各种财务成果在营业收入中所占的比重，分析说明财务成果的结构及其增减变动的合理程度。

（二）利润表垂直分析评价

1. 利润表垂直分析的基本内容

利润表的垂直分析，分为纵向分析与横向分析两种情况。所谓纵向分析，是指分析某年度利润的结构性数据所表现出的构成比例是否合理。所谓横向分析，是指分析各年度的有关结构性数据所表现出的经营业绩变化趋势如何，以及是哪些因素导致了这种变化等。

2. 利润业务结构分析

利润的业务结构是将利润直接按业务的性质划分，将同一业务形成的收支归为一类，并相应计算业务利润。利润的业务结构由主营业务利润、其他业务利润、营业利润、投资收益和营业外收支构成，它们也是形成利润总额和净利润的基础。由于不同的组成部分具有不同的特性，因而，进行利润的业务结构分析的目的就是通过分析利润的不同来源构成揭示不同业务的盈利水平和盈利能力，以及对企业总盈利水平的影响方向和影响程度，以判断企业盈利的可持续性。分析的内容是各种来源的利润在整个利润中的结构比率。分析方法主要是结构百分比法，用各层次利润除以营业收入总额或利润总额，计算结构百分比分析报表，从而分析企业利润结构的特点，找出存在问题的主要方面，确定分析方向。

一般认为，企业利润的业务结构体现了企业财务成果的不同特点。一般来说，主营业务利润为主业，占的比重越高，说明企业的盈利质量越高，可持续性较好；其他业务利润，持续性稍差一些，往往成为经理层调节利润的工具；投资收益和营业外收益净额几乎没有持续性可言，因此它们的异常变动应该引起重视。

3. 利润的产品结构分析

利润的产品结构是指各类产品或劳务的利润水平占盈利的比重。企业的收入主要是通过出售商品实现的，不同商品的不同收支水平形成了各类商品的盈利能力差别。因此，当商品的销售结构发生变化时，就会影响到企业盈利额。就财务分析而言，按产品结构进行分析，可以掌握影响企业盈利水平和能力的商品因素，并从中发现重点，找出那些对利润创造作出主要贡献的产品以及那些对利润增长形成阻碍的产品，揭示企业盈利水平变动的根本原因。

二、FL 公司的利润表构成变动分析

（一）编制 FL 公司利润表垂直分析表

以营业总收入为基数，定为100%，编制 FL 公司利润表的垂直分析表，如4-3所示。

表 4-3　FL 公司 2012 年度利润表垂直分析表　　单位：万元

项目	本期金额	上期金额	本期（%）	上期（%）	变动（%）
一、营业总收入	220191.07	226092.99	100.00	100.00	—
二、营业总成本	192616.46	189293.39	87.48	83.72	3.75
其中：营业成本	163042.95	162086.26	74.05	71.69	2.36
营业税金及附加	2323.38	2581.46	1.06	1.14	-0.09
销售费用	10986.75	10415.47	4.99	4.61	0.38

续 表

项目	本期金额	上期金额	本期（%）	上期（%）	变动（%）
管理费用	16710.29	15058.01	7.59	6.66	0.93
财务费用	－1098.89	－749.46	－0.50	－0.33	－0.17
资产减值损失	651.98	－98.34	0.30	－0.04	0.34
加：公允价值变动收益	－8.46	－88.95	0	－0.04	0.04
投资收益	20768.96	－549.11	9.43	－0.24	9.68
其中：对联营企业和合营企业的投资收益	－1033.06	－794.97	－0.47	－0.35	－0.12
汇兑收益	0	0	0	0	0
三、营业利润	48335.11	36161.53	21.95	15.99	5.96
加：营业外收入	315.68	436.18	0.14	0.19	－0.05
减：营业外支出	1444.49	1083.04	0.66	0.48	0.18
其中：非流动资产处置损失	993.65	712.84	0.45	0.32	0.14
四、利润总额	47206.3	35514.67	21.44	15.71	5.73
减：所得税费用	7183.32	5787.27	3.26	2.56	0.70
五、净利润	40022.99	29727.39	18.18	13.15	5.03

（二）FL公司利润表垂直分析评价

由表4－3可见，占营业总收入比重比较大（超过0.5%）的项目有营业成本、营业税金及附加、销售费用、管理费用、财务费用、营业利润、投资收益、营业外支出、利润总额、所得税费用以及净利润。

2012年度，从成本费用的相关项目来看，营业成本占比74.05%，比2011年增长2.36%，变化幅度不太大；营业税金及附加和销售费用的占比波动也不大，相比较而言，管理费用和财务费用的占比波动比较大，其中，2012年管理费用占比7.59%，比2011年增长了0.93%，财务费用占比－0.50%，比2011年降低了0.17%，并且，财务费用连续两年为负值，有必要在后面的主要项目具体分析部分中进行单独分析。

从利润相关项目来看，营业利润占比21.95%，比2011年增长了5.96%；利润总额占比21.44%，比2011年增长了5.73%，净利润占比18.18%，比2011年增长了5.03%。所有利润项目占比都是增长的，这说明FL公司的盈利能力是增长的。

但是，必须要注意的是，一方面利润项目中占比变化最大的项目是投资收益，从2011年度的占比－0.24%大幅度提高到2012年的占比9.43%，几乎增长了10%。另一方面，由于营业成本占比是上升的，这意味着营业活动的毛利润占比是下降的。可以推断，2012年度FL公司的利润占比增长主要是由投资收益推动的，而投资收益是很不稳定的，所以，2012年度FL公司的盈利质量是比较低的。

第四节 利润表重要项目分析

一、企业收入分析

（一）企业收入的确认与计量分析

1. 企业收入的确认分析

我国《企业会计准则第 14 号——收入》对收入的定义是：收入是指企业在日常活动中形成的会导致所有者权益增加的与所有者投入资本无关的经济利益的总流入。本准则所涉及的收入包括销售商品收入、提供劳务收入和让渡资产使用权收入。企业代第三方收取的款项，应当作为负债处理，不应当确认为收入。

企业收入按照取得的业务不同，可以划分为营业收入、投资收益和营业外收入。不同业务在企业经营中的作用是不同的，对企业生存和发展的影响程度也不同。

企业收入确认的分析应着重进行以下几方面的分析。

（1）收入确认时间的合法性分析。即分析本期收入与前期收入或后期收入的界线是否分清。

（2）特殊情况下企业收入确认的分析。如商品需要安装或检验时收入的确认，买主有退货权时的收入确认等，其收入的确认与一般性收入确认不同。

（3）收入确认方法合理性的分析。如对采用完工百分比法、完成合同法的条件与估计方法是否合理等的分析。

2. 企业收入的确认原则

（1）销售商品。当商品所有权的主要风险和报酬转移给购货方，且企业不再对该商品实施继续管理权和实际有效控制权时，相关的收入已经收到或已经取得了收款凭证，并且与销售该商品相关的已发生或将发生的成本能够可靠的计量时，确认销售收入的实现。

（2）提供劳务。企业在资产负债表日提供劳务交易的结果能够可靠地估计时，应按完工百分比法确认收入的实现；当交易的结果不能可靠估计时，按预计能够获得补偿的劳务成本金额确认收入，并将已发生的成本计入当期损益。

（3）让渡资产使用权。企业因让渡资产使用权而发生的利息收入、使用费收入和现金股利收入按有关合同或协议规定的收费时间和方法确认，并同时满足相关的经济利益很可能流入企业及收入的金额能够可靠计量时才予以确认收入这两个条件。

3. 企业收入计量分析

企业收入计量分析包括营业收入计量分析和投资收入计量分析两部分。

（1）营业收入计量分析。营业收入计量分析，关键在于确认销售退回、折扣与折让的计量是否准确。根据企业会计准则规定，销售退回与折让的计量比较简单，而销售折扣问题相对较复杂，应作为分析重点。分析时应根据商业折扣与现金折扣的特点，分别分析折扣的合理性与准确性以及对企业收入的影响。

（2）投资收入计量分析。投资收入计量分析根据投资收入的内涵，可分为利息收入分析（购买债券的利息收入）、资产使用费用收入分析和股利收入分析。分析时应结合各项目的特点及选择的会计政策情况分别进行，以确认企业投资收入计量方法和计量结果的准确性。

无论是收入确认分析还是收入计量分析，关键在于明确分析的目的是明确收入的正确性，而其正确与否的关键在于分析选择的会计政策、会计方法的准确性与合理性。

（二）收入的构成分析

对企业收入分析不但要研究其总量，而且应分析其结构及其变动情况，以了解企业的经营方向和会计政策选择。这些分析包括企业所处行业与企业主营业务发展的相关性分析、地区构成分析、产品构成分析。

1. 营业收入构成分析

营业收入包括主营业务收入与其他业务收入。对主营业务收入与其他业务收入的构成进行分析，可以了解与评估企业的经营方针、方向及效果，进而可以分析企业的持续发展能力。正常情况下，一个企业的主营业务收入占比应该比较大而且逐步上升。

表 4 - 4 为 FL 公司 2008—2012 年度营业收入结构。

表 4 - 4　　FL 公司 2008—2012 年度营业收入结构表

项目 / 年份	主营业务收入（亿元）	其他业务收入（亿元）	主营业务收入占比（%）
2008	16.90	0.29	98.31
2009	16.95	0.13	99.24
2010	19.38	0.18	99.08
2011	22.32	0.29	98.72
2012	21.77	0.25	98.86

可以看出，FL 公司 2008—2012 年各年主营业务收入占营业收入的比重保持在 98.31%以上，而且非常稳定，说明 FL 公司的营业收入质量良好，预计未来将获得持续发展。

2. 经营收入与非经营收入结构分析

经营收入是指企业在日常活动中形成的会导致所有者权益增加的各种收入，包括销售商品收入、劳务收入、利息收入、使用费收入、租金收入、股利收入。日常活动是指企业为完成其经营目标而从事的所有活动以及与之相关的其他活动。因此，收入属于企业主要的、经常性的业务收入，是企业赖以生存和发展的根本源泉。

非经营收入，通常在偶发的经济业务中取得，属于那种不经过经营过程就能取得或不曾期望获得的收益，如企业处理固定资产的净损益、流动资产的价值变动、企业接受捐赠或政府补助取得的资产、收取的其他企业的违约罚款等。我国把这些收益放在营业外收入中反映。这些偶发性的收益在分析时不能作为企业的收入重点。

对于 FL 公司，由表 4－4 可知，营业外收入占营业总收入的比重非常小，所以，FL 公司的经营收入占绝对主导地位，这说明企业具有很强的持续发展和竞争能力。

3. 现销收入与赊销收入分析

企业收入中的现销收入和赊销收入构成受企业的产品适销程度、企业竞争战略、会计政策选择等多个因素影响。通过对二者结构及其变动情况的分析，可以了解与掌握企业产品销售情况及其战略选择，分析判断其合理性。但是，赊销收入一般作为企业秘密是不会披露的。这种分析方法更适用于企业内部分析。

4. 主营业务收入的行业结构（业务分部）与地区结构（地区分部）

主营业务收入结构分析主要是确定企业主要业务收入来源的行业，并指明在所涉足的行业中各种主要产品对企业主营业务收入的贡献程度，进而从行业与产品等角度来评价企业收入的盈利能力。分析的目的是最终找到企业利润创造的主要业务源泉。分析方法主要是通过比率分析中的构成比率来进行评价。

（1）主营业务收入的行业分析。一般来说，按行业划分的主营业务收入构成分析不是为了直接分析企业盈利能力的大小，而是正确评估行业结构与利润能力之间的相关性，并以此来确定企业所面对的实际与潜在竞争程度，最终找出对企业盈利能力产生重要影响的因素，并以此为线索找出企业下一步财务分析的重点所在。FL 公司 2008—2012 年度主营业务收入的行业结构如表 4－5 所示。

表 4－5　　FL 公司 2008—2012 年度主营业务收入的行业结构

项目 年份	照明器具及灯具 （亿元）	酒店收入 （亿元）	照明器具及灯具 收入占比（%）
2008	16.74	0.16	99.05
2009	16.76	0.19	98.88
2010	19.18	0.20	98.97
2011	22.08	0.24	98.92
2012	21.57	0.20	99.08

FL 公司把主营业务收入按行业划分为照明器具及灯具、酒店收入两大类。依据上表容易发现，FL 公司 2008—2012 年各年主营业务收入中，照明器具及灯具销售收入占比一直非常高，基本在 99%左右。这说明 FL 公司的主营业务以照明器具及灯具为主，多元化程度很低。

（2）主营业务收入的地区构成分析。地区构成也是分部报告的一种划分标准。分析的内容主要是对分部报告单位的分部数据进行如下分析：①确定公司内部和外部销售的关系，以判断企业对不同客户有怎样的依赖程度；②确定每一分部对整个公司的相对重要性及整个公司整体盈利能力的关系；③比较不同分部的增长率水平、销售水平及利润水平等，以揭示整个企业增长率变动的原因。分部报告分析的目的一般是通过各个分部报告单位的分部数据分析以评价企业经营和财务风险、利润的来源以及未来的发展前景。分析时主要采用比率分析法中的构成比率来进行评价。FL公司 2008—2012 年度照明器材及灯具销售收入的地区构成如表 4－6 所示。

表 4－6　FL 公司 2008—2012 年度照明器材及灯具销售收入的地区构成

项目 年份	内销收入 （亿元）	外销收入 （亿元）	内销收入占比（%）
2008	10.29	6.45	61.47
2009	11.33	5.43	67.60
2010	11.86	7.32	61.84
2011	13.82	8.26	62.59
2012	15.46	6.11	71.67

FL公司把主营业务收入中照明器材及灯具销售收入按地区划分为内销收入和外销收入两大类。从表 4－6 可以看出，FL公司 2008—2012 年各年主营业务收入中，内销收入占相对主导地位，但是，外销收入占主营业务收入的比重也很高，在 2012 年，外销收入出现比较大幅度的下降，其主要原因是受到国外白炽灯禁售法令和国外经济不景气的影响。这表明在整个行业出口压力增大的背景下，FL公司的市场需求越来越依靠国内市场，其面临着国内众多厂商的竞争。

5. 主营业务收入的产品构成分析

主营业务收入的产品构成分析就是以引起主营业务收入变化的产品销售数量变动、产品销售单价变动和产品品种构成变动为起点，分析每种主要产品发生变化的原因及对总的主营业务收入的影响，进而找出主营业务收入变化的主要原因。

FL公司对其照明器材及灯具收入部分没有按产品进行细分披露，因而，如果有必要，需要进一步搜集内部产品资料加以分析。

6. 主营业务收入的经营策略分析

企业经营策略是公司盈利能力的基础。传统的研究认为成本领先与追求差异两种策略是相互排斥的。在两种策略之间犹豫不决被认为是“陷在中间”而不会获得中间利润。理由是这类企业可能无法吸引那些重视价格高低的消费者，因为它们的成本太高。同时，它们的产品又不能提供足够的差异以吸引那些愿意承担高价的消费者。然而，现实中很多企业已经能够把高质量、优良服务和低价格有机结合起来（红海战略和蓝海战略）。如有例子显示，当企业引进重大的技术和业务革新时，就有可能将低成本策略和追求差异策略进行组合。

若分析企业将低成本和追求差异策略相组合的效果，财务分析通常是借助引入价值和功能、价值链和功能链相比较的功能价值分析来实现的，基本方法是比较产品功能变化后产品价值创造受影响的程度。

（三）主营业务收入变动的因素分析

企业主营业务收入的大小主要受销售数量和销售价格的影响。

销售量是简单因素，无须多言。值得注意的是产品单价，受到多种因素的制约，经常出现同一产品多种单价的现象，这时应该采用平均单价进行分析。如果单一产品实行按等级定价的政策，则更应该采用平均单价进行分析，因为平均单价被动反映了产品质量水平的变化。

1. 计算营业收入增长额和增长率

$$营业收入增长额=本期实际营业收入-基期营业收入$$

$$营业收入增长率=\frac{营业收入增长额}{基期营业收入}\times 100\%$$

2. 计算销售量变动对收入的影响

$$销售量变动对营业收入的影响=基期营业收入\times 销售量增长率$$

$$销售量增长率=\left[\frac{\sum(产品实际销售量\times 基期单价)}{\sum(产品基期销售量\times 基期单价)}-1\right]\times 100\%$$

3. 计算价格变动对收入的影响

$$价格变动对收入的影响=营业收入增长额-销售量变动对营业收入的影响$$

4. 对主营业务变动原因的进一步分析

通过销售量与价格对收入的影响分析，不但可明确企业销售量及价格对收入的影响程度，而且可了解企业的竞争战略选择及其效果。需要注意的是，在具体分析过程中，并不是利用因素分析法计算出因销售量变动或单价变动而引起的收入的变化就完成了，这仅仅是开始，很多问题还要做进一步的分析。

如某产品，销售量增加，售价下跌，我们首先需要分析以下几方面。

（1）销售量为什么会增加？原因可能是市场需求增加、产品质量提高、产品功能增加、产品外观或包装改变、广告宣传力度加大、降价的刺激等。

（2）售价为什么会下跌？可能是市场竞争激烈被迫降价，产品成本降低主动降价，因产品质量问题不得不折价，为了招揽客户而让价等。

（3）这种变动对利润的形成是有利还是不利？在判断这个问题时，主要看利润额，不能过分纠缠于利润率水平，即能够增加利润，就是有利，否则就是不利。

（4）如果通过上述分析发现售价下跌是因为市场竞争激励而被迫降价，则需要进一步分析竞争对手的情况：竞争对手与我们相比，其有何优势，有何劣势，其采用的是何种竞争手段，我们怎样才能打败竞争对手；如果分析得出，销售量的下降主要是由降价引起的，但产品不适应消费者需求的改变也是一个不可忽略的因素，在这种情况下，就要进一步分析消费者需求的变化，并提出应对措施。

FL公司2011—2012年照明器材及灯具销售情况如表4-7所示。

表4-7　　FL公司2011—2012年照明器材及灯具销售数据表

年份＼项目	销售量（亿只）	销售收入（亿元）
2011	13.44	22.08
2012	11.86	21.57

依据表4-7中数据，对影响主营业务收入的因素分析如下。

销售量变动对主营业务收入的影响＝基期营业收入×销售量增长率

$$=22.08\times\frac{11.86-13.44}{13.44}$$

$$=-2.60（亿元）$$

价格变动对主营业务收入的影响＝营业收入增长额－销售量变动对营业收入的影响

$$=(11.86-13.44)-(-2.60)$$

$$=1.02（亿元）$$

所以，销售量变动是主营业务收入变动的最主要的影响因素，究其原因，主要是在2012年国内国际经济形势严峻，市场需求不振。另外，也跟产品结构有关系。FL公司的产品以市场逐渐萎缩的白炽灯为主，符合市场需求的绿色照明产品销售量还不够大。

二、成本费用分析

成本费用是对营业成本、销售费用、管理费用及财务费用的统称。从各项财务成果的分析中可以看出，成本费用对财务成果有着十分重要的影响，降低成本费用是增加财务成果的关键或重要途径。因此，很有必要进行成本费用分析。

（一）主营业务成本分析

主营业务成本即产品销售成本。产品销售成本分析包括全部销售成本分析和单位销售成本分析两部分。

1. 全部销售成本完成情况分析

（1）将本年度全部产品销售总成本与按本年实际销售量计算的上年实际销售总成本进行对比，求出销售成本的增减额和增减率。计算公式为：

$$全年销售成本降低额=\begin{matrix}按本年实际销售量计算\\的上年实际销售总成本\end{matrix}-本年实际销售总成本$$

$$全年销售成本降低率=\frac{全年销售成本降低额}{按本年实际销售量计算的上年销售成本}\times100\%$$

(2) 计算主要产品和非主要产品的销售成本降低额和降低率，以及对全部销售成本降低率的影响。

$$\frac{\text{主要产品销售成本降低对}}{\text{全部销售成本降低率的影响}}=\frac{\text{主要产品销售成本降低额}}{\text{按本年实际销售量计算的上年销售成本}}\times100\%$$

$$\frac{\text{非主要产品销售成本降低对}}{\text{全部销售成本降低率的影响}}=\frac{\text{非主要产品销售成本降低额}}{\text{按本年实际销售量计算的上年销售成本}}\times100\%$$

(3) 计算各主要产品销售成本降低额和降低率，以及它们对全部产品销售总成本降低率的影响。计算方法可采用上述全部销售成本降低额和降低率的计算公式，以及主要产品降低对全部销售成本降低率影响的公式。只是产品的口径和范围不同。

由于FL公司披露的财务报告中没有包含产品的单位销售成本数据，所以，本书采用虚拟的ABC公司数据进行产品销售成本变动分析。该公司相关数据如表4－8所示。

表4－8　ABC公司销售量与销售成本数据

产品名称	实际销售量（件）	实际单位销售成本（元）		实际销售总成本（元）	
		上年	本年	上年	本年
主要产品				179000	177700
其中：甲	250	42	40	10500	10000
乙	450	190	186	85500	83700
丙	100	830	840	83000	84000
非主要产品				17050	18080
其中：丁	100	80	82	8000	8200
……					
全部产品				196050	195780

对表4－8所描述的ABC公司的销售量和销售成本数据进行销售成本变动情况分析，如表4－9所示。

表4－9　ABC公司产品销售成本分析　　单位：元

	全部产品	主要产品	非主要产品	甲产品	乙产品	丙产品
实际销售总成本（上年）	196050	179000	17050	10500	85500	83000
实际销售总成本（本年）	195780	177700	18080	10000	83700	84000
成本降低额	－270	－1300	＋1030	－500	－1800	1000
成本降低率（%）	－0.14	－0.73	6.04	－4.76	－2.11	1.20
销售成本降低对全部销售成本降低率的影响（%）	—	－0.66	0.53	－0.26	－0.92	0.51

2. 单位销售成本分析

单位销售成本与单位生产成本的关系可以通过以下关系式反映出来：

某产品单位销售成本＝某产品销售总成本/该产品销售量

某产品销售总成本＝本期生产总成本＋期初结存成本－期末结存成本

某产品单位生产成本＝该产品本期生产总成本/当期生产量

可见，当期单位销售成本与单位生产成本的差异主要受期初和期末结存成本变动的影响。如果当期生产的产品全部销售，则当期单位销售成本与当期单位生产成本一般是相同的。这时，可以用生产成本资料对单位销售成本的变动进行分析。对表 4－9 中丙产品的单位成本变动分析如表 4－10 所示。

表 4－10　　ABC 公司丙产品单位成本分析表　　单位：元

成本项目	上年实际成本	本年实际成本	增减变动		本项目变动对单位成本的影响（%）
			增减额	增减率（%）	
直接材料	516	594	＋78	＋15.12	＋9.40
直接人工	120	162	＋42	＋35.00	＋5.06
制造费用	194	84	－110	－56.70	－13.25
合计	830	840	＋10	＋1.20	＋1.20

（二）各项费用分析

在利润表中，与财务成果直接相关的费用包括销售费用、管理费用和财务费用。

1. 各项费用的变化分析

对各项费用的分析方法可以采用水平分析法和垂直分析法。运用水平分析法将各项费用的实际数与上期费用或预算数进行对比，以揭示各项费用的完成情况及产生差异的原因。运用垂直分析法可以揭示各项费用的构成变动情况，说明费用构成变动的特点。

FL 公司 2011 与 2012 年度的各项费用分析表如表 4－11 所示。

表 4－11　　FL 公司 2011 与 2012 年度的各项费用分析表

项目	费用额（万元）			各项费用占总费用比重（%）		
	2011 年	2012 年	变动率（%）	2011 年	2012 年	变动率
销售费用	10415.47	10986.75	5.48	42.13	41.31	－0.82
管理费用	15058.00	16710.29	10.97	60.90	62.83	1.92
财务费用	－749.46	－1098.89	－46.62	－3.03	－4.13	－1.10
合计	24724.01	26598.15	7.58	100	100	

由表4-11可知，2012年度FL公司变动幅度最大的费用项目是财务费用，主要原因是该公司的银行存款非常多，导致利息收入大幅增加，财务费用大幅减少。另外，3项费用占比（特别是销售费用占比）没有发生显著变化。

2. 各项费用的性态分析

各项费用可以按照性态分为变动性期间费用、固定性期间费用以及混合性期间费用。费用项目的性态不同，分析的方法和重点也不一样。

(1) 固定性期间费用。它是指与企业的实际业务活动没有直接联系，即其发生的金额不随企业业务量的变动而变动的期间费用。一定会计期间的工资费用、固定资产折旧费都属于这种性质。对这部分期间费用的分析方法主要是与预算数或计划数进行对比，找出导致费用变化的原因。

(2) 变动性期间费用。它是指在一定的业务量范围内，其发生的金额和业务量之间保持正比例关系的期间费用。如企业一定会计期间发生的包装费、运输费等随业务量的增加而增长。对这部分期间费用的分析方法主要是比率分析法，以判断费用的发生是否与企业业务量保持同步甚至是有所降低。所使用的比率主要是主营业务收入期间费用率。

(3) 混合性费用。它是指随着业务量的增减变动而适当变动的期间费用，如一定会计期间内机器设备的日常维修费用。对这部分期间费用中表现出固定性特征的，分析其绝对额的合理性；呈变动性特征的，分析其相对值的有效性。

(4) 酌量性费用。它是指可以根据企业的经营目标和管理当局的意图进行调节的期间费用，发生的时间和金额都要由企业选定的经营策略及会计政策来决定，如一定会计期间的广告费、展览费等。对这部分期间费用应在评价企业经营策略及会计政策基础上选择绝对值比较或相对值判断。同时，要注意减少酌量性费用可能对企业造成的长远影响。

三、主营业务利润分析

主营业务利润，亦称产品销售利润，是综合反映企业主营业务最终财务成果的指标，它直接反映了企业生产经营状况和经济效益状况的最主要的方面，因此对主营业务利润进行因素分析具有非常重要的意义。

进行主营业务利润因素分析，一般需要按照以下的顺序进行：首先，找出影响主营业务利润的因素；其次，确定各因素变动对主营业务利润的影响程度；最后，对主营业务利润完成情况进行分析评价，并提出进一步的改进措施。

（一）影响主营业务利润的因素

主营业务利润的计算公式为：

$$主营业务利润 = \sum[产品销售量 \times (产品单价 - 产品单位销售成本)]$$

根据上述计算公式，可以找出单一产品企业主营业务利润的主要影响因素是产品销售量、产品单价和产品单位销售成本。在生产多种产品的企业，主营业务利润还受产品销售品种构成的影响。在生产多等级产品的企业，由于优质优价、低质低价，又受产品等级结构的影响。

（二）主营业务利润的因素分析方法

1. 销售量变动对主营业务利润的影响

$$\frac{\text{销售量变动对主营}}{\text{业务利润的影响}}=\frac{\text{主营业务利润}}{\text{基期数}}\times\left(\frac{\text{产品销售量}}{\text{变化率}}-1\right)$$

$$\text{产品销售量变化率}=\frac{\sum[\text{产品实际销售量}\times\text{基期单价（或单位成本）}]}{\sum[\text{产品基期销售量}\times\text{基期单价（或单位成本）}]}\times 100\%$$

产品销售量完成率主要考察销售量的完成情况，因此，在生产一种产品时，可直接用实物量进行计算，但在生产多种产品时，实物量不能直接相加，通常可以价格或成本为参数，以便于汇总。

2. 销售品种构成变动对利润的影响分析

产品品种构成，是指某种产品的产量或销售量在全部产品产量或销售量中所占的比重。由于各种产品的利润率高低不同，产品品种构成的变动会引起利润额的变动。确定品种构成变动对利润额影响的方法较多且各有利弊，下面就几种主要方法进行说明。

$$\frac{\text{品种构成变动}}{\text{对利润的影响}}=\sum(\text{产品实际销售量}\times\text{产品基期单位利润})-\frac{\text{基期产品}}{\text{销售利润}}\times\frac{\text{产品销售量}}{\text{变化率}}$$

（方法 1）

$$\frac{\text{品种构成变动}}{\text{对利润的影响}}=\sum\left[\sum\left(\frac{\text{产品实际}}{\text{销售量}}\times\frac{\text{产品基期}}{\text{单价}}\right)\times\left(\frac{\text{实际品种}}{\text{构成}}-\frac{\text{基期品种}}{\text{构成}}\right)\times\frac{\text{基期销售}}{\text{利润率}}\right]$$

（方法 2）

$$\frac{\text{品种构成变动}}{\text{对利润的影响}}=\sum\left[\sum\left(\frac{\text{产品实际}}{\text{销售量}}\times\frac{\text{产品基期}}{\text{单价}}\right)\times\left(\frac{\text{实际品种}}{\text{构成}}-\frac{\text{基期品种}}{\text{构成}}\right)\times\left(\frac{\text{基期销售}}{\text{利润率}}-\frac{\text{基期综合销售}}{\text{利润率}}\right)\right]$$

（方法 3）

$$\text{品种构成对利润的影响}=\frac{\text{实际产品}}{\text{销售利润}}-\frac{\text{基期产品}}{\text{销售利润}}-\frac{\text{其他各因素变动对}}{\text{销售利润的影响}}$$

（方法 4）

上述 4 个方法计算的品种构成变动对利润的影响程度应该是一样的。方法 1 和方法 4 都可以计算出品种构成变动对利润影响的总额，但不能说明各产品的变动情况；方法 2 和方法 3 则既能说明总影响额，又能说明各产品的影响额。

方法 3 比方法 2 更能准确反映产品品种构成对利润的影响程度，但是，方法 3 比方法 2 要复杂一些。

方法 1 和方法 4 比方法 2 和方法 3 更简单，其中，方法 4 是最简单的。

在实践中，应根据分析目的和条件选择相应的分析方法。

3. 销售价格变动对利润的影响分析

销售价格是影响主营业务销售利润的重要因素。销售价格变动对利润的影响一般可以用下式计算：

$$\text{价格变动对销售利润的影响}=\sum\left[\text{产品实际销售量}\times\left(\text{实际销售价格}-\text{基期销售价格}\right)\right]$$

价格变动包括质量差价和供求差价或政策差价两种情况，供求差价和政策差价最终都体现在价格上，因此可以直接利用上面的公式进行计算；而质量差价，可以采用等级品的构成对单价的影响表示出来。

4. 产品等级构成变动对利润的影响分析

产品等级构成是指在等级产品总产销量中各等级品产销量所占的比重，它是反映等级品质量的重要指标。确定等级品质量变动对利润的影响，可用下式计算：

$$\text{质量变动对销售利润的影响}=\sum\left[\text{等级产品实际销售量}\times\left(\text{实际等级基期平均单价}-\text{基期等级基期平均单价}\right)\right]$$

其中：等级产品实际销售量为各个等级产品的实际销售量直接相加之和；

$$\text{基期等级基期平均单价}=\frac{\sum(\text{各等级基期销售量}\times\text{该等级基期单价})}{\text{各等级基期销售量之和}}$$

需要注意的是，上述计算公式仅适用于等级品质量变动；对于一般产品的优质优价，应该先计算出质量变动对单价的影响，然后套用价格变动公式进行计算分析。

5. 单位销售成本变动对利润的影响分析

单位销售成本变动对利润有着重要影响，在其他因素不变情况下，单位销售成本降低幅度越大，利润的增加幅度越大，即销售成本与利润成反向相关关系。计算成本变动对利润的影响的公式是：

$$\text{成本变动对销售利润的影响}=\sum\left[\text{产品实际销售量}\times\left(\text{单位产品基期成本}-\text{单位产品实际成本}\right)\right]$$

6. 消费税率变动对利润的影响分析

（1）如果企业实行从价定率法计算消费税，则消费税率变动对产品销售利润的影响的计算公式是：

$$\text{消费税率变动对利润的影响}=\sum\left[\text{产品实际销售收入}\times\left(\text{基期消费税率}-\text{实际消费税率}\right)\right]$$

（2）如果企业实行从量定额法计算消费税额，则单位消费税额变动对利润影响的计算公式为：

$$\text{消费税率变动对利润的影响}=\sum\left[\text{产品实际销售量}\times\left(\text{单位产品基期消费税额}-\text{单位产品实际消费税额}\right)\right]$$

在实行从价定率计征消费税时，前述价格和质量变动对利润影响的计算公式后都应乘以（1－基期消费税率）。

（三）主营业务利润完成情况评价

在确定各因素对主营业务利润影响程度的基础上，需要对主营业务利润的完成情

况进行分析：首先，分析影响主营业务利润的有利因素与不利因素；其次，找出影响产品销售利润的主观因素与客观因素；最后，评价生产经营过程中出现的成绩与问题，并提出改进建议。

（四）主营业务利润因素分析案例

XYZ 公司 2011 年与 2012 年的主营业务利润明细表如表 4－12 所示。

表 4－12　XYZ 公司 2011 年与 2012 年主营业务利润明细表　单位：元

	产品名称	销售数量（件）	单位产品销售价格	单位产品销售成本	单位产品销售利润	产品销售利润
2012 年	甲	250	50	40	10	2500
	乙	450	248	186	62	27900
	丙	100	1200	840	360	36000
	合计	—	—	—	—	66400
2011 年	甲	200	50	42	8	1600
	乙	500	240	190	50	25000
	丙	80	1200	830	370	29600
	合计	—	—	—	—	56200

对 XYZ 公司主营业务利润的因素分析过程如下。

1. 确定分析对象主营业务利润变动额

主营业务利润变动额＝66400－56200＝10200（元）

2. 各因素对主营业务利润变动的影响分析

（1）销售量变动对利润的影响：

$$产品销售量变化率=\frac{250\times 50+450\times 240+100\times 1200}{200\times 50+500\times 240+80\times 1200}\times 100\%=106.42\%$$

销售量变动对主营业务利润的影响＝56200×（106.42%－1）＝3608.4（元）

（2）产品品种构成变动对主营业务利润的影响：

产品品种构成变动对利润的影响＝250×8＋450×50＋100×370－56200×106.42%＝1691.96（元）

（3）单位销售成本变动对主营业务利润的影响：

单位销售成本变动对主营业务利润的影响＝250×（42－40）＋450×（190－186）＋100×（830－840）＝1300（元）

可见，2012 年企业主要产品销售利润比 2011 年增加的原因主要是销售量增加、单位成本降低，品种结构变动也给利润增长带来了有利影响。

假如上述乙产品是等级产品，有关补充资料如表 4－13 所示。

表 4-13 XYZ 公司乙产品的等级结构变动对销售利润的影响分析

等级产品	2011 年		2012 年	
	销售数量（件）	销售单价（元）	销售数量（件）	销售单价（元）
一等品	350	249	360	252
二等品	150	219	90	232
合计	500		450	

产品等级构成变动对乙产品销售利润的影响分析如下：

按 2011 年等级构成计算的 2011 年平均单价＝（350×249＋150×219）/500＝240（元/件）

按 2012 年等级构成计算的 2011 年平均单价＝（360×249＋90×219）/450＝243（元/件）

按 2012 年等级构成计算的 2012 年平均单价＝（350×252＋150×232）/500＝248（元/件）

所以：

等价品价格变动对乙产品销售利润的影响额＝450×（248－243）＝2250（元）

等级构成变动对乙产品销售利润的影响＝450×（243－240）＝1350（元）

四、其他业务收入、其他业务支出分析

比照主营业务进行，如果其他业务比重不高，也可以简化分析。

五、投资收益分析

企业投资的目的主要有 4 个：一是利用闲置资金获得投资收益；二是长期投资，出于发展战略考虑，投资控股以实现企业供应渠道或销售渠道；三是通过多元化分散风险；四是操纵财务信息，使得企业财务状况的外在表现符合管理层的意愿。

除了债权投资的收益因为利率是固定的有规律可循之外，其他各种投资的收益皆无规律可循。如股权投资，被投资企业何时分配股利以及分配多少股利，完全由被投资企业自身的需要决定。由此可见，投资收益绝对额的变动并不能反映投资收益水平的变动，因此，也不能依据投资收益的金额进行分析。

对于投资分析所采用的指标，年均投资收益率比当年投资收益率更能反映该项股权投资的真实收益水平及其变动趋势，有助于投资者做出正确的决策。

六、营业外收入、营业外支出和以前年度损益调整

尽管上述各项目对净利润的形成起着重要作用，但它们无一例外地都属于偶然性因素，它们的作用仅限于当年，对于分析企业长期盈利能力没有什么帮助。

七、所得税分析

计算所得税费用率（所得税费用率＝所得税费用/税前利润×100%），若计算出的

所得税费用率大于名义税率，则说明导致企业所得税税负增加的原因在于存在不允许所得税前列支的费用，因此防止所得税税负增加的方法也就在于有效控制不允许所得税前列支的费用的发生，而要做到这一点，必须精通所得税有关的法律法规，树立纳税意识，在费用开支之前就要预见到其与所得税之间的关系，此外，还要掌握各种合理避税的技巧。

FL 公司 2011—2012 年度的所得税分析如表 4－14 所示。

表 4－14　　FL 公司 2011—2012 年度的所得税分析

项目＼年份	2011	2012	变动率（%）
所得税（亿元）	0.58	0.72	24.14
税前利润（亿元）	3.55	4.72	32.96
所得税/税前利润（%）	16.33	15.25	

由于 FL 公司已经被认定为高新技术企业，从 2011 年起，3 年内减按 15%的税率缴纳所得税，即 2011—2013 年度名义税率为 15%。根据表 4－14 的计算结果，可以认为 FL 公司对于所得税进行了更好的筹划，2012 年度其所得税实际利率基本减低至名义税率。

本章小结

1. 目前通行于世界各国的利润表有两种格式：单步式利润表和多步式利润表。我国企业会计准则指定的利润表格式为多步式的。

2. 利润表分析的目标包括评价企业经营成果和获利能力、为相关决策者提供正确信息、判断企业价值大小以及考评企业管理人员绩效等。

3. 利润增减变动分析，也就是利润表的水平分析，通过与利润表各项目上年实际数的比较，分析各项目的实际变动情况及其原因；通过与利润表各项目预算或计划数的比较，分析各项目预算或计划的执行情况及其原因。

4. 利润构成变动分析，也就是利润表的垂直分析，主要分析同一会计期间利润表各项目的相对增长速度的差异，目的是找出企业经营成果的变动最终是由哪些因素引起的，并分析这些原因对企业影响的程度。

5. 在利润表主要项目分析中，主要进行收入与成本项目的构成与影响因素分析，另外，也需要进行其他业务利润、营业外收支、投资收益以及所得税分析。

本章习题

1. 通过制表的方式描述利润表的基本结构。
2. 利润表分析的主要目标有哪几个?
3. 利润增减变动分析的要点有哪些?
4. 利润构成变动分析的要点有哪些?
5. 选择一家上市公司，对其某年度的利润表进行相关分析。

第五章　现金流量表分析

学习目标

熟悉一般企业现金流量表的基本结构，了解现金流量表分析的主要目的，掌握现金流量表一般分析、水平分析和结构分析的基本方法，熟悉对现金流量表主要项目的分析，了解现金流量表的综合分析模型。

第一节　现金流量表分析概述

现金流量表是《企业会计准则》要求大企业必须编制并披露的基本报表之一，它反映现金的来源和使用。现金流量表按照企业的主要活动——经营活动、投资活动和筹资活动来反映现金收支。因为小企业的现金流量比较小，所以可以不用编报现金流量表。

一、现金和现金流量

现金流量表是以收付实现制为基础编制的，反映企业一定时期的现金及现金等价物的流入和流出信息的动态报表。现金流量表中的现金与我们日常生活中所指的现金不同，其编制基础亦与资产负债表和利润表采用的权责发生制有根本区别。

这里的现金是广义的现金，不仅包括库存现金，还包括银行存款、其他货币资金以及现金等价物。银行存款是企业存在金融机构的可随时用于支付的存款，对不能随时支取的定期存款不作为现金流量表中现金，但提前通知金融机构便可支取的定期存款则包括在现金流量表的现金范围内。其他货币资金是企业存在金融机构有特定用途的资金，如外埠存款、银行汇票存款、银行本票存款、信用证保证金存款、信用卡存款等。

现金等价物，是指企业持有的期限短、流动性强、易于转换为已知金额现金、价值变动风险很小的投资。所谓期限短，一般是指从购买日起 3 个月内到期。现金等价物通常包括 3 个月内到期的债券投资等，如企业购买的长期债券投资还有 3 个月就到期，此时该笔债券投资可视为现金。权益性投资变现的金额通常不确定，因而不属于现金等价物。企业应当根据具体情况确定现金等价物的范围，一经确定不得随意变更。

现金流量是指一定时期内企业现金和现金等价物的流入和流出。企业从银行提取现金、用现金购买国库券等现金和现金等价物之间的转换则不属于现金流量。

二、现金流量表的基本格式

根据财政部 2006 年 10 月 30 日颁布的《企业会计准则——应用指南》规定，现金流量表格式分为一般企业、商业银行、保险公司、证券公司等企业类型。企业应当根据其经营活动的性质确定本企业适用的现金流量表格式。企业还应当采用间接法在现金流量表附注中披露将净利润调节为经营活动现金流量的信息。现金流量表附注适用于一般企业、商业银行、保险公司、证券公司等各类企业。

本书以一般企业格式为例进行分析。按现行企业会计准则要求，一般企业的现金流量表和补充资料基本格式见表 5-1 和表 5-2。

表 5-1　　现金流量表

编制单位：　　____年__月　　单位：元

项目	本期金额	上期金额
一、经营活动产生的现金流量		
销售商品、提供劳务收到的现金		
收到的税费返还		
收到的其他与经营活动有关的现金		
经营活动现金流入小计		
购买商品接受劳务支付的现金		
支付给职工以及为职工支付的现金		
支付的各项税费		
支付的其他与经营活动有关的现金		
经营活动现金流出小计		
经营活动产生的现金流量净额		
二、投资活动产生的现金流量		
收回投资收到的现金		
取得投资收益所收到的现金		
处置固定资产、无形资产和其他长期资产收回的现金净额		
处置子公司及其他营业单位收到的现金净额		
收到的其他与投资活动有关的现金		

续 表

项目	本期金额	上期金额
投资活动现金流入小计		
购建固定资产、无形资产和其他长期资产支付的现金		
投资支付的现金		
取得子公司及其他营业单位支付的现金净额		
支付其他与投资活动有关的现金		
投资活动现金流出小计		
投资活动产生的现金流量净额		
三、筹资活动产生的现金流量		
吸收投资收到的现金		
取得借款收到的现金		
收到其他与筹资活动有关的现金		
筹资活动现金流入小计		
偿还债务支付的现金		
分配股利、利润或偿付利息支付的现金		
支付的其他与筹资活动有关的现金		
筹资活动现金流出小计		
筹资活动产生的现金流量净额		
四、汇率变动对现金及现金等价物的影响		
五、现金及现金等价物净增加额		
加：期初现金及现金等价物余额		
六、期末现金及现金等价物余额		

表 5-2　　　　现金流量表补充资料

项目	本期金额	上期金额
1. 将净利润调节为经营活动的现金流量		
净利润		
加：资产减值准备		
固定资产折旧、油气资源折耗、生产性生物资产折旧		
无形资产摊销		
长期待摊费用摊销		
处置固定资产无形资产和其他长期资产的损失（收益以“—”号填列）		

续 表

项目	本期金额	上期金额
固定资产报废损失（收益以“—”号填列）		
公允价值变动损失（收益以“—”号填列）		
财务费用（收益以“—”号填列）		
投资损失（收益以“—”号填列）		
递延所得税资产减少（增加以“—”号填列）		
递延所得税负债增加（减少以“—”号填列）		
存货的减少（增加以“—”号填列）		
经营性应收项目的减少（增加以“—”号填列）		
经营性应付项目的增加（减少以“—”号填列）		
其他		
经营活动产生的现金流量净额		
2. 不涉及现金收支的重大投资和筹资活动		
债务转为资本		
一年内到期的可转换公司债券		
融资租入固定资产		
3. 现金及现金等价物净变动情况		
现金的期末余额		
减：现金的期初余额		
加：现金等价物的期末余额		
减：现金等价物的期初余额		
现金及现金等价物净增加额		

根据《企业会计准则第 31 号——现金流量》，现金流量表应当分经营活动、投资活动和筹资活动列报现金流量。

经营活动产生的现金流量，是指企业除投资活动和筹资活动以外的其他所有交易或事项所产生的现金流量，如购销商品、提供或接受劳务、缴纳税款、支付工资与营销费用等行为中所涉及的现金流量。

投资活动产生的现金流量，是指企业长期资产的构建和不包括在现金等价物范围的投资以及处置活动中所涉及的现金流量，如股权与债权投资、收到股息与利息、收回股权与债权、购建或处置固定资产、无形资产等。

筹资活动产生的现金流量则是指所有与导致企业资本与债务规模和构成发生变化

的活动所涉及的现金流量，如借款、发行股票与债券、融资租赁、偿还债务本金与利息、支付股息等。

三、现金流量表分析的目的

现金流量表反映了企业在一定时期内创造的现金数额，揭示了在一定时期内现金流动的状况，通过分析现金流量表，可以达到以下目的。

（一）动态地了解企业现金变动情况和变动原因

资产负债表中的货币资金项目的前后各期的数额反映了企业一定时期内现金变动的结果，但只是总体上现金存量的变动。只有通过现金流量表的分析，才能从动态的角度说明现金存量变动的具体渠道和原因。

（二）评价企业获取现金的能力

货币资金的余额是企业现金流动的结果，并不表明现金流量的大小，通过对现金流量表的分析，能够对企业获取现金的能力做出判断，进而可以预测企业未来偿债和派发现金股利的能力。

（三）评价企业利润的质量

通常现金和利润是同步变动的，高收益一般会导致现金流入，但是，利润是按权责发生制计算的，用于反映当期的财务成果，它不代表真正实现的收益，账面上的利润满足不了企业的资金需要。因此，盈利企业仍然有可能发生财务危机，高质量的盈利必须有相应的现金流入作保证。

（四）评价经营决策

现金流量表反映企业在固定资产上的投资，投资者和债权人可根据现金流量表来评估经营者的决策。投资者往往在分析现金流量表的基础上就可以判断哪个企业在扩张、哪个企业在收缩。

四、现金流量表分析的内容

（一）现金流量表一般分析

现金流量表一般分析是分析现金及现金等价物净增加额总额的变动情况，然后分经营活动、投资活动和筹资活动现金流量进行分析，找出引起变动的主要原因。

（二）现金流量表水平分析

现金流量表水平分析主要是通过对比不同时期的各项现金流量变动情况，揭示企业当期现金流量水平及其变动情况，反映企业现金流量管理的水平与特点。

（三）现金流量表结构分析

现金流量表结构分析是通过计算企业各项现金流入量占现金总流入量的比重，以及各项现金流出量占现金总流出量的比重，揭示企业经营活动、投资活动和筹资活动的特点及对现金净流量的影响方向和程度。

（四）现金流量与利润表、资产负债表的综合分析

现金流量表基本建立在资产负债表的基础上并和利润表存在一定的勾稽关系，是各种业务活动导致了现金流量的产生。通过对现金流量与利润综合分析及现金流量与净利润的对比分析，一方面揭示现金净流量与利润的区别，另一方面揭示二者的关系。二者的关系可反映企业的盈利质量和财务状况。

五、现金流量表的局限

（一）对现金等价物的定义，世界各国分歧比较大

我国企业会计准则只对期限短做了解释，对其他3个条件没有解释。这不仅增加了企业编制报表的难度，而且可能导致企业管理层主观臆断，或是无所适从，甚至通过“适当判断”进行报表粉饰，以谋求对自己有利的结果。

（二）现金流量表信息的实效性、可比性和可靠性有局限

报表根据历史数据进行编制，不同企业之间在会计处理方法上也具有一定的差异，这些因素都影响现金流量表信息的实效性、可比性和可靠性。

（三）需要考虑处于不同生命周期阶段的差异

企业生命周期一般可以分为初创期、成长期、成熟期和衰退期4个阶段，不同阶段的企业资金运营方式不一样，其现金流量也呈现不同的特点。所以，需要结合企业所处的生命周期阶段进行对应分析。

第二节　现金流量表的基本分析

一、现金流量表的一般分析

现金流量表的一般分析，是根据现金流量表的数据，对企业现金流量的情况进行初步的分析和评价，不需要对现金流量表的信息做进一步的加工，直接分析现金流量表所呈现的数据。

首先，分析现金以及现金等价物的净增加额以及经营活动、投资活动和融资活动三大类现金净流量；其次，分析各项现金流量的变化额和变化率，分析现金流变化的原因。

【例5-1】FL公司现金流量表的一般分析。

FL公司2012年度的现金流量表如表5-3所示，现金流量表补充资料如表5-4所示。

表 5-3　　FL 公司 2012 年度现金流量表　　单位：万元

项目	本期金额	上期金额
一、经营活动产生的现金流量		
销售商品、提供劳务收到的现金	238154.71	248008.55
收到的税费返还	4791.45	6482.14
收到其他与经营活动有关的现金	2572.17	1858.61
经营活动现金流入小计	245518.33	256349.30
购买商品、接受劳务支付的现金	136255.32	166957.49
支付给职工以及为职工支付的现金	34942.36	32971.49
支付的各项税费	16727.62	16424.54
支付其他与经营活动有关的现金	13853.35	13007.93
经营活动现金流出小计	201778.65	229361.46
经营活动产生的现金流量净额	43739.69	26987.84
二、投资活动产生的现金流量		
收回投资收到的现金	0	3410.36
取得投资收益收到的现金	2672.91	345.86
处置固定资产、无形资产和其他长期资产收回的现金净额	152.85	103.35
处置子公司及其他营业单位收到的现金净额	29365.16	0
收到其他与投资活动有关的现金	0	0
投资活动现金流入小计	32190.93	3859.57
购建固定资产、无形资产和其他长期资产支付的现金	5192.02	6788.54
投资支付的现金	8399.99	1260.00
取得子公司及其他营业单位支付的现金净额	0	0
支付其他与投资活动有关的现金	8346.57	0
投资活动现金流出小计	21938.58	8048.54
投资活动产生的现金流量净额	10252.35	－4188.97
三、筹资活动产生的现金流量		
吸收投资收到的现金	0	0
子公司吸收少数股东投资收到的现金	0	0
取得借款收到的现金	0	0
收到其他与筹资活动有关的现金	0	0
发行债券收到的现金	0	0
筹资活动现金流入小计	0	0

续 表

项目	本期金额	上期金额
偿还债务支付的现金	0	0
分配股利、利润或偿付利息支付的现金	24477.48	24805.62
子公司支付给少数股东的股利	13.39	341.53
支付其他与筹资活动有关的现金	0	0
筹资活动现金流出小计	24477.48	24805.62
筹资活动产生的现金流量净额	—24477.48	—24805.62
四、汇率变动对现金的影响	—38.63	—109.44
五、现金及现金等价物净增加额	29475.91	—2116.19
加：期初现金及现金等价物余额	69069.18	71185.36
六、期末现金及现金等价物余额	98545.09	69069.18

表 5-4 现金流量表补充资料 单位：万元

项目	本期金额	上期金额
1. 将净利润调节为经营活动的现金流量		
净利润	40022.99	29727.39
加：资产减值准备	651.98	—98.34
固定资产折旧、油气资产折耗、生产性生物资产折旧	—	—
无形资产摊销	490.71	496.35
长期待摊费用摊销	—	—
待摊费用减少	—	—
预提费用增加	—	—
处置固定资产、无形资产和其他长期资产的损失	38.52	697.89
固定资产报废损失	951.36	14.22
公允价值变动损失	8.46	88.95
财务费用	38.63	109.44
投资损失	—20768.96	549.11
递延所得税资产减少	—145.51	91.45
递延所得税负债增加	—	—
存货的减少	5787.98	—12805.64
经营性应收项目的减少	—8657.74	—2965.16
经营性应付项目的增加	16085.62	460.96

续 表

项目	本期金额	上期金额
未确认的投资损失	—	—
其他	0	0
经营活动产生的现金流量净额	43739.69	26987.84
2. 债务转为资本	—	—
3. 一年内到期的可转换公司债券	—	—
4. 融资租入固定资产	—	—
5. 现金及现金等价物净增加情况	0	0
现金的期末余额	98545.09	69069.18
减：现金的期初余额	69069.18	71185.36
现金等价物的期末余额	—	—
减：现金等价物的期初余额	—	—
现金及现金等价物净增加额	29475.91	−2116.19

根据上述表格，可以得到如下的一般性分析结果。

第一，该公司现金总净流量为 2.95 亿元，其中，经营活动产生的现金净流量为 4.37 亿元，投资活动产生的现金净流量为 1.03 亿元，筹资活动产生的现金净流量为 −2.45亿元。

第二，该公司本年经营活动现金流量中，销售商品、提供劳务收到的现金为 23.82 亿元，购买商品、支付劳务所支付的现金为 13.63 亿元，净流量为 10.19 亿元。反映出该公司通过经营活动获取现金的能力比较强，除了满足经营活动的现金需要外，剩余部分可以用于投资或偿还债务。

第三，投资活动产生的现金流量变动主要是由处置子公司及其他营业单位收到的现金引起的，对应的现金流入净额为 2.94 亿元。查阅现金流量表补充资料可知，本期该公司出售了所持有的佛山市高富度假村有限公司的股权，对应的投资收益是 1.84 亿元，这说明该公司在剥离与主业无关的资产，有利于集中资源，增强主业的发展；本期投资支付的现金主要是由对厦门银行追加投资 0.84 亿元引起的，这说明该公司本期选择新的投资项目时并没有选择自己的主业，可能原因是主业前景不理想或计划多元化发展。

第四，由于 2012 年该公司没有进行任何筹资活动，所以筹资活动的现金流入量为 0；2012 年度筹资活动的现金流出项目只有分配股利、利润和偿付利息支付的现金一项，金额为 2.45 亿元。

二、现金流量表水平分析

现金流量表的一般分析只说明了现金流量表产生的原因，没能揭示本期现金流量与前期或预计现金流量的差异。为了解决这个问题，可以采用水平分析法对现金流量表进行分析。

在水平分析过程中，首先需要编制现金流量表水平分析表，其次可以分析总现金流净额与3项现金流净额的变化及其原因，也可以分析变化幅度比较大的重点项目，最后可以对本期现金流的状况的合理性与效率性进行评价。

对一个健康的正在成长的公司来说，经营活动现金流量应是正数，投资活动的现金流量应是负数，筹资活动的现金流量应是正负相间的。

【例5-2】FL公司现金流量表的水平分析。

FL公司2012年度现金流量表的水平分析表如表5-5所示。

表5-5　FL公司2012年度现金流量表的水平分析表　单位：万元

项目	本期金额	上期金额	增减额	增减率（%）
一、经营活动产生的现金流量				
销售商品、提供劳务收到的现金	238154.71	248008.55	－9853.84	－3.97
收到的税费返还	4791.45	6482.14	－1690.69	－26.08
收到其他与经营活动有关的现金	2572.17	1858.61	713.56	38.39
经营活动现金流入小计	245518.33	256349.30	－10830.97	－4.23
购买商品、接受劳务支付的现金	136255.32	166957.49	－30702.17	－18.39
支付给职工以及为职工支付的现金	34942.36	32971.49	1970.87	5.98
支付的各项税费	16727.62	16424.54	303.07	1.85
支付其他与经营活动有关的现金	13853.35	13007.93	845.42	6.50
经营活动现金流出小计	201778.65	229361.46	－27582.81	－12.03
经营活动产生的现金流量净额	43739.69	26987.84	16751.84	62.07
二、投资活动产生的现金流量				
收回投资收到的现金	0	3410.36	－3410.36	－100.00
取得投资收益所收到的现金	2672.91	345.86	2327.06	672.84
处置固定资产、无形资产和其他长期资产收回的现金净额	152.85	103.35	49.51	47.90
处置子公司及其他营业单位收到的现金净额	29365.16	0	29365.16	—
收到其他与投资活动有关的现金	0	0	0	0

续 表

项目	本期金额	上期金额	增减额	增减率（%）
投资活动现金流入小计	32190.93	3859.57	28331.36	734.06
购建固定资产、无形资产和其他长期资产支付的现金	5192.02	6788.54	－1596.52	－23.52
投资支付的现金	8399.99	1260.00	7139.99	566.67
取得子公司及其他营业单位支付的现金净额	0	0	0	0
支付其他与投资活动有关的现金	8346.57	0	8346.57	0
投资活动现金流出小计	21938.58	8048.54	13890.04	172.58
投资活动产生的现金流量净额	10252.35	－4188.97	14441.32	344.75
三、筹资活动产生的现金流量				
吸收投资收到的现金	0	0	0	0
其中：子公司吸收少数股东投资收到的现金	0	0	0	0
取得借款收到的现金	0	0	0	0
发行债券收到的现金	0	0	0	0
收到其他与筹资活动有关的现金	0	0	0	0
筹资活动现金流入小计	0	0	0	0
偿还债务支付的现金	0	0	0	0
分配股利、利润或偿付利息支付的现金	24477.48	24805.62	－328.14	－1.32
其中：子公司支付给少数股东的股利、利润	13.39	341.53	328.14	－96.08
支付其他与筹资活动有关的现金	0	0	0	0
筹资活动现金流出小计	24477.48	24805.62	－328.14	－1.32
筹资活动产生的现金流量净额	－24477.48	－24805.62	328.14	1.32
四、汇率变动对现金及现金等价物的影响	－38.63	－109.44	70.81	－64.70
五、现金及现金等价物净增加额	29475.91	－2116.19	31592.10	1492.88
加：期初现金及现金等价物余额	69069.18	71185.36	－2116.19	－2.97
六、期末现金及现金等价物余额	98545.09	69069.18	29475.91	42.68

根据FL公司2012年度现金流量表的水平分析表，可以得到如下的主要分析结果。

第一，FL公司2012年度的现金总净流量为2.95亿元，比2011年度增加3.16亿元，增加幅度非常大；经营活动和投资活动在2012年度产生的现金净流量分别比2011年度增加1.68亿元和1.44亿元，幅度增长分别为62.07%和344.75%；筹资活动在

2012 年度的现金净流量只比 2011 年增加了 328.14 万元，增长 1.32%。

第二，本年度经营活动现金净流量的增加主要是由购买商品、接受劳务支付的现金减少 3.07 亿元（减少幅度为 18.39%）引起的。另外，2012 年度销售商品、提供劳务收到的现金比 2011 年减少了 0.99 亿元，减少幅度为 3.97%，这与该公司在本年度营业收入明显减少以及信用标准降低有关。

第三，投资活动现金净流量的增加主要是由处置子公司及其他营业单位导致的现金流入增加引起的（2011 年度该公司没有处置子公司及其他营业单位），其他变化幅度较大的项目还有投资支付的现金增长 566.67%，取得投资收益收到的现金增长 672.84%。

第四，2011 年与 2012 年该公司没有进行任何筹资活动，所以筹资活动的现金流入量都为 0；两个年度的筹资活动现金流出项目都是只有分配股利、利润和偿付利息支付的现金一项，2012 年比 2011 年减少 328.14 万元，降低 1.32%。

三、现金流量表的垂直分析

所谓垂直分析，是指通过对现金流量表中不同项目间的比较，分析企业现金流入的主要来源和现金流出的方向，并评价现金流入流出对净现金流量的影响，其目的在于揭示现金流入量和现金流出量的结构情况，从而抓住企业现金管理的重点。

垂直分析通常使用的分析资料是使用直接法编制的现金流量表，进一步编制出现金流量表垂直分析表，主要需要分析以下 3 种结构。

（一）现金流入结构分析

现金流入结构分为总流入结构和内部流入结构。总流入结构反映企业经营活动的现金流入量、投资活动的现金流入量和筹资活动的现金流入量分别占现金总流入量的比重；内部流入结构反映的是经营活动、投资活动和筹资活动等各项业务活动现金流入中具体项目的构成情况。现金流入结构分析的目的是明确企业的现金究竟来自何方，增加现金流入应该在哪些方面采取措施等。如果公司经营现金流量的结构占比具有代表性（可用 3 年或 5 年的平均数），则财务分析人员还可根据它们和计划销售额来预测未来的经营现金流入量。

现金流入结构的基本评价标准如下。

（1）总体来说，对于运行良好的企业，经营活动的现金流入量应当占据相当大的比例，特别是销售商品、提供劳务收到的现金应该明显高于其他经营活动流入的现金。当然，至于具体应该是多高的比例，由于企业性质和经营战略不同，会有较大差异。

（2）经营活动现金流入流出比越大越好；投资活动现金流入流出比在企业发展时期应该比较小，在衰退时期应该比较大；筹资活动的现金流入流出比在企业发展时期应该比较大。

（3）财务分析人员可以利用现金流入和流出结构的历史比较和同业比较得到更有意义的信息。

【例 5－3】FL 公司现金流量表的流入结构分析。

FL 公司 2012 年度现金流入结构分析表，如表 5－6 所示。

表 5－6　FL 公司 2012 年度现金流入结构分析表

项目	总流入结构（%）		内部结构（%）	
	本期	上期	本期	上期
一、经营活动产生的现金流量				
销售商品、提供劳务收到的现金			97.00	96.75
收到的税费返还			1.95	2.53
收到其他与经营活动有关的现金			1.05	0.73
经营活动现金流入小计	88.41	98.52	100.00	100.00
二、投资活动产生的现金流量				
收回投资收到的现金			0	88.36
取得投资收益所收到的现金			8.30	8.96
处置固定资产、无形资产和其他长期资产收回的现金净额			0.47	2.68
处置子公司及其他营业单位收到的现金净额			91.22	0
收到其他与投资活动有关的现金			0	0
投资活动现金流入小计	11.59	1.48	100.00	100.00
三、筹资活动产生的现金流量				
吸收投资收到的现金			—	—
其中：子公司吸收少数股东投资收到的现金			—	—
取得借款收到的现金			—	—
发行债券收到的现金			—	—
收到其他与筹资活动有关的现金			—	—
筹资活动现金流入小计	0	0	—	—
现金流入总额	100.00	100.00		

根据表 5－6，可以得出以下对 FL 公司现金流入结构分析的基本结论。

第一，在 FL 公司 2012 年的现金总流入结构中，经营活动现金流入量占比为 88.41%，比 2011 年的 98.52%下降了 10%，究其原因，可以发现，2012 年度投资活动产生的现金流入占比从 2011 年的 1.48%增加到 2012 年的 11.59%。结合在表 5－3 的水平分析中所发现的 2012 年度该公司经营活动现金流入比 2011 年下降 4.23%，可以进一步印证 FL 公司在 2012 年度的主业业绩和现金流并不理想，其现金流入的大幅度增加并不能得到保障。

第二，在FL公司的经营活动现金流入结构中，2012年销售商品、提供劳务所收到的现金占比与2011年度基本持平，为97.00%，这是合理的。

第三，在投资活动现金流入结构中，2012年处置子公司和其他营业单位收到的现金净额占比为91.22%，而在2011年，占比最大的是收回投资收到的现金，占比为88.36%，这说明这两年投资活动的现金流入主要取决于管理层的临时性投资决策，投资策略稳定性不强。

第四，在2011年和2012年，该公司都没有任何筹资活动现金流入发生，这说明该公司对外部资金的需求很小，主要依靠内源资金满足公司运转或发展的需要。

（二）现金流出结构分析

现金流出结构分为总流出结构和内部流出结构。总流出结构反映企业经营活动的现金流出量、投资活动的现金流出量和筹资活动的现金流出量分别占现金总流出量的比重及其变化情况；内部流出结构反映的是经营活动、投资活动和筹资活动等各项业务活动现金流出中具体项目的构成及其变化情况。

现金流出结构分析的目的是明确企业的现金究竟流向何方，节约现金流出应该在哪些方面采取措施等。如果公司经营现金流量的结构占比具有代表性（可用3年或5年的平均数），则财务分析人员还可根据它们和计划销售额来预测未来的经营现金流出量。

现金流出结构的基本评价标准如下。

（1）总体来说，对于运行良好的企业，经营活动的现金流出量以及购买商品、接受劳务所支出的现金往往要占到较大的比重。投资活动和筹资活动的现金支出则因为企业投资政策和筹资政策不同存在很大的差异。

（2）分析比较现金流量结构的实际值与基准值的差异。基准值可以是以前年度历史数值，也可以是预算数值。

【例5-4】FL公司的现金流出结构分析。

FL公司2012年度现金流量表的流出结构分析表，如表5-7所示。

表5-7　　FL公司2012年度现金流量表的流出结构分析表

项目	总流出结构（%）		内部结构（%）	
	本期	上期	本期	上期
一、经营活动产生的现金流量				
购买商品、接受劳务支付的现金			67.53	72.79
支付给职工以及为职工支付的现金			17.32	14.38
支付的各项税费			8.29	7.16
支付其他与经营活动有关的现金			6.87	5.67
经营活动现金流出小计	81.30	87.47	100.00	100.00

续 表

项目	总流出结构（%）		内部结构（%）	
	本期	上期	本期	上期
二、投资活动产生的现金流量				
购建固定资产、无形资产和其他长期资产支付的现金			23.67	84.34
投资支付的现金			38.29	15.66
取得子公司及其他营业单位支付的现金净额			0	0
支付其他与投资活动有关的现金			38.05	0
投资活动现金流出小计	8.84	3.07	100.00	100.00
三、筹资活动产生的现金流量				
偿还债务支付的现金			0	0
分配股利、利润或偿付利息支付的现金			100.00	100.00
其中：子公司支付给少数股东的股利、利润			0.05	1.38
支付其他与筹资活动有关的现金			0	0
筹资活动现金流出小计	9.86	9.46	100.00	100.00
现金流出总额	100.00	100.00		

根据表5－7，可以得出对FL公司现金流出结构分析的基本结论。

第一，在FL公司2012年的现金总流出结构中，经营活动现金流出量占比为81.30%，比2011年的87.47%下降了大约6%，究其原因，可以发现，2012年度投资活动产生的现金流出占比从2011年的3.07%增加到2012年的8.84%，而筹资活动现金流出占比几乎与2011年持平，为9.86%，这可以进一步印证该公司2012年在营业活动领域业务的萎缩和在投资领域业务的拓展。

第二，在FL公司的经营活动现金流出结构中，2012年购买商品、接受劳务支出的现金占比为67.53%，比2011年度占比下降大约5%，而支付给职工以及为职工支付的现金占比大约上升3%。

第三，在投资活动现金流出结构中，2012年投资支付的现金（占比38.29%）和支付的其他与投资有关的现金（占比38.05%）都比2011年显著上升，而购建固定资产、无形资产和其他长期资产支付的现金占比为23.67%，比2011年的84.34%有大幅度下降。这进一步印证了该公司在主营业务领域的投资是减速的，而在其他领域的投资是加速的。

第四，在2011年和2012年，该公司的筹资活动现金流出都只有分配股利、利润和偿付利息这一项，结合资产负债表可以发现，该公司这两年都没有短期借款、长期借款以及应付债券，负债率非常低，所以，不需要偿还债务本金，主要是支付现金股利。

（三）现金流入流出比例分析

现金流入流出比例反映的是企业现金总流入量与流出量之比以及三大活动的现金流入量与对应的现金流出量之比。

现金流入流出比例分析的目的是揭示各个层次现金流的流入流出量之比，分析经营活动、投资活动以及筹资活动等多方面的现金管理效率，为企业进一步加强或改善现金管理提出有效的建议。

现金流入流出比例分析的基本评价标准如下。

(1) 对于一家经营良好的企业，经营活动现金流入流出之比应该越大越好。

(2) 对于投资活动现金流入流出之比，一般而言，处于发展时期的公司比值较小，而衰退或缺少投资机会时比值较大。

(3) 筹资活动流入流出之比随着企业的筹资策略不同而不同。如果企业本期进行了新一轮融资，则该比值会比较大；如果企业本期进行了大规模的债务本息偿还或股利派发，则该比值会比较小。

【例 5－5】FL 公司的现金流入流出比例分析。

FL 公司 2012 年度的现金流入流出比例分析表，如表 5－8 所示。

表 5－8　FL 公司 2012 年度的现金流入流出比例分析表　单位：万元

项目	本期金额	上期金额	流入流出比	
			本期	上期
一、经营活动产生的现金流量				
经营活动现金流入小计	245518.3	256349.3	1.22	1.12
经营活动现金流出小计	201778.6	229361.5		
经营活动产生的现金流量净额	43739.69	26987.84		
二、投资活动产生的现金流量				
投资活动现金流入小计	32190.93	3859.568	1.47	0.48
投资活动现金流出小计	21938.58	8048.54		
投资活动产生的现金流量净额	10252.35	－4188.97		
三、筹资活动产生的现金流量				
筹资活动现金流入小计	0	0	0	0
筹资活动现金流出小计	24477.48	24805.62		
筹资活动产生的现金流量净额	－24477.5	－24805.6		
现金流入总额	277709.3	260208.9	1.12	0.99
现金流出总额	248194.7	262215.6		

根据表5-8，可以得出对FL公司2012年度现金流入流出比例分析的基本结论。

第一，该公司2012年和2011年的经营活动现金流入流出比分别为1.22和1.12，表明1元的现金流出可换回1.22元和1.12元的现金流入，现金流比较好。

第二，该公司2012年的投资活动的现金流入流出比为1.47，比2011年的0.48有了显著增加，说明公司2012年的投资项目不多，而且收回了以前的一些投资。

第三，该公司2012年与2011年都没有产生筹资活动现金流入，说明该公司只依靠内源资金就可以满足自身需要，结合上述该公司投资机会贫乏的分析结论，可以说明该公司进一步的发展前景不容乐观。

第三节　现金流量表的重点项目分析

现金流量表是基于收付实现制编制的，即以现金及现金等价物的收付时间为确认标准：凡是当期收到或付出的款项，不论其相关具体业务行为的归属期间如何，一律作为当期的现金流入或流出量列示在现金流量表中，因此，现金流量表虽然编制比较烦琐，但阅读起来却比较简单易懂。企业的现金流量产生于多种多样的业务与经济行为。这些行为的性质不同，对现金流量的可持续性影响也有所不同。

一、经营活动现金流量

经营活动产生的现金流量，是企业从事正常经营业务所产生的现金流量，包括物资采购、商品销售、提供或接受劳务、缴纳税款、支付工资、发生相关经营销售费用等行为中所涉及的现金流量。在持续经营的会计基本前提之下，经营活动现金流量反映的是企业经常性的、持续的现金流入和流出情况。

（一）销售商品、提供劳务收到的现金

该项目反映企业从事正常经营活动所获得的、与销售商品或提供劳务等业务相关的现金流入（含在业务发生时向客户收取的增值税销项税额等），具体包括在本期发生的业务并在本期收到的现金，在以前会计期间发生但在本期收到的款项，以及至今尚未发生但在本期已经预收了业务款项的现金等。

正常情况下，企业的资金所得主要依赖于其日常经营业务，而销售商品、提供劳务收到的现金，则反映了企业日常经营活动中所能提供的、有一定可持续性的现金流入。

FL公司2012年度销售商品、提供劳务收到的现金占经营活动现金流入的97%，比2011年占比略有上升。从过去5年的数据来看，该占比一直保持在97%以上，而且很稳定，这说明FL公司的经营活动现金流入结构是合理的。

（二）收到的税费返还

这一部分主要披露企业当期收到的各种税费返还款，包括收到的增值税返还、消

费税返还、营业税返还、所得税返还，以及教育费附加返还等，体现了企业在税收方面享受政策优惠所获得的已缴税金的回流金额。

(三) 收到的其他与经营活动有关的现金

该项目反映企业除了销售商品、提供劳务收到的现金以及收到的税费返还之外，所收到的其他与经营活动有关的现金流入，如罚款收入、流动资产损失中由个人赔偿的现金收入等。这部分资金来源在企业“经营活动现金流入量”中所占比重很小，通常带有一定程度上的偶然性因素。

FL公司2012年度收到的其他与经营活动有关的现金包括存款利息1283.08万元，往来款600万元，补贴收入330.91万元以及物业设备租赁收入275.04万元。其中，主要部分的存款利息是由FL公司保留了将近10亿元的银行存款导致的。

(四) 购买商品、接受劳务支付的现金

这一项目反映企业在正常经营活动过程中所支付的、与购买商品及接受劳务等业务活动相关的现金流出（包括在业务发生时向客户一并支付的增值税进项税额等）。具体包括本期发生的且在本期支付的现金，在以前会计期间发生的该类事项但在本期才支付款项的业务金额及至今尚未发生但在本期已经预付了业务款项的现金支出等。“购买商品、接受劳务支付的现金”是维持企业正常运营、保证企业经常性生产对劳务与物资需求的资金流出，也是企业获得经营业务收入的物质基础与劳务保证。

FL公司购买商品、接受劳务支付的现金占经营现金流出量的比重在2008—2012年在68%～75%波动，比较稳定，而且，与同行业其他公司的平均占比也基本相当。

(五) 支付给职工以及为职工支付的现金

这是指企业当期实际支付给从事生产经营活动的职工的工资、奖金、津贴和补贴，以及为这些职工支付的诸如各类社会保险基金、商业保险、住房公积、困难补助等其他各有关方面的现金等。

职工是企业生产经营活动中不可或缺的具体实施者。支付给职工以及为职工支付的现金是保证劳动者自身生存及其再生产的必要开支，因此也属于企业持续性的现金支出项目。

FL公司2012年度“支付给职工以及为职工支付的现金”占经营活动现金流出的比重为17.32%，比2011年增长3%，这说明FL公司职工福利在逐步提升。

(六) 支付的各项税费

这是指企业按规定在当期以现金缴纳的所得税、增值税、营业税、房产税、土地增值税、车船使用税、印花税以及教育费附加、城市建设维护费、矿产资源补偿费等各类相关税费，反映了企业除个别情况之外所实际承担的税费负担。

(七) 支付的其他与经营活动有关的现金

该项目反映企业除了上述购买商品、接受劳务所付出的现金，以及支付给职工以及为职工支付的现金和支付的各项税费之外，所发生的其他与经营活动有关的现金流出，如支付给离退休人员的各项费用，以及企业支付的罚款支出、差旅费与业务招待费支出、保险费支出、办公费用及营销费用支出等。

FL公司2012年度"支付的其他与经营活动有关的现金"主要包括运输费4434.28万元（占比32.00%）、广告宣传费1884.67万元（占比13.60%）以及办公费920.05万元（占比6.64%），这种结构与FL公司的照明电器制造业的主营业务特点有关系。

经营活动现金流量的最大特点，在于它与企业日常营运活动的直接密切关系。无论是现金流入量还是现金流出量，都体现了企业在维持目前生产能力和生产规模状态下对现金及其等价物的获得与支出水平。

二、投资活动现金流量

此处的投资活动是指企业有关对外进行股权或债权投资，以及对内进行非货币性长期资产（如固定资产、无形资产及其他长期资产等）投资的活动。投资活动现金流量是反映企业在股权与债权投资中，以及与非货币性长期资产的增减变动相关的活动中所产生的现金收付金额。

企业对外进行股权或债权投资，并不直接影响其当期的经营活动，但是其日后的转让与收回，却是企业未来一笔不小的资金流入。此外，股权投资可能带来对被投资方的控股或重大影响，也有可能对企业未来获得经营物资或打开销售渠道提供潜在的和良好的帮助。

至于企业购建或处置固定资产、无形资产及其他长期资产等非货币性资产，则会在很大程度上影响企业未来的经营规模与生产能力，甚至在一定程度上还会改变企业的资产结构与经营方向。购建这类非货币性长期资产的现时资金的大量流出，可能意味着企业未来营运规模的扩大、生产技能的提高与经营策略的调整；处置这类非货币性长期资产的现时资金的过多流入，则可能预示着企业压缩经营规模，或出于转变经营方向的需要而大量处置原有设备等长期资产。

（一）收回投资所收到的现金

这是指企业在当期收回其所持有的对外股权或债权投资收到的现金，包括出售、转让长期股权投资和不属于现金等价物的短期股权投资所收到的现金，以及出售、转让各类债权投资所收到的现金和持有至到期投资到期收回的本金等。

FL公司2012年度没有产生收回投资收到的现金。

（二）取得投资收益所收到的现金

这一项目是指企业基于各种对外投资而在当期获得的现金股利、利息，以及由于被投资方分配利润而收到的现金等。

（三）处置固定资产、无形资产和其他长期资产收回的现金净额

该项目主要是指企业在当期由于处置固定资产、无形资产和其他长期资产时，收到的现金扣除由于处置行为而产生的现金支付之后的净现金流入量，以及由于自然灾害造成企业该类长期资产损失而获得的保险赔偿所收到的现金等。

该项目的现金流入量与企业的日常运营没有直接的必然联系，通常也不具有持续

性。因此，在分析考虑企业未来获取现金的能力时，对该项指标不应过多考虑。然而，该项现金流入量的金额过大，可能意味着企业借助于大量处置现有的固定资产、无形资产等来压缩生产经营规模，或者为转变经营方向进行相应的调整。此时虽然对当期的经营活动没有明显的影响，但完全有可能对企业未来的经营活动以及相应的经营性现金流量产生影响。

（四）处置子公司及其他营业单位收到的现金净额

该项目反映企业处置子公司及其他营业单位所取得的现金减去相关处置费用及子公司和其他营业单位持有的现金和现金等价物的净额。

FL 公司 2012 年度的投资活动收到的现金流主要是该项现金流，占比 91.22%，金额为 2.94 亿元，而在 2011 年，占比最大的是收回投资收到的现金，占比为 88.36%。这说明这两年投资活动的现金流入主要取决于管理层的临时性投资决策，投资策略稳定性不强。

（五）收到的其他与投资活动有关的现金

这是反映企业除前面 4 项内容之外所收到的其他与投资活动有关的现金流入，如企业在进行购买股票、债券等证券投资时，所支付价款中包含了已宣告发放但尚未发放的股息或者已到付息期但尚未领取的利息，收回投资后收到这些股息或利息时，不是记入“取得投资收益所收到的现金”之中，而是在本项目中进行反映。这一项目金额通常不大或很少出现，对企业资金流量的总体影响也相对较小。

（六）购建固定资产、无形资产和其他长期资产支付的现金

在这一项目中，包含了企业在当期由于购置或自行建造固定资产、获取无形资产和其他长期资产而发生的直接的现金支付金额，如购置该类固定资产所支付的买价、税金、运杂费、安装调试费等，以及建造该类资产所产生的人员开支等。

“购建固定资产、无形资产和其他长期资产支付的现金”本身也与企业当期的日常运营没有太多直接的必然联系。然而，该现金流出量的发生，有可能预示着企业未来某些方面生产经营规模的调整与扩大，从而对企业未来经营活动所需资金流出以及相应的经营成果的资金流入量都产生较大的、不可忽视的影响。

（七）投资所支付的现金

此项目反映企业当期在各项对外投资购买股票、债券等直接发生的交易或投资价格的现金支出，不但包括企业购买股票、债券等直接发生的交易或投资价格的现金支出，也包括为此支付的佣金、手续费等相关附加费用的现金流出。“投资所支付的现金”，作为企业当期的一笔现金流出，也意味着企业未来获得股息、利息、利润以及转让或出售投资所得的现金流入的潜在可能。

FL 公司 2012 年投资所支付的现金为该年度投资活动支付的现金中的占比最大的项目，金额为 7399.99 万元，占比 38.29%，主要投资项目是对厦门银行的股权投资。可见，FL 公司在 2012 年度的主要投资方向不在主营业务，这样做要么出于公司经营多元化的考虑，要么将会导致公司主营业务后劲不足的后果。

（八）支付的其他与投资活动有关的现金

此项目主要是指企业发生的不属于"购建固定资产、无形资产和其他长期资产支付的现金"，也不属于"投资所支付的现金"项目的其他与投资活动有关的现金流出，如企业购买股票、债券所暂时垫付的被投资方已宣告发放但尚未发放的股息及已到付息期但尚未领取的利息等。这类金额一般很小或者几乎没有，更谈不上有经常性，所以对企业的现金影响非常微弱。

FL公司在2012年度发生的该项现金流出数额比较大，合计8346.57万元，在投资活动现金流出类别中占比38.05%，主要项目是土地购买相关款项以及土地招标保证金。分析公司其他数据，可以发现该公司的无形资产主要是土地使用权，合计2.55亿元。而反观无形资产的另外一个项目——专利权，只有区区200万元，而专利权对于提高产品竞争力和利润空间具有重大意义，所以，FL公司应该在产品研发上加大投入。

投资活动现金流量的最大特点在于，就当期而言，它与企业日常营运活动几乎没有多少直接的关系，但是却对企业未来的现金流量产生一定的甚至有时是不容忽视的影响：目前的大量现金流入可能意味着未来相关现金流入的大幅度萎缩，目前的大量该类现金流出又可能蕴含着未来会产生或促使大量的相应的现金流入。

三、筹资活动现金流量

正常情况下，企业经营活动中的资金需求主要由其经营活动中的资金流入量来满足，即所谓的"以收抵支"，甚至还应略有剩余。然而，由于生产经营活动中也存在着各有关环节衔接不当的情况，可能会造成企业短期内资金周转不畅，出现现金短缺现象，或者企业出于战略调整、规模扩大等需要而对现金需求量提出更高的要求等，企业便不可避免地需要从外部筹措所需资金，从而产生了企业的筹资活动。

筹资活动现金流量，反映了企业出于各种需求量而进行资金筹措活动所产生的现金流入或流出金额。对这类现金流量的阅读，关键在于理解企业所筹资金的来源渠道及其规模大小、推测企业所筹资金的用途或动机，以及可能对未来产生的资金压力等。

（一）吸收投资所收到的现金

这是指企业以发行股票等方式所获得的投资者投入的现金总量，扣除佣金和发行费用的支出之后的净现金所得。

企业以发行股票方式筹集资金，在带来可供其长期使用而无须偿还的股权资金的同时，由于在一定程度上降低了资产负债率，从而提高了企业对债权人利益的保障程度，也为企业日后的债务筹资提供了可能。

（二）取得借款所收到的现金

这是指企业在当期向银行或非银行金融机构举借各种长期或短期借款所收到的现金以及发行债券实际收到的现金净额（发行收入减去直接支付的佣金等发行费用后的净额）。企业若以发行债券方式筹集资金，则在带来目前可供使用的债务资金的同时，也造成了企业日后按期还本付息的资金压力。因此，如果该项现金来源金额过大，报表使用者就应充分考虑和分析该企业未来获取现金、偿付本息的能力，以及偿还时大量的资金流出给企业正常经营所可能带来的负面影响。如同以发行债券的方式筹集资金一样，企业在向银行或非银行金融机构举借借款、获得目前可供使用的资金的同时，同样会造成日后按期还本付息的资金压力，即现时的现金流入会导致未来相应的现金流出。

（三）收到的其他与筹资活动有关的现金

这是指企业除吸收投资以及借款所收到的现金之外，在其他归并于筹资活动的有关项目上所收到的现金，如企业接受的现金捐赠等。

这类现金流入通常在企业筹资活动现金流入量中所占比重很小，有时甚至不会出现。

（四）偿还债务所支付的现金

企业在以往筹资活动中，以发行债券的方式或向银行及非银行金融机构借款的方式筹措所需资金，无论期限多长，都需要在未来一定期限内还本付息。偿还债务所支付的现金便是反映企业在当期偿还已经到期的各项债务本金所产生的现金支出金额。

（五）分配股利、利润或偿付利息所支付的现金

使用别人的资金是需要付出代价的，企业以吸收投资或借款的方式获得对投资者或债权人资金的占有和使用权，自然也需要付出相应的使用代价，这种使用代价的现金表现便是以现金形式支付给股东的股利、利润，以及支付给债权人的借款利息或债券利息等。

（六）支付的其他与筹资活动有关的现金

该项目反映了除偿还债务所支付的现金以及分配股利、利润或偿付利息所支付的现金之外，因其他与筹资活动有关的情况而发生的现金流出金额。例如，企业为发行股票而支付的审计费、咨询费，以及企业对外捐出现金，企业为购建固定资产、无形资产等而发生的可以资本化的借款利息支出，以及以融资租赁形式租入固定资产而发生的租赁费开支等。

筹资活动现金流量的最大特点在于它现时现金流量与未来现金流量在一定程度上的对应性：目前该类现金流入的发生，在一定程度上意味着未来存在相应的现金流出量；而目前该类现金流出量的存在，则是以往相应的现金流入量所引起的必然结果。

对于FL公司来讲，2011年与2012年没有发生任何的筹资活动现金流入项目，筹资活动的现金流出项目也仅为“分配股利、利润或偿付利息所支付的现金”一项，每年约为2.45亿元。这说明FL公司的现金很充足，不但可以满足企业资金补充的需要，不需要筹集资金，而且，还可以满足发放高水平现金股利的需要。

四、现金流量表的补充资料

现金流量表的补充资料，以净利润为起点，通过对影响利润或现金流量的一些相关项目金额的调整，倒推出经营活动现金净流量。它一方面与正表中经营活动现金净流量相对应，另一方面也反映了企业当期所发生的不涉及现金收支活动的投资、筹资活动信息。这些活动在当期不涉及现金收支，但对企业未来各期的现金流量可能会产生明显的影响。

这种编制现金流量表的方法叫作间接法，又称为调节法。间接法相对于直接法能更好地显示净利润和经营活动现金流量之间的关系，具体的调整方法如下。

经营活动的现金流量净额＝净利润＋不影响经营活动现金流量但减少净利润的项目－不影响经营活动现金流量但增加净利润的项目 ＋与净利润无关但增加经营活动现金流量的项目－与净利润无关但减少经营活动现金流量的项目。

在现金流量表的补充资料中，调整的项目主要如下。

（一）当期没有实际收到或付出现金的经营活动事项

这类事项包括赊购物资、赊销商品、摊销费用、计提资产减值准备等。这些项目虽然构成了企业的当期收入或费用，影响着企业的当期利润，但却没有形成企业的现金流入或流出，自然也不会影响现金净流量。

（二）不属于经营活动的损益项目

这类项目包括当期发生的利息费用、固定资产处置净损益等。这些项目的产生与企业的筹资与投资活动息息相关，却不属于企业日常生产经营活动项目，也不构成企业经营活动的现金净流量。

（三）经营性应收、应付项目的变动

这些项目包括应收、应付账款，应收、应付票据，应交税金，其他应收、应付账款，应付职工薪酬，等等。这些项目的变动可能并不影响企业的当期利润，但却对当期的现金流量有直接的影响。

第四节　现金流量表的综合分析

现金流量表的综合分析方法（The Total Cash Flow Analysis，TCFA）是财务分析实务中深受许多财务分析师青睐的一种分析方法，这种分析方法为财务分析师展示了一个健康的、财务管理良好的企业应该有一种什么样的现金流量。

一、现金流量综合分析模型

现金流量综合分析模型以一个简化的资产负债表为基础构建。为使叙述简练，将有关报表项目的代数符号的定义进行列表介绍，如表 5－9 所示。

表 5-9 现金流量表综合分析的有关符号规定

资产负债表项目	代数符号
现金及现金等价物	C
除 C 外的营运资本	WC
固定资产原值	FA
累计折旧	$ADEPR$
无形资产	LA
其他长期资产	OLA
长期负债	D
递延税款	DT
所有者权益	E

（一）现金流量表一般分析模型

根据会计恒等式，应有：

$$C+WC+FA-ADEPR+LA+OLA=D+DT+E$$

从上式中求解出现金及现金等价物 C，即：

$$C=D+DT+E-WC-FA+ADEPR-LA-OLA$$

再根据上式求出 C 的一阶差分（即 C 的变化量）ΔC，即：

$$\Delta C=\Delta D+\Delta DT+\Delta E-\Delta WC-\Delta FA+\Delta ADEPR-\Delta LA-\Delta OLA \quad \text{（公式 1）}$$

对公式所列的各项目的变化量进一步分解，需考虑如下影响因素。

（1）导致长期负债变化的因素主要有取得的新的借款（ND）以及归还的已有借款（RPD），即 $\Delta D=ND-RPD$。

（2）导致递延税款变化的因素仍然是当期会计收益与应税收益之间的暂时性差异。当会计收益大于应税收益时，所得税费用会大于应交纳的所得税，其差额会记入递延税款的贷方，因而增加递延税款和当期所得税费用，但所得税费用的这种增加并不导致现金流出企业，因此，在调整净收益时应将其加回。反之，当会计收益小于应税收益时，所得税费用会小于应交所得税，其差额记入递延税款的借方，减少递延税款。这时由于会计上的所得税费用小于因交纳所得税而流出企业的现金，则其差额应在调整净收益时从中扣除。

（3）导致所有者权益变化的原因主要有发行新的权益证券如股票（NE）、回购股票或向所有者返还投资（$RPCH$）、当期的净收益（NI）以及支付的股利（DIV）等。

将净收益 NI 进行分解，得到：

$$NI=EBILAT+IR\times(1-T)-IP\times(1-T)$$

其中，$EBILAT$ 表示调整所得税影响后的息前盈余，IR 表示收到的利息，IP 表示支付的利息，T 表示所得税税率。

综合这几个因素，ΔE 可表示为：

$$\Delta E = NI - RPCH + EBILAT + IR(1-T) - IP(1-T) - DIV$$

(4) 营运资本的变化原因有应收账款的变化（ΔAR）、存货的变化（ΔLNV）、应付账款的增加（ΔAP）、其他流动资产的变化（ΔOCA）以及其他负债的变化（ΔOCL）。营运资本的变化量 ΔWC 可以表示为：

$$\Delta WC = \Delta AR + \Delta INV + \Delta OCA - \Delta AP - \Delta OCL$$

(5) 导致固定资产原值变化的原因主要有固定资产投资（$FAPCH$）、处置固定资产（SFA），所以，固定资产原值的变化量 ΔFA 可表示为：

$$\Delta FA = FAPCH - SFA$$

(6) 定义累计折旧的变化量 $\Delta ADEPR = DEPR$，$DEPR$ 表示当期的折旧费用。

(7) 导致无形资产变化的原因有无形资产的摊销（AMT）、购置无形资产（$LAPCH$）以及处置无形资产（SLA），所以无形资产的变化量 ΔLA 可以表示为：

$$\Delta LA = LAPCH - AMT - SLA$$

(8) 导致其他长期资产变化的原因有购置其他长期资产（$OLAPCH$）以及处置其他长期资产（$SOLA$），所以，其他长期资产的变化量 ΔOLA 可以表示为：

$$\Delta OLA = OLAPCH - SOLA$$

将上述 8 个因素代入公式（1），得到：

$$\Delta C = (ND - RPD) + \Delta DT + [NI - RPCH + EBILAT + IR(1-T) - IP(1-T) - DIV] - (\Delta AR + \Delta INV + \Delta OCA - \Delta AP - \Delta OCL) - (FAPCH - SFA) + DEPR - (LAPCH - SLA - AMT) - (OLAPCH - SOLA) \quad \text{(公式 2)}$$

公式 2 即现金流量表的一般模型。

(二) 现金流量表综合分析模型

现金流量综合分析法对现金流量的产生因素进行了重新分类，而这种分类有助于财务分析师判断一个企业的财务管理工作是否合理。

1. $\Delta C_1 = EBILAT + DEPR + AMT + \Delta DT$

已知 $EBILAT = NI + IP \times (1-T) - IR \times (1-T)$，代入上式，则有：

$$\Delta C_1 = NI + IP(1-T) - IR(1-T) + DEPR + AMT + \Delta DT$$

ΔC_1 一般称之为“营运资本投资和支付利息前的经营活动现金流量”。

需要指出的是，这里还可能要加回诸如权益法下的投资损失或减去权益法下的投资收益、加回固定资产处置损失或减去固定资产处置收益等，因为这些项目与本期折旧费用类似，是与现金流量无关的损失或利得，而在计算净收益时这些项目包括进来了，故将净收益调整为现金流量时应将它们剔除。

ΔC_1 用于测试企业是否能够通过其经营活动产生足够的现金流量。

2. $\Delta C_2 = \Delta C_1 + \Delta AP + \Delta OCL - \Delta AR - \Delta INV - \Delta OCA$

ΔC_2 一般称之为“营运资本投资后、利息支付前的经营活动现金流量”。ΔC_2 用于评价企业的营运资本管理是否有效率。

3. $\Delta C_3 = \Delta C_2 - IP(1-T) + IR(1-T)$

ΔC_3 一般称之为“营运资本投资后、利息支付后的经营活动现金流量”。ΔC_3 用于评价企业是否能够满足其利息支付义务。

4. $\Delta C_4 = \Delta C_3 + SFA + SLA + SOLA - FAPCH - LAPCH - OLAPCH$

ΔC_4 一般称之为“股利支付和外部融资活动之前的自由现金流”。ΔC_4 用于评价企业用内部产生的现金流为长期性投资提供资金的能力。

5. $\Delta C_5 = \Delta C_4 - DIV$

ΔC_5 一般称之为“股利支付后的自由现金流”。ΔC_5 用于测试企业支付股利的能力和企业股利政策的可持续性。

6. $\Delta C_6 = \Delta C_5 + ND + NE - RPD - RPCH$

ΔC_6 一般称之为“外部融资后的净现金流量”。需要指出的是，汇率变动导致的利得将增加企业的现金或现金等价物余额，而汇率变动导致的损失将减少企业的现金及现金等价物余额，因此，在计算 ΔC_6 时，还应加上汇率变动导致的利得或减去因汇率变动而导致的损失。比较 ΔC_6 与公式 2，两式计算出来的现金流量是一致的。

ΔC_6 用于评价企业的筹资政策。

一般而言，企业根据会计准则披露的现金流量表往往与这里介绍的现金流量综合分析模型并不一致，因此，财务分析师在运用该模型对企业的现金流量情况进行分析时，有必要将企业公开的现金流量表按该模型所列举的步骤与格式予以重编，我们将在稍后部分以 FL 公司的现金流量表为例介绍这种重编过程。

二、现金流量综合分析法的运用

现金流量综合分析法的运用，主要通过下列步骤进行。

(1) 计算“营运资本投资与利息支付之前的经营活动现金流量”，即前面介绍的 ΔC_1。

一个处于稳定状态的企业，这一现金流量应该为正，即其向客户收取的现金大于其支付的营业费用。

(2) 计算“营运资本投资后、利息支付前的经营活动现金流量”，即 ΔC_2。

营运资本项目主要包括应收账款、存货和应付账款等。企业在应收账款上的投资主要取决于其信用政策，即它向什么样的客户提供信用，如何审查与评价客户的信用，是否规定对特定客户的信用限额，如何收取应收账款等。企业的存货水平主要决定于管理当局对未来市场需求的预期，预期未来市场需求趋势旺，则存货水平会高一些，反之会低一些。企业的应付账款、预付账款等主要取决于企业的付款政策。因此，将企业的经营活动现金流量划分为营运资本投资前、营运资本投资后的现金流量，有助于财务分析师将注意力集中于企业的营运资本投资对企业经营活动现金流量的影响，而分析这种影响时，分析师需要注意企业的增长战略、所在行业的特点和企业的信用政策与付款政策等。

（3）计算“营运资本投资与利息支付后的经营活动现金流量”，即 ΔC_3。

通过这一计算过程，比较企业“营运资本投资后利息支付前的经营活动现金流量”是否能够满足企业的利息支付等日常的支付活动。如果 ΔC_3 不能够满足利息支付的需要，那么企业需要变卖一些资产或获得新的外部融资来满足其利息支付需求，而这种状况，从财务管理的角度看是极不健康的。

（4）计算“股利支付和外部融资前的自由现金流量”，即 ΔC_4。

这一步骤主要是比较企业“营运资本投资和利息支付之后的经营活动现金流量”与企业长期性的投资支出，这些长期性投资支出包括资本支出、公司之间的投资和并购其他企业。如果一个企业的营运资本投资与利息支付后的经营活动现金流量为正，那么将有助于企业把握有利的增长机会，如果营运资本投资与利息支付之后的现金流量不能完全满足企业的长期性投资支出的需要，则企业需要寻求外部融资来支撑其增长机会，那么企业将缺乏财务上弹性。无论是用内部产生的自由现金流量还是依赖外部融资来解决资本支出的资金需求都是利弊参半。依靠内部产生的自由现金流量满足长期性投资，那么经理们可能会将其用于不盈利或盈利能力较差的项目，而迫使经理们使用外部融资时，他们上不盈利或盈利能力较差的项目的可能性就会降低，但是依赖外部融资时，经理们可能难以从事期限较长、风险较大的投资项目，因为许多时候很难向资本市场传递这类项目值得上马的信息。

（5）通过比较长期性投资之后的现金流量与企业的股利支付，计算“股利支付后的自由现金流量”，即 ΔC_5。

如果 $\Delta C_5>0$，即在满足长期性投资之后余下的自由现金流量可用于股利支付，如果没有持续为正的 ΔC_5 作为支付股利的基础，则任何股利支付都是不明智的，如果 $\Delta C_5<0$，则说明企业可能面临被迫改变其股利政策的可能。

（6）计算“外部融资后的自由现金流量”，即 ΔC_6。

如果 $\Delta C_6>0$，则企业可以偿还债务或回购股票；如果 $\Delta C_6<0$，则企业需要外部融资。

综合来讲，对上述指标的评价，需要结合企业的经营活动、理财活动和其发展战略来进行。这些指标的逐年变化的信息，将为我们评价企业现金流量的动态稳定性提供许多有价值的信息。

三、运用现金流量综合分析法分析 FL 公司的现金流量表

依据现金流量综合分析模型，重新编报 FL 公司 2011—2012 年的现金流量表，见表 5－10。下面依次分析表中依据现金流量综合分析模型计算出来的几个现金流量指标。

表 5-10 **FL 公司 2011—2012 年度现金流量综合分析表** 单位：万元

	2012 年	2011 年
一、净利润	40022.99	29727.39
固定资产折旧	9235.65	10621.21
无形资产摊销	490.71	496.35
投资损失（减收益）	－20768.96	549.11
处置长期资产损失（减利得）	38.52	697.89
固定资产报废损失（减利得）	951.36	14.22
二、营运资本投资与利息支付之前的现金流量	29970.27	42106.17
应收项目的减少（减增加）	－8657.74	－2965.16
存货的减少（减增加）	5787.98	－12805.64
应付项目的增加（减减少）	16085.62	460.96
增值税增加净额（减减少）	3926.62	33.13
其他	－293.52	0
三、营运资本投资后、利息支付前的经营活动现金流量	46819.23	26829.46
利息支出（所得税调整）	0	0
融资租赁付现	0	0
四、营运资本投资与利息支付后的经营活动现金流量	46819.23	26829.46
购建长期资产所支付的现金	5192.02	6788.54
权益性投资所支付的现金	8399.99	1260
收回投资所收到的现金	0	3410.36
分得股利或利润所收到的现金	2672.91	345.86
处置长期资产收回的自由现金净额	2951.8	103.35
五、股利支付和外部融资前自由现金流量	38851.93	22640.49
分配股利或利润付现	24477.48	24805.62
六、支付股利后的自由现金流量	14374.45	－2165.13
吸收权益性投资所收到的现金	0	0
借款所收到的现金	0	0
偿还债务所支付的现金	0	0
汇率变动对现金的影响	－38.64	－109.44
其他与筹资活动有关的付现	0	0
七、外部融资后的净现金流量	14335.81	－2274.57

基于表 5 - 10 中的数据，可以得到以下的分析结论。

(1) FL 公司的"营运资本投资和利息支付前的经营活动现金流量"由 2011 年的 4.21 亿元下降为 2012 年的 3.00 亿元，下降幅度比较大。

在 2012 年净利润比 2011 年大幅度上升的前提下，FL 公司的 ΔC_1 下降幅度如此之大的主要原因是该年度投资收益的大幅度上升，投资收益增加了 2.62 亿元。可见，FL 公司在 2012 年从主营业务获得的现金流实际上是大幅度下降的，从投资收益获得现金流具有很大的不稳定性。

(2) FL 公司的"营运资本投资后、利息支付前的经营活动现金流量"由 2011 年的 2.68 亿元增加到 2012 年的 4.68 亿元，增长 74.63%。ΔC_2 如此大的增长与 ΔC_1 的大幅度下降形成鲜明对比。究其原因，主要是 2012 年存货项目的大幅度减少和应付项目、增值税的大幅度增加，三者合计贡献现金流 2.58 亿元；另外，2012 年的应收项目增加，多占用资金 0.87 亿元。

总体来看，公司经营活动现金流完全可以满足公司追加营运资本投资所需的资金。

(3) 由于 2011 年与 2012 年 FL 公司都没有产生利息支出，所以，"营运资本投资与利息支付后的经营活动现金流量"依然很充沛。

(4) FL 公司的"股利支付和外部融资前的自由现金流量"由 2011 年的 2.26 亿元增加到 2012 年的 3.89 亿元，增长 72.12%。尽管在 2012 年，FL 公司为购建长期资产支付了 0.52 亿元，为权益性投资支付 0.84 亿元，为发放现金股利支付 0.27 亿元，但是，因为之前充沛的现金流供给，加上处置长期资产收回 0.30 亿元，所以，FL 公司依然有充沛的现金满足股利支付的需要。

(5) FL 公司的"支付股利后的自由现金流量"由 2011 年的 -0.22 亿元增加到 2012 年的 1.44 亿元，增长幅度非常大。FL 公司奉行的是稳定的现金股利政策。尽管在 2011 年 FL 公司的 ΔC_3 不足以支付现金股利，但是缺口比较小。在 2012 年，主要通过提高净利润、获取投资收益以及处置子公司等形式收回大量资金，扭转了现金流短缺的局面，实现了在股利支付之后现金的大量盈余。

(6) 因为自身的现金相当充裕，所以 FL 公司最近几年都没有进行债务或股权融资。但是，考虑 FL 公司在 2012 年度通过投资收益以及处置子公司的形式获取了大量稳定性不强的现金流，所以，FL 公司在未来需要考虑通过加强主业持续增加现金流以及准备采取外部融资的形式应对可能出现的现金短缺。

本章小结

1. 根据我国会计准则，现金流量表格式分为一般企业、商业银行、保险公司、证券公司等企业类型。企业应当根据其经营活动的性质确定本企业适用的现金流量表格式。企业还应当采用间接法在现金流量表附注中披露将净利润调节为经营活动现金流量的信息。

2. 现金流量表的分析目的包括了解企业现金变动情况及其原因、评价企业获取现金的能力、评价企业利润的质量以及评价经营决策等。

3. 现金流量表的一般分析，就是根据现金流量表的数据，对企业现金流量的情况进行初步的分析和评价，不需要对现金流量表的信息做进一步的加工，直接分析现金流量表所呈现的数据。

4. 在现金流量表水平过程中，首先需要编制现金流量表水平分析表，其次，可以分析总现金流净额与3项现金流净额的变化及其原因，也可以分析变化幅度比较大的重点项目，最后可以对本期现金流的状况的合理性与效率性进行评价。

5. 现金流量表的垂直分析通过对现金流量表中不同项目间的比较，分析企业现金流入的主要来源和现金流出的方向，并评价现金流入流出对净现金流量的影响，其目的在于揭示现金流入量和现金流出量的结构情况，从而抓住企业现金管理的重点。

6. 现金流量表分析还需要对经营活动现金流量、投资活动现金流量以及筹资活动的现金流量等的主要项目进行具体分析。

7. 可以以一个简化的资产负债表为基础，构建一个现金流量综合分析模型。

1. 请通过制表的方式描述一般企业现金流量表的基本结构。
2. 现金流量表分析的主要目标有哪几个?
3. 现金流量表一般分析的要点有哪些?
4. 现金流量水平分析与垂直分析的要点有哪些?
5. 现金流量表中应该进一步深入分析的具体项目有哪些?
6. 选择一家上市公司，对其某年度的现金流量表进行相关分析。

第六章 所有者权益变动表分析

学习目标

熟悉我国企业所有者权益变动表的基本格式，了解所有者权益变动表分析的主要目的，掌握所有者权益变动一般分析、水平分析以及垂直分析的基本方法，熟悉所有者权益变动表的主要项目分析，掌握利润分配对所有者权益变动表的主要影响分析。

第一节 所有者权益变动表分析概述

所有者权益是指企业资产扣除负债后由股东享有的“剩余权益”，也称之为净资产，是股东投资资本与经营过程中形成的留存收益的集合，是股东投资和公司发展实力的资本体现。所有者权益变动表是反映公司本期（年度或中期）内截至期末所有者权益变动情况的报表。

一、所有者权益变动表的基本格式

根据《企业会计准则第 30 号——财务报表列报》，所有者权益变动表应当反映构成所有者权益的各组成部分当期的增减变动情况。当期损益、直接计入所有者权益的利得和损失以及与所有者（或股东）的资本交易导致的所有者权益的变动应当分别列示。

所有者权益变动表至少应该单独列示反映下列信息的项目：净利润；直接计入所有者权益的利得和损失项目及其总额；会计政策变更和会计差错更正的累积影响金额；股东投入资本和向股东分配的利润等；按照规定提取的盈余公积；实收资本、资本公积、盈余公积、未分配利润期初和期末余额及其调节情况。

所有者权益变动的具体格式见表 6－1。

表 6－1

所有者权益变动表

编制单位：　　　　　　　　　　＿＿＿＿年度　　　　　　　　　　单位：元

项目	本年金额						上年金额					
	实收资本（或股本）	资本公积	盈余公积	减：库存股	未分配利润	所有者权益合计	实收资本（或股本）	资本公积	盈余公积	减：库存股	未分配利润	所有者权益合计
一、上年年末余额												
加：会计政策变更												
前期差错更正												
其他												
二、本年年初余额												
三、本年增减变动金额（减少以"－"号填列）												
（一）净利润												
（二）直接计入所有者权益的利得和损失												
1. 可供出售金融资产公允价值变动净额												
2. 权益法下被投资单位其他所有者权益变动的影响												
3. 与计入所有者权益项目相关的所得税影响												
4. 其他												
上述（一）和（二）小计												
（三）所有者投入和减少资本												

续 表

项目	本年金额						上年金额					
	实收资本(或股本)	资本公积	盈余公积	减:库存股	未分配利润	所有者权益合计	实收资本(或股本)	资本公积	盈余公积	减:库存股	未分配利润	所有者权益合计
1. 所有者投入资本												
2. 股份支付计入所有者权益的金额												
3. 其他												
(四)利润分配												
1. 提取盈余公积												
2. 对所有者(或股东)的分配												
3. 其他												
(五)所有者权益内部结构												
1. 资本公积转增资本(或股本)												
2. 盈余公积转增资本(或股本)												
3. 盈余公积弥补亏损												
4. 其他												
四、本年年末余额												

二、所有者权益变动表分析的目的

所有者权益变动表分析，是通过所有者权益的来源及其变动情况，了解会计期间内影响所有者权益增减变动的具体原因，判断构成所有者权益各个项目变动的合法性与合理性，为报表使用者提供较为真实的所有者权益总额及其变动信息。

所有者权益变动表分析的具体目的如下。

(1) 通过分析，可以清晰体现会计期间构成所有者权益各个项目的变动规模与结构。

(2) 通过分析，可以进一步从全面收益角度报告更全面、更有用的财务业绩信息，以满足报表使用者投资、信贷及其他经济决策的需要。

(3) 通过分析，可以反映会计政策变更的合理性，反映会计差错更正的幅度，具体报告由于会计政策变更和会计差错更正对所有者权益的影响数额。

(4) 通过分析，可以反映由于经营成果、股东分配政策、再筹资方案等财务政策对所有者权益的影响。

三、所有者权益变动表的分析内容

(1) 所有者权益变动表的水平分析。

(2) 所有者权益变动表的垂直分析。

(3) 所有者权益变动表的主要项目分析。

(4) 管理层相关决策对所有者权益影响的分析。

四、所有者权益变动表与其他报表的关系

所有者权益的上年年末余额与本年年末余额来自资产负债表。

净利润项目来自本期利润表。

第二节　所有者权益变动表的一般分析

一、所有者权益变动表的水平分析

所有者权益表的水平分析，是将所有者权益各个项目的本期数与基准数进行对比(可以是上期数等)，揭示公司当期所有者权益各个项目的水平及其变动情况，解释公司净资产的变动原因，借以进行相关决策的过程。

【例 6-1】FL 公司所有者权益变动表水平分析。

FL 公司 2011—2012 年度所有者权益变动表水平分析表如表 6-2 所示。

表 6－2　　FL 公司 2011—2012 年度所有者权益变动表水平分析表　　单位：万元

项目	2012 年	2011 年	变动额	变动率（%）
一、上年年末余额	283834.57	281218.15	2616.42	0.93
加：会计政策变更	0	0	0	0
前期差错更正	0	0	0	0
二、本年年初余额	283834.57	281218.15	2616.42	0.93
三、本年增减变动金额（减少以“－”号填列）	15885.75	2616.42	13269.33	507.16
（一）净利润	40022.99	29727.39	10295.60	34.63
（二）直接计入所有者权益的利得和损失	340.25	－2305.35	2645.60	114.76
1. 可供出售的金融资产公允价值变动净额	0	0	0	0
2. 权益法下被投资单位其他所有者权益变动的影响	0	0	0	0
3. 与计入所有者权益项目相关的所得税影响	0	0	0	0
4. 其他	0	0	0	0
上述（一）和（二）小计	40363.24	27422.04	12941.20	47.19
（三）所有者投入和减少资本	0	0	0	0
1. 所有者投入资本	0	0	0	0
2. 股份支付计入所有者权益的金额	0	0	0	0
3. 其他	0	0	0	0
（四）利润分配	－24477.48	－24805.62	328.14	－1.32
1. 提取盈余公积	0	0	0	0
2. 对所有者（或股东）的分配	－24477.48	－24805.62	328.14	－1.32
3. 其他	0	0	0	0
（五）所有者权益内部结构	0	0	0	0
1. 资本公积转增资本（或股本）	0	0	0	0
2. 盈余公积转增资本（或股本）	0	0	0	0
3. 盈余公积弥补亏损	0	0	0	0
4. 其他	0	0	0	0
四、本年年末余额	299720.32	283834.57	15885.75	5.60

根据FL公司所有者权益变动表水平分析表，可以得到以下主要结论。

第一，2012年年末所有者权益比2011年增加1.59亿元，增长5.60%，而2011年只增长了0.93%，所以2012年的增长幅度是比较大的。

第二，2012年所有者权益增长的主要原因是净利润的增长，增加1.03亿元，增长34.63%。另外一个原因是直接计入所有者权益的利得和损失，增加0.26亿元，增长114.76%。

第三，2012与2011两个年度都没有发生会计政策变更以及会计差错更正对所有者权益的影响，也没有发生投资者投入资本或减少资本的情况。

二、所有者权益变动表的垂直分析

所有者权益表的垂直分析，是将所有者权益各个子项目变动占所有者权益变动的比重予以计算，并进行分析评价，揭示公司当期所有者权益各个项目的比重及其变动情况，解释公司净资产构成的变动原因，借以进行相关决策的过程。

【例6-2】FL公司所有者权益变动表垂直分析。

FL照明2011—2012年度所有者权益变动垂直分析表如表6-3所示。

表6-3　FL公司2011—2012年度所有者权益变动表垂直分析表　单位：万元

项目	2012年	2011年	变动额	变动额构成（%）
一、上年年末余额	283834.57	281218.15	2616.42	16.47
加：会计政策变更	0	0	0	0
前期差错更正	0	0	0	0
二、本年年初余额	283834.57	281218.15	2616.42	16.47
三、本年增减变动金额（减少以“—”号填列）	15885.75	2616.42	13269.33	83.53
（一）净利润	40022.99	29727.39	10295.60	64.81
（二）直接计入所有者权益的利得和损失	340.25	−2305.35	2645.60	16.65
1. 可供出售的金融资产公允价值变动净额	0	0	0	0
2. 权益法下被投资单位其他所有者权益变动的影响	0	0	0	0
3. 与计入所有者权益项目相关的所得税影响	0	0	0	0
4. 其他	0	0	0	0

续 表

项目	2012年	2011年	变动额	变动额构成（%）
上述（一）和（二）小计	40363.24	27422.04	12941.20	81.46
（三）所有者投入和减少资本	0	0	0	0
1. 所有者投入资本	0	0	0	0
2. 股份支付计入所有者权益的金额	0	0	0	0
3. 其他	0	0	0	0
（四）利润分配	－24477.48	－24805.62	328.14	2.07
1. 提取盈余公积	0	0	0	0
2. 对所有者（或股东）的分配	－24477.48	－24805.62	328.14	2.07
3. 其他	0	0	0	0
（五）所有者权益内部结构	0	0	0	0
1. 资本公积转增资本（或股本）	0	0	0	0
2. 盈余公积转增资本（或股本）	0	0	0	0
3. 盈余公积弥补亏损	0	0	0	0
4. 其他	0	0	0	0
四、本年年末余额	299720.32	283834.57	15885.75	100.00

根据FL公司所有者权益变动表垂直分析表，可以得到以下主要结论。

第一，2012年度净利润的增加贡献了64.81%的期末所有者权益增加额，是推动期末所有者权益变动的最主要的因素。

第二，2012年度直接计入所有者权益的利得和损失的增加贡献了16.65%的期末所有者权益增加额，是推动期末所有者权益变动的第二大因素。

第三，2012年度向股东分配利润比2011年减少了328.14万元，贡献了2.07%的期末所有者权益增加额。

三、所有者权益变动表主要项目的分析

所有者权益变动表的主要项目分析，是将组成所有者权益主要项目进行具体剖析对比，分析其变动成因、合理合法性、有否人为操控的迹象等事项的过程。

所有者权益变动表的主要项目可以用以下公式串联起来：

净利润＋直接计入所有者权益的利得和损失净额＋会计政策和会计差错更正的累积影响＋股东投入资本净额－向股东分配利润－提取盈余公积＝本期所有者权益变动额

（一）实收资本（股本）分析

实收资本是指企业按照章程规定或合同、协议约定，接受投资者投入企业的资本。实收资本的构成比例即投资者的出资比例或股东的股权比例，它是确定所有者在企业所有者权益中的份额的基础，也是企业进行利润分配或股利分配的主要依据。

一般企业实收资本（或股本）增加的途径主要有所有者投入或增发新股，向外界筹集新的资金；资本公积转增资本；盈余公积转增资本；利润分配转入，即股份公司通过发放股票股利的方法增资；可转换公司债券持有人行使转换权利，将其持有的债券转换成股票。

实收资本（或股本）减少的途径主要是企业的股票回购。股份有限公司以收购本企业股票方式减资的，按注销股票的面值总额减少股本，购回股票支付的价款超过面值的部分，依次冲减“资本公积”、“盈余公积”和“利润分配——未分配利润”等科目；购回股票支付的价款低于面值的部分则增加“资本公积”。

在中国A股市场，还存在限售股问题。所谓限售股，包括以下两类。

1. 股改产生的限售股

在股权分置改革过程中，由原非流通股转变而来的有限售期的流通股，市场俗称“大小非”。所谓小非，就是股改前占比例比较小的非流通股。限售流通股占总股本的比例小于5%，在股改1年后方可流通，1年以后也不是大规模地抛售，而是有限度地抛售一小部分，目的是不对二级市场造成大的冲击。所谓大非，就是股改前占比例比较大的非流通股，限售流通股占总股本的5%以上，在股改2年后才可以流通。

2. 新股首次发行上市（IPO）产生的限售股

为了保持公司控制权的稳定，《公司法》及交易所上市规则对于首次公开发行股份（IPO）并上市的公司，于公开发行前股东所持股份都有一定的限售期规定。由于股权分置改革新老划断后不再有非流通股和流通股的划分，这部分股份在限售期满后解除流通权利限制，构成了新股限售股。这类限售股目前已经占了限售股的大多数。新股上市后，新股限售股与解除限售前历年获得的送转股也构成了限售股。

除了股改限售股和IPO限售股外，目前市场上还有一些有限售期要求的股票，主要是机构配售股和增发股。机构配售股是指IPO的时候，参与网下申购的机构投资人获得的股票，这部分需要锁定3个月到半年，然后才可以交易。增发股类似机构配售股，是指定向增发后的股票，需要锁定1年才可以上市交易。

【例6－3】FL公司的股本分析。

FL公司的2012年报披露，FL公司在2010—2012年度未进行证券发行活动，2012年度的股份总数和股东结构也没有发生变动，公司也不存在内部职工股。该公司股本的具体结构如表6-4所示。

表6-4　　FL公司2011—2012年度股本构成

项目	年初数		本期增减				期末数	
	数量（股）	比例（%）	公积金转增	限制流通股上市	其他（股）	小计（股）	数量（股）	比例（%）
一、有限售条件股份	—	—	—	—	—	—	—	—
1. 境内法人持股	3760618	0.38	—	—	-27025	-27025	3733593	0.38
2. 境外法人持股	131815685	13.47	—	—	—	—	131815685	13.47
3. 境内自然人持股	1614137	0.17	—	—	29200	29200	1643337	0.17
4. 境外自然人持股	—	—	—	—	—	—	—	—
有限售条件股份合计	137190440	14.02	—	—	2175	2175	137192615	14.02
二、无限售条件股份	—	—	—	—	—	—	—	—
1. 人民币普通股	616152268	62.96	—	—	-2175	-2175	616150093	62.96
2. 境内上市的外资股	225221037	23.02	—	—	—	—	225221037	23.02
无限售条件股份合计	841373305	85.98	—	—	-2175	-2175	841371130	85.98
三、股份总数	978563745	100.00	—	—	—	—	978563745	100.00

在表6-4中，FL公司在2012年年末的股份总数为9.79亿股，与2011年持平。其中，无限售条件的股份数为8.41亿股，占股份总数的85.98%；有限售条件的股份数为1.37亿股，占股份总数的14.02%。

对于有限售条件的股份，27025股限售股由原来的境内法人持有变更为由境内自然人持有；另外，2012年12月26日，公司原副总经理赵××辞职，其持有股份29200股在法定期间全部变为限售股。两者合计，2012年度有限售条件的股份增加2175股。

对于无限售条件的股份，人民币普通股占比62.96%，境内上市的外资股占比23.02%，分别为在深圳证券交易所上市的A股和B股。

（二）库存股分析

1. 库存股的概念

库存股又称库藏股，是指公司收回已发行的且尚未转让或注销的股票。公司自己持有库存股，可以在适当的时机再向市场出售或用于对员工的激励。

库存股同时具备以下4个特点：①库存股是本公司的股票；②库存股是已发行的股票；③库存股是收回后尚未注销的股票；④库存股是可以再次出售的股票。

2.库存股对公司所有者权益的影响

（1）库存股不是公司的一项资产，而是所有者权益的抵减项目。

（2）库存股的变动不影响损益，只影响权益。

（3）库存股的权力受限。库存股既不分配股利，也不具有投票权。

我国上市公司购回股份并以库存股方式持有存在法律上的障碍。我国《公司法》不允许上市公司库存股份，《证券法》没有就股份回购及回购后的处理方法作出规定，《股票发行与交易管理暂行条例》第 41 条规定："未依照国家有关规定经过批准，股份有限公司不得购回其发行在外的股票。"《上市公司章程指引》规定公司购回本公司股票必须在一定时期内注销该部分股份。所以，在我国，库存股在法律上并不存在生存空间。

（三）资本公积分析

资本公积是指企业在经营过程中由于接受捐赠、股本溢价以及法定财产重估增值等原因而形成的公积金，是投资者或他人投入到企业，所有权归属于投资者，并且投入金额超过法定资本部分的资本。

一般使得企业的资本公积发生变化的途径主要有新增股本溢价；债务转为资本，成资本公积；同一控制下的控股合并；以权益结算的股份支付换取服务；自用房地产或存货转换为公允价值模式计量的投资性房地产；金融资产重分类；采用股票收购方式减资。

【例 6-4】FL 公司的资本公积分析。

FL 公司在 2006 年、2007 年及 2008 年进行了资本公积向全体股东转增股本，使得其注册资本增加为 9.79 亿元人民币。之后各年度没有再进行资本公积转增股本的行为。

FL 公司 2012 年度资本公积变动情况如表 6-5 所示。

表 6-5　　FL 公司 2012 年度资本公积变动　　单位：元

项目	年初数	本期增加	本期减少	期末数
股本溢价	582653147.29	—	—	582653147.29
股权投资准备	4514.43	—	—	4514.43
其他资本公积	39535 587.37	3402507.98	—	42938095.35
合计	622193249.09	3402507.98	—	625595757.07

表 6-5 中的其他资本公积来源如下：2010 年 8 月 18 日，中国光大银行股份有限公司在上海证券交易所挂牌上市，FL 公司持有 23546768.00 股光大银行股票，其 2012 年年末的公允价值为 71817642.40 元，较 2012 年年初公允价值增加了 4002950.56 元，FL 公司按照相关规定调增递延所得税负债 600442.58 元后，差额 3402507.98 元调增资本公积。

另外，2010年度，FL公司所持有的光大银行股票公允价值变动给该公司带来了55185225.24元的其他资本公积增加额。2011年度，FL公司持有的24176768股光大银行股票于2011年8月18日解禁，FL公司出售了其中的630000股，再加上所持剩余股份的公允价值变动影响，导致其他资本公积减少23053674.40元。

（四）直接计入所有者权益的利得与损失分析

直接计入所有者权益的利得和损失，是指虽然不应计入当期损益但是会导致所有者权益发生增减变动的、与所有者投入资本或者向所有者分配利润无关的利得或者损失。

在所有者权益变动表中，直接计入所有者权益的利得和损失内容包括可供出售金融资产公允价值的变动净额；权益法下被投资单位其他所有者权益变动的影响；计入所有者权益项目相关的所得税影响等。

【例6-5】甲公司2011年实现净利润290万元，分配股利80万元，增发新股200万元，长期投资于A单位，股权占40%，A单位2011年亏损25万元，试确定所有者权益变动额。

甲公司所有者权益相关情况如表6-6所示。

表6-6　　甲公司所有者权益　　单位：万元

项目	金额
税后利润	290
+直接计入所有者权益的利得和损失	-10
-股利	80
+新增股本	200
所有者权益增加额	400

（五）会计政策变更的分析

对于会计政策变更的累积影响数的分析，主要目的在于合理区分属于会计政策变更和不属于会计政策变更的业务或事项。

会计政策变更能提供更可靠、更相关的会计信息的，主要应当采用追溯调整法进行处理，将会计政策变更的累积影响数调整列报前期最早期留存收益。对会计政策累计影响数的分析，主要目的在于合理区分属于会计政策变更和不属于会计政策变更的业务和事项。

一般而言，不属于会计政策变更的业务或事项具体如下。

（1）当期发生的交易或事项与以前相比具有本质差别而采用新的会计政策。例如，某企业一直通过经营租赁的方式租入设备，进行生产，但是从本年度起，新租入的设备改用融资租赁的方式，则企业在本年度采用融资租赁的会计处理方法进行设备租入和使用的记录与报告。由于经营租赁与融资租赁具有本质的区别，所以，这种变化不属于会计政策变更。

（2）初次发生的或不重要的交易或事项采用新的会计政策。例如，企业第一次发生跨年度的劳务供应合同项目，对这种项目采取完工百分比法于年末确认收入。对企业来说，虽然采取了新的收入确认方法，但这种做法并不属于会计政策变更。

FL公司2010—2012年并没有发生会计政策变更。

（六）前期差错更正的分析

会计差错发生的原因可归纳为3类，分别是会计政策使用上的差错、会计估计上的差错以及其他差错。

本期发现与以前期间相关的重大会计差错时，如果影响损益，应按其对损益的影响数调整发现当期的期初留存收益，会计报表其他相关项目的期初数也应一并调整；如果不影响损益，应调整会计报表相关项目的期初数。

前期差错更正累积影响数分析的主要目的：及时发现与更正前期差错，合理判断和区分相关业务是属于会计政策变更还是属于会计差错更正类别，以达到信息的准确性。

FL公司2010—2012年并没有发生前期会计差错更正。

第三节 利润分配对所有者权益变动的影响分析

利润分配分析，主要是依据所有者权益变动表以及报表附注等资料，分析企业的净利润是如何在企业和投资者之间以及企业内部各权益项目之间分配的，结合对企业利润分配政策影响因素的分析，判断导致企业利润分配变动的原因，进而确定企业利润分配政策的合理性。

Miller和Modigliani（1961）阐述了关于股利政策与公司价值的关系，即M-M股利无关性定理：在理想市场等前提条件下，如果公司的投资策略既定，那么，公司的现金股利政策与公司价值无关。Miller和Modigliani的这一著作成为后来绝大多数股利研究的基础，成为本领域的奠基之作。

市场的信息不对称构成3种解释公司股利政策的学术流派。经理与股东之间对于股利政策中异常变化的信息不对称程度的减轻是股利信号传递模型的基石。代理成本理论使用股利政策来促使股东与经理的利益更加一致。自由现金流假说是对股利信号传递假说和代理成本假说的一种综合，其认为股利支付可以降低经理能够获得的自由现金控制权收益。

一、利润分配的程序

企业本年可供分配利润的计算公式为：

本年可供分配利润＝本年净利润＋年初未分配利润（或减年初未弥补亏损）＋其他转入

企业本年可分配利润，除法律法规另有规定外，应按照如下顺序分配。

（一）计算可供分配的利润

如果可供分配的利润为负数，则不能进行后续分配；如果可供分配的利润为正数，则可以进行后续分配。

（二）提取法定盈余公积金

在不存在年初累计亏损的前提下，法定盈余公积金按照税后利润的10％提取。法定盈余公积金已经达到注册资本的50％时可以不再提取。所提取的法定盈余公积金用于弥补以前年度亏损或转增资本金，但转增资本金后留存的法定盈余公积金不得低于注册资本的25％。

（三）提取任意公积金

任意盈余公积金提取标准由股东大会确定，如确因需要，经股东大会同意后，也可用于分配。

（四）向投资者分配利润

盈余公积经过批准之后，也可以用于弥补亏损、转增资本、发放现金股利或利润等。

二、利润分配分析的内容

（一）利润存分结构分析

利润分配问题涉及企业所有者、经营者及内部职工等企业利益相关者，合理的分配政策是调动企业各利益相关者积极性的要素之一。企业内部利益相关者分配政策体现出刚性特征，基本上依附于国家政策，因而利润分配政策影响最大的是企业所有者利益。利润存分结构主要研究可供分配利润在所有者和企业再投资之间进行分配应采取的基本态度和方针政策，解决实际分配给所有者和留存企业的比例的关系，是利润分配政策分析的核心内容。

（二）利润分配规模、分配结构及变动趋势的分析

利润分配规模、分配结构及变动趋势的分析，是对企业本期净利润分配的实际数与前期实际数进行对比，以揭示各项目的分配额增减变动形式，确定增减变动的原因，判断变动的合理性。这种分析以利润分配表、相关报表的辅助说明资料为主，主要从绝对额增减变化与相对值的增减值变化两个角度采用对比分析法和比率分析法进行分析。

（三）股利支付的方式与结构分析

股利支付方式是指企业采用怎样的形式分配利润，可供选择的方式是现金股利、股票股利、现金以外的资产分配股利、公司债股利及股票回购等。股利支付结构是指股利支付方式的组合形式，即是采用单一方式还是多种形式并存。

股利支付方式的分析思路主要是企业所采用的股利形式是否与企业的财务状况相吻合，哪些因素决定了股利形式。总体上看，我国现阶段上市公司利润分配政策中较少使用财产股利和负债股利，而股票回购的限制条件较高，采用的风险也较高，企业通常是以现金和股票作为股利的支付方式。

我国上市公司股利分配的主要形式有现金股利和股票股利，它们对公司财务状况的影响是不同的。现金股利会导致公司资产和所有者权益同时减少，股东手中的现金增加；股票股利并不减少公司资产和所有者权益，而是使得流通在外的股份数增加，每股净资产和每股收益减少。

1. 现金股利对所有者权益的影响

现金股利会导致公司现金流出，公司的资产和所有者权益规模同时会相应减少，进而资产负债率将升高，影响所有者权益内部结构，也影响整体资本结构。

2. 股票股利对所有者权益的影响

股票股利是一种比较特殊的股利形式，它不直接增加股东的财富，不会导致企业资产的流出或负债的增加，不影响公司的资产、负债及所有者权益总额的变化，所影响的只是所有者权益内部有关各项目及其结构的变化，即将未分配利润转为股本（面值）或资本公积（超面值溢价）。

三、影响企业利润分配的因素

企业利润分配活动既受到外部的宏观经济政策的影响，又受到企业内部经营政策及财务战略等多因素的影响，因此，在进行利润分配合理性分析时，必须确定哪些因素影响企业利润分配行为。概括起来这些因素主要包括法律因素、资本结构因素、未来投资前景、契约性债务合约因素、企业财务状况因素。企业利润分配政策的制定是一个综合决策的过程，单独考虑任何一个影响因素都不能制定出具有高度适应性和合理的分配政策。

具体分析利润分配政策合理与否应考虑的内容主要如下。

（一）投资机会

一般来说，股利支付率是投资机会收益率的函数。一个企业拥有充裕的现金而可行的投资项目又少，企业股东希望实施高股利分配政策，这也同时减少了企业管理人员在不良项目上投资的风险，反之亦然。

（二）资本成本与财务风险

公司在确定股利政策时，应全面考虑各个筹资渠道资金来源的数量大小和成本高低，使股利政策与公司理想的资本结构和资本成本相一致。另外，公司在确定股利分配数量时，还要考虑现金股利分配对公司偿债能力的影响，保证在现金股利分配之后仍能保持较强的偿债能力，以维护公司的信誉和借贷能力。

（三）分配政策要权衡税收因素

若对发放的股利和股东资本利得以不同的税率征收，则不同税收偏好的投资者对企业利润分配政策的关注程度是不同的，企业应决定对哪类税收偏好的投资者进行筹资。

（四）企业拥有的资产类型

对资产具有高度流动性的企业来说，企业可以不经过资产变现过程就可发放大量股利。因此，债权人一般都要签订契约性限制条款及对股利发放进行一定的限制。

（五）法律法规因素

中国证券监督管理委员会于 2004 年 12 月出台的《关于加强社会公众股股东权益保护的若干规定》，倡导上市公司要实行积极的利润分配政策，明确规定：上市公司的利润分配应重视对投资者的合理投资回报；上市公司应当将其利润分配办法载明于公司章程；上市公司董事会未做出现金利润分配预案的，应当在定期报告中披露原因，独立董事应当对此发表独立意见；上市公司最近 3 年未进行现金利润分配的，不得向社会公众增发新股、发行可转换公司债券或向原有股东配售股份；存在股东违规占用上市公司资金情况的，上市公司应当扣减该股东所分配的现金红利，以偿还其占用的资金。

2006 年发布的《上市公司证券发行管理办法》规定，上市公司发行新股须符合“最近 3 年以现金或股票方式累计分配的利润不少于最近 3 年实现的年均可分配利润的 20%”。在证监会发布的上市公司年报准则中也明确要求，上市公司应对报告期内盈利但未提出现金利润分配预案的情况详细说明理由，同时说明公司未分配利润的用途和使用计划。

2008 年 10 月 9 日，中国证券监督管理委员会发布了 57 号令，即《关于修改上市公司现金分红若干规定的决定》，规定：公司应当在章程中明确现金分红政策，利润分配政策应保持连续性和稳定性；发行新股的上市公司最近 3 年以现金方式累计分配的利润不少于最近 3 年实现的年均可分配利润的 30%；上市公司在年度报告中应披露本次利润分配预案或资本公积金转增股本预案；对于本报告期内盈利但未提出现金利润分配预案的公司，应详细说明未分红的原因、未用于分红的资金留存公司的用途；公司还应披露现金分红政策在本报告期的执行情况，同时，应当以列表方式明确披露公司前 3 年现金分红的数额及其与净利润的比率，公司在半年度报告中应当披露以前期间拟定、在报告期实施的利润分配方案、公积金转增股本方案或发行新股方案的执行情况；披露现金分红政策的执行情况，并说明董事会是否制定现金分红预案；公司应当在季度报告中说明本报告期内现金分红政策的执行情况。

四、股利政策的类型

（一）剩余股利政策

剩余股利政策主张企业有盈余应首先满足可接受投资项目的资金需要，在满足了可接受投资项目的资金需要之后，若还有剩余，企业才能将剩余部分作为股利发放给股东。

采用剩余股利政策时，应遵循以下4个步骤。

（1）设定目标资本结构，即确定权益资本与债务资本的比率，在此资本结构下，加权平均资本成本将达到最低水平。

（2）确定目标资本结构下投资所需的权益资本数额。

（3）最大限度地使用保留盈余来满足可接受投资项目所需的权益资本数额。

（4）可接受投资项目所需权益资本已经满足后若还有剩余，再将其作为股利发放给股东。

主张该种股利政策的根本理由是保持理想的资本结构，使加权平均资本成本最低。

（二）固定股利支付率政策

固定股利支付率政策是企业确定一个股利占盈余的比率，并长期按此比率支付股利的政策。在这一股利政策下，各年股利额随企业经营的好坏而上下波动，获得较多盈余的年份股利额高，反之，获得盈余少的年份股利额就低。

主张实行固定股利支付率的理由：能够使股利与企业盈余紧密结合，体现多盈多分、少盈少分、不盈不分的原则。

适用范围为盈利比较稳定或正处于成长期、信誉一般的公司。

（三）稳定性股利支付政策

稳定性股利支付政策是每年发放的股利固定在一定的水平上，并在较长时间内保持不变，只有当公司认为未来盈余将会显著地、不可逆转地增长时，才提高股利发放额。

主张该种股利政策的理由：稳定股利可以消除投资者内心的不确定性；许多依靠固定股利收入生活的股东更喜欢稳定的股利支付方式；具有稳定股利的股票有利于机构投资者购买。

（四）低正常股利加额外股利政策

低正常股利加额外股利政策是指在一般情况下，企业每年只支付较低的正常股利，只有在企业经营非常好时才支付正常股利之外的额外股利。

在这种政策下，企业每年按照固定的数额向股东支付正常股利，当企业年景好、盈利有较大幅度增加时，再根据实际情况，向股东临时发放一些额外股利。

主张这一股利政策的理由：向股东发放稳定的正常股利，可以增强股东对企业的信心；给企业以较大的弹性，即使企业盈利很少或需要多留盈利，企业仍可发放固定的正常股利，而当企业盈利较多时，还可给股东以额外股利。

【例6-6】FL公司的股利分配政策分析。

选择2004—2013年度FL公司的股利分配结果进行分析，统计数据如表6-7所示。

表 6 - 7　　**FL 公司 2004—2012 年度股利分配统计表**　　单位：元

公告日	分红（每 10 股）	送股（每 10 股）	转增股（每 10 股）	登记日	除权日	备注
2013 - 04 - 26	3.10	—	—	2013 - 06 - 18	2013 - 06 - 19	实施
2012 - 08 - 29	—	—	—	—	—	董事会通过
2012 - 04 - 25	2.50	—	—	2012 - 07 - 11	2012 - 07 - 12	实施
2011 - 08 - 17	—	—	—	—	—	董事会通过
2011 - 04 - 28	2.50	—	—	2011 - 06 - 22	2011 - 06 - 23	实施
2010 - 08 - 18	—	—	—	—	—	董事会通过
2010 - 04 - 29	2.20	—	—	2010 - 06 - 23	2010 - 06 - 24	实施
2009 - 08 - 20	—	—	—	—	—	董事会通过
2009 - 04 - 09	2.20	—	4.00	2009 - 06 - 25	2009 - 06 - 26	实施
2008 - 07 - 31	—	—	—	—	—	董事会通过
2008 - 04 - 21	5.85	—	5.00	2008 - 06 - 05	2008 - 06 - 06	实施
2007 - 08 - 28	—	—	—	—	—	董事会通过
2007 - 03 - 29	5.00	—	3.00	2007 - 06 - 07	2007 - 06 - 08	实施
2006 - 08 - 25	—	—	—	—	—	董事会通过
2006 - 03 - 23	4.90	—	—	2006 - 06 - 26	2006 - 06 - 27	实施
2005 - 08 - 19	—	—	—	—	—	董事会通过
2005 - 03 - 25	4.80	—	—	2005 - 06 - 13	2005 - 06 - 14	实施
2004 - 08 - 19	—	—	—	—	—	董事会通过
2004 - 03 - 29	4.60	—	—	2004 - 06 - 21	2004 - 06 - 22	实施

数据来源：证券之星。

由表 6 - 7 可知，FL 公司的股利分配频率为每年分配 1 次，年中并不进行分配。另外，其分配方式以现金股利为主，仅在 2006 年、2007 年以及 2008 年添加了资本公积转增股本的分配方式，并且没有进行过送股，即股票股利的分配方式。

对于现金股利方式，FL 公司 2003—2012 年的现金股利水平呈现周期性波动。第一阶段，2003—2007 年，每 10 股现金股利水平从 4.60 元逐年增长到 5.85 元，特别是在 2007 年度，在每 10 股转增 5 股的情况下，依然实现了高达 17%的每股现金股利的增长。回顾第 4 章对 FL 公司利润表的分析，可知 2007 年度高达 3.30 亿元（占该年度利润总额的 66%）的投资收益是支撑该年度高水平分红的基石。第二阶段，2008—2012 年，每 10 股现金股利水平从 2.20 元逐渐增长到 2012 年的 3.10 元，其中，2012 年度增长幅度高达 24%，究其原因，可以发现是投资收益的大幅度增长在支撑——2012 年度投资收益为 2.07 亿元，占该年利润总额的 43.86%。

通过横向与纵向比较分析，可以得出以下结论。

(一) FL 公司发放了高水平的现金股利

FL 公司上市以来贯彻实施了"现金奶牛"型的股利政策。截至 2012 年，FL 公司累计现金分红总额 30 亿元，而相比之下，公司累计募集资金总额只有 13.39 亿元。

根据证监会的行业分类方式，中国股票市场中，与 FL 公司同属"照明器具制造业"(行业代码 C7630) 的有两家公司，分别是 2000 年 7 月 20 日在上海股票市场上市的浙江阳光和 2006 年 10 月 25 日在深圳股票市场上市的雪莱特。2008—2012 年，FL 公司与其他 3 家照明电器类的上市公司——阳光照明、飞乐音响和雪莱特的每股现金股利比较图如图 6-1 所示。

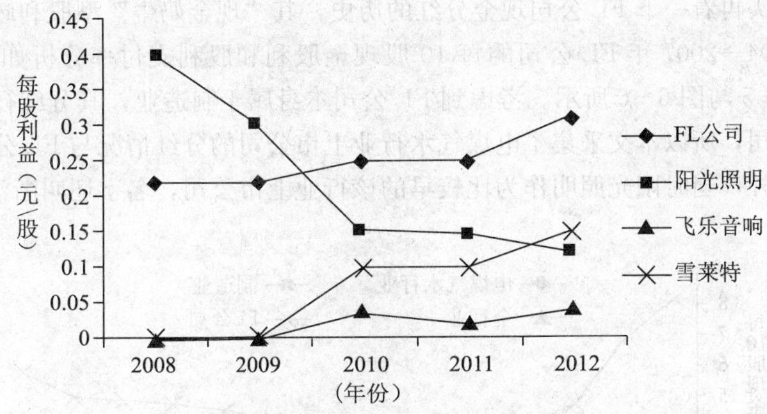

图 6-1 FL 公司与 3 家对比公司 2008—2012 年的每股股利比较

如图 6-1 所示，2008—2012 年，相对于主要业务相同的 3 家同行业公司，FL 公司的每股股利保持在较高水平且逐年上升，而且，从 2010 年以来，其现金股利水平远远高于其他 3 家公司。

为了进一步进行比较分析，再选择股利支付率指标进行对比，如图 6-2 所示。

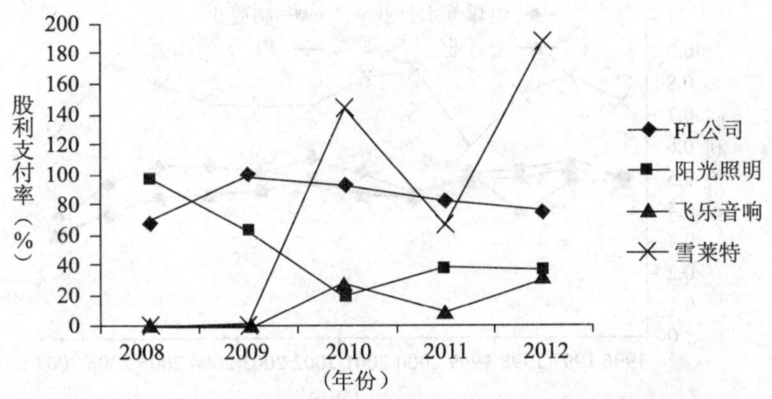

图 6-2 FL 公司与 3 家对比公司 2008—2012 年的股利支付率比较

其中，股利支付率的计算公式如下：

$$股利支付率=\frac{每股股利}{每股收益}\times 100\%$$

由图6－2可知，在4家对比企业中，FL公司的股利支付率最稳定，在2009年达到5年之中的最高水平——100%，然后稳中有降，到2012年降低到75.61%。也就是说，FL公司把大部分的归属于股东的收益都作为现金股利支付给了股东。另外，虽然阳光照明和飞乐音响保持了比较低的股利支付率，但是雪莱特的股利支付率呈现剧烈波动的特征，在2008年与2009年两个年度没有进行现金分红，但是此后股利支付率一度达到很高的水平，如2012年一度达到187.50%，这说明最近几年雪莱特可能存在过度分红的问题。

如果回头再看一下FL公司现金分红的历史，其“现金奶牛”型股利政策的特征则更鲜明。1994—2007年FL公司的每10股现金股利和股利支付率分析如图6－3、图6－4、图6－5与图6－6所示。考虑到FL公司本身属于制造业，其分红行为又类似于公用事业公司，所以本文采集了电煤气水行业上市公司的分红情况与FL公司进行了比较分析。另外，当时阳光照明作为比较早的该行业上市公司，名字还叫浙江阳光。

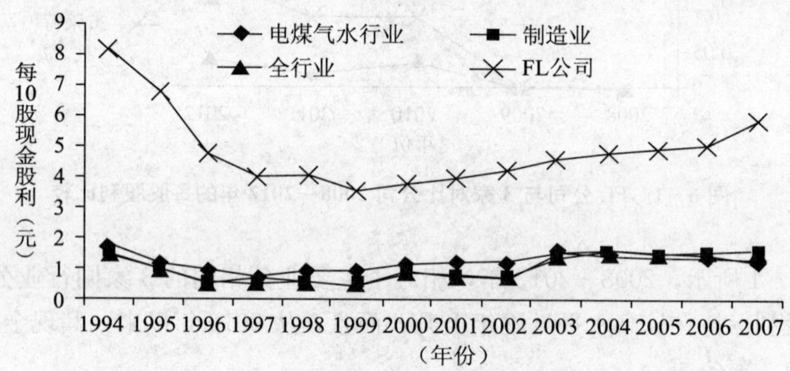

图6－3　FL公司1994—2007年与其他行业每10股现金股利的比较

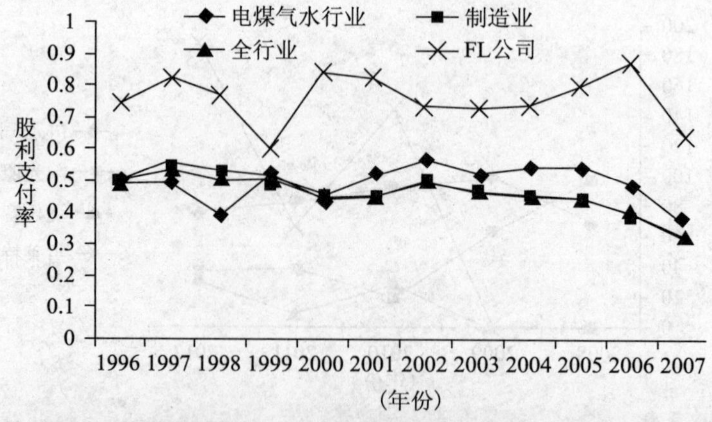

图6－4　FL公司1996—2007年与其他行业股利支付率比较

从1993年上市当年开始，连续15年分红派现的FL公司在中国股票市场上旗帜鲜明。从图6-3和图6-4可以看出，FL公司不管在每股现金水平上还是在股利支付率上，都遥遥领先于制造业的平均值，甚至也领先于作为传统分红者的公用事业公司。制造业和电煤气水行业的每10股现金股利平均值虽然从1996年以来逐年上升，但是未能突破2元，而FL公司除了在1994—1999年每10股现金股利逐渐从8元下降到3.5元，但是从2000年开始，该指标逐年快速上升，到2007年度已回升到5.85元。另外，FL公司的股利支付率除了在1999年达到最低点0.61以外，2007年以前一直高达0.73～0.87，2007年略有下降，为0.64。从行业比较来看，1999年以前，电煤气水行业落后于制造业，但是作为传统分红行业，2000年以后其股利支付率一直以较大的幅度领先于制造业和整个市场。

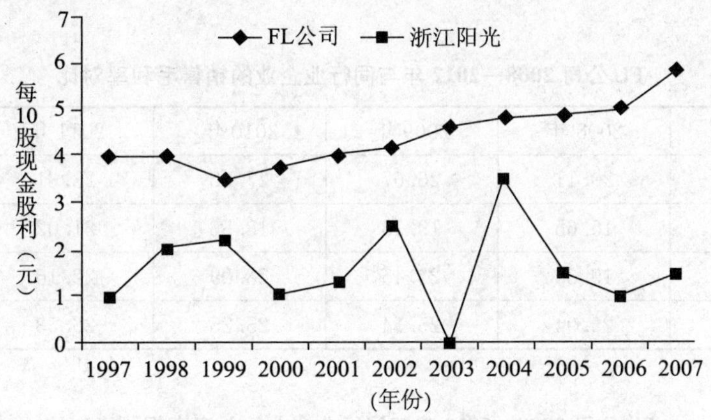

图6-5 FL公司与阳光照明1997—2007年每10股现金股利的比较

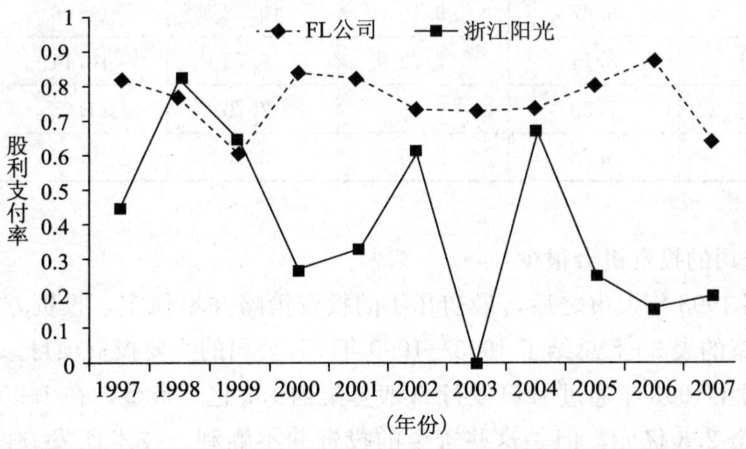

图6-6 FL公司与阳光照明1997—2007年股利支付率的比较

图6-5和图6-6表明，相对于FL公司的稳定上升的分红政策，浙江阳光的每股

股利波动幅度比较大，特别的，2003年度浙江阳光没有派现，但是，2004年派现达到了历史最高点的每10股3.5元，这种变动剧烈程度表明浙江阳光并没有平滑股利水平的目的。对于股利支付率指标，浙江阳光在1998年和1999年高于FL公司，但是在2000年上市之后，浙江阳光的股利支付率始终低于FL公司，而且波动幅度比较大。

综上所述，FL公司的股利政策特点是稳中有升的持续性高水平现金分红。

(二) FL公司高水平现金分红的原因分析

为什么FL公司要实施如此高水平的现金股利政策呢？究其原因，有以下几点：

1. FL公司的盈利状况良好

FL公司和对比企业的销售毛利率和总资产报酬率如表6-8和表6-9所示。可以发现，与同行业企业相比，FL公司具有比较高的销售毛利率和总资产报酬率，这是支撑其长期发放高水平现金股利的重要保障。

表6-8　FL公司2008—2012年与同行业企业的销售毛利率对比　%

	2008年	2009年	2010年	2011年	2012年
FL公司	20.11	26.67	27.65	28.31	25.95
阳光照明	15.65	19.15	18.56	21.02	19.11
飞乐音响	19.35	23.45	23.09	22.16	20.97
雪莱特	25.94	25.54	25.25	26.53	29.80

表6-9　FL公司2008—2012年与同行业企业的总资产报酬率对比　%

	2008年	2009年	2010年	2011年	2012年
FL公司	8.67	9.10	10.52	11.06	13.96
阳光照明	8.14	7.72	9.72	10.14	6.64
飞乐音响	7.53	6.86	7.70	11.05	7.91
雪莱特	3.75	2.95	3.16	4.92	3.22

2. FL公司的投资机会很少

FL公司1993年上市之后，最初几年的投资策略并不稳定，投资方向把握得并不理想。第2章的表2-5总结了1993—1999年FL公司的主要投资项目。

FL公司在1993年通过IPO发行A股募集到1.9亿元资金，在1995年通过发行B股募集到资金2.8亿元，但是这些资金的投资并不顺利。技术研发方面，在欧司朗、通用以及菲利普等国际照明巨头攻城略地开拓中国市场的背景下，中国照明企业的生存压力巨大，要投入巨资进行研发的难度很大，可能获得的收益具有很大的不确定性。FL公司因此采取了拿来主义，即“紧跟式”的主业投资策略，常在某项技术应用市场接近成熟的时候，迅速提高规模而占领市场，将主要研发费用投入引进设备的消化吸收和实用技术的革新方面，而不是在新产品开发研制上进行突破。

在1999年之前，中国只有浙江阳光和上海真空电子器件股份有限公司生产T8灯，1999年FL公司开始从台湾引进T8生产线。随着T8生产线逐年引入的增多，FL公司逐渐成为T8灯的行业龙头，2001—2007年一直拥有行业第一的市场份额。值得注意的是，FL公司的T5、金属卤及紧凑型节能灯的市场占有情况并不理想。

3. 大股东剥夺小股东利益的渠道

陈信元等（2003）采用标准的事件研究法，研究了FL公司1994—2000年股利分配方案公告事件以及除权事件的市场反应。该研究在基准事件的（-10，+10）窗口内，分别计算了各天的超额收益率AR和累计超额收益率CAR。结果发现，AR和CAR基本上都与0没有差异，市场对公司的股利宣告事件反应平淡。另外，该研究比较了FL公司与同行业其他上市公司的市盈率、市净率、配股价格市盈率及配股价格与除权日前价格比，结果发现FL公司在上述4个指标上的取值都低于行业平均值。该研究认为，FL公司之所以在市场反应平淡的情况下仍然坚持持续高水平分红，背后的推动者是其第一大股东——佛山市国资委。作为非流通控股股东，佛山市国资委通过高额分红手段从上市公司获取大量现金，以缓解自己的资金压力。这种挖掘行为的重要影响，将使得整个公司“严重失血”，进而陷入发展危机，危害中小流通股东利益。

但是，朱武祥等（2004）从另一个角度针对FL公司所做的案例研究却得出了基本相反的结论。该研究分别计算了FL公司的9.5年持有期（1993年年底—2003年年中）、5年持有期（1998年年中—2003年年中）以及2.5年持有期（2000年年底—2003年年中）的到期收益率，并将该系列指标与同行业的嘉宝集团和浙江阳光两家上市公司进行了比较。结果发现，FL公司这3个指标的表现均优于其他两家公司。据此，该研究认为，FL公司的高派现股利政策为大多数股东创造了稳定和较高的长期投资价值，而并不是大股东特意用来掠夺小股东的手段。

本章小结

1. 根据我国会计准则，所有者权益变动表应当反映构成所有者权益的各组成部分当期的增减变动情况。当期损益、直接计入所有者权益的利得和损失以及与所有者（或股东）的资本交易导致的所有者权益的变动，应当分别列示。

2. 所有者权益变动表分析的主要目的：清晰体现会计期间构成所有者权益各个项目的变动规模与结构；进一步从全面收益角度报告更全面、更有用的财务业绩信息；反映会计政策变更的合理性，反映会计差错更正的幅度以及反映由于经营成果、股东分配政策、再筹资方案等财务政策对所有者权益的影响。

3. 所有者权益表的水平分析，就是将所有者权益各个项目的本期数与基准数进行对比，揭示公司当期所有者权益各个项目的水平及其变动情况，解释公司净资产的变动原因，借以进行相关决策的过程。

4. 所有者权益表的垂直分析，就是计算所有者权益各个子项目变动占所有者权益变动的比重，并进行分析评价，揭示公司当期所有者权益各个项目的比重及其变动情况，解释公司净资产构成的变动原因，据此进行相关决策的过程。

5. 利润分配对所有者权益变动表的影响分析，主要是依据所有者权益变动表以及报表附注等资料，分析企业的净利润是如何在企业和投资者之间以及企业内部各权益项目之间分配的，结合对企业利润分配政策影响因素的分析，判断导致企业利润分配变动的原因，进而确定企业利润分配政策的合理性。

本章习题

1. 请通过制表的方式描述所有者权益变动表的基本结构。
2. 所有者权益变动表分析的主要目标有哪几个？
3. 所有者权益变动表一般分析的要点有哪些？
4. 现金流量表中应该进一步深入分析的具体项目有哪些？
5. 如何分析利润分配对所有者权益变动表的影响？
6. 选择一家上市公司，对其某年度的所有者权益变动表进行相关分析。

第七章　企业偿债能力分析

学习目标

了解偿债能力分析的目的，熟悉偿债能力的主要影响因素，掌握短期偿债能力以及长期偿债能力的评价指标计算方法、评价方法及其注意事项。

第一节　偿债能力分析概述

一、偿债能力的含义

偿债能力是指企业偿还各种债务的能力。

企业在生产经营过程中，为了弥补自身资金不足就要对外举债。举债经营的前提必须是能够按时偿还本金和利息，否则就会使企业陷入困境甚至危及企业的生存。导致企业破产的最根本、最直接的原因是企业不能偿还到期债务。企业偿还债务能力的强弱是判断企业财务状况好坏的主要标准之一。

二、偿债能力分析的目的

企业的债权人、投资者以及管理层都很关心企业的偿债能力，不同的利益相关主体进行偿债能力分析的目的是不同的。

（一）债权人的分析目的是确认企业能否按期偿还本息

企业债权人的种类主要有商业银行、债券持有者以及供应商。负债企业的偿债能力直接影响债权人的利益。债权人把资金出借给负债企业使用，获得按期收取利息和本金的权利，如果企业破产清算，债权人拥有优先偿付权。

根据债务期限的长短不同，债权人又可以分为短期债权人和长期债权人。两种债权人都关心负债企业的盈利和获取现金的能力，除此之外，短期债权人主要关注企业的资产变现能力，关注企业能够在短期内筹集到足够的现金来偿还短期债务。长期债权人则更关注企业的总体资产规模，以评判负债企业长期的债务清偿保障。

（二）投资者的分析目的是评估偿债能力对应的企业风险

投资者是企业的所有者和决策者，追求的是所有者财富最大化或股东财富最大化。

企业通过负债筹资一定比例的资金，可以获得资本成本比较低的好处，还可以获得财务杠杆效应。在企业盈利能力一定的前提下，企业的偿债能力越强，其财务风险越低，股票市场价值就越高，股东财富也就越大。

（三）企业管理层的分析目的是为科学决策提供关于财务风险的信息

企业管理层作为企业经营的经手人，需要综合考虑企业所有各方面的信息，偿债能力就是其中一类非常重要的信息。具体来讲，企业管理层对偿债能力进行分析的目的如下。

（1）了解企业的财务状况。所谓企业的财务状况，指本企业的资产、负债状况及其变动趋势。企业偿债能力是反映企业财务状况的重要标志。

（2）揭示企业的财务风险水平。所谓财务风险，指企业不能如数偿还到期债务的可能性。如果企业的财务风险比较高，则企业的资金充裕水平将降低，筹资困难将加大，资本成本将提高，寻找可行的投资项目将更艰难。

（3）预测企业筹资前景。筹集所需的资金是企业扩大经营规模和改进经营模式的重要前提，通过评判偿债能力，可以预测企业将来筹资的方式、渠道、数量和期限结构，为开展筹资活动提供决策所需要的信息。

（4）为企业进行各种投资理财活动提供重要参考。企业的投资理财活动主要包括营运资金管理、投资管理以及利润分配管理等重要方面，偿债能力管理与财务风险水平控制则是这些活动顺利开展的重要前提条件。

三、偿债能力分析的内容

企业的负债按偿还期的长短，可以分为流动负债和长期负债两大类。偿还期限不同的负债，其偿债能力的分析方法也是不同的。其中，反映企业偿付流动负债能力的称为短期偿债能力，反映企业偿付长期负债能力的称为长期偿债能力。

相应的，偿债能力分析主要包括以下两方面内容。

（一）短期偿债能力分析

短期偿债能力分析主要关注影响企业能否在短期内获得足够的现金用于偿还近期到期债务的信息，如资产变现能力、近期经营获取现金的能力以及短期再融资的能力。

（二）长期偿债能力分析

长期偿债能力分析主要关注影响企业能否在长期内获得足够的现金用于偿还全部债务的信息，如总资产规模、未来经营获取现金的能力以及长期再融资的能力。

四、偿债能力分析的方法

企业偿债能力分析可以从两方面进行，一是根据资产负债表进行静态分析，二是结合资产负债表、利润表和现金流量表进行动态分析。具体方法如下。

（一）资产的变现能力分析

偿还债务的方式主要是以货币资金偿还，除此之外，还可以用非现金资产偿还，也可以提供劳务抵偿债务。用非现金资产和提供劳务抵偿债务受到很多主客观因素的限制，因而它们不是偿还债务的常见方式。在这里我们主要考虑企业获得货币资金偿还债务的能力。

在企业全部资产中，非现金资产常常不具备现实的直接偿付能力。因此，分析偿债能力的一个关键问题是资产变现能力，即企业各项资产转化为现金的能力，也就是企业一定时期内可能的现金流入水平。在一定期间，企业拥有多少现金及资产变现能力是企业偿还债务的承受能力或保证程度。将一项资产转化为现金流入，通常又要经过销售业务来实现，在销售之前，还要经过加工制作过程。因而，分析偿债能力，还需要结合企业销售和利润的实现以及生产经营过程进行综合分析。

（二）比率分析

企业偿债能力的强弱除了取决于企业资产的变现性外，还取决于企业负债的规模、负债的结构以及负债与资产的配比关系。因此，分析企业偿债能力，还必须通过各种比率进行具体剖析。

第二节　企业短期偿债能力分析

一、影响短期偿债能力的因素

短期偿债能力一般也称为支付能力，主要是指通过流动资产的变现来偿还到期的短期债务的能力。短期偿债能力的影响因素很多，其中，短期偿债能力分析主要以流动资产与流动负债的关系为基础，因为流动资产在短期内可以产生货币资金用于偿还流动负债，另外，企业经营获利和临时再融资也可以用于偿债。因此，短期偿债能力分析主要强调一定时期的流动资产变现能力的分析，同时兼顾对企业获利能力和再融资能力的分析。

影响短期偿债能力的因素，总的来说可以分为企业内部因素和企业外部因素。企业内部因素是指企业自身的资产结构、流动负债结构、融资能力、经营现金流量水平等。企业外部因素是指与企业所处经济环境相关的因素，如宏观经济形势、证券市场发育水平、银行的信贷政策等。

（一）企业内部因素

1. 企业资产结构

资产的不同组成部分，变现能力是不同的，如流动资产比非流动资产具有更强的变现能力，流动资产中的应收账款又比存货具有更强的变现能力。因此，变现能力强的资产项目在总资产中的占比对偿债能力分析具有重要的参考价值。

2. 流动负债结构

流动负债中，短期借款、应缴款项等需要用现金来偿还，而预收货款主要是用货物或劳务来偿还，对现金的需求比较小。另外，流动负债的到期日如果比较集中的话，则企业短时间内将承担更沉重的偿债压力。

3. 企业的融资能力

企业不仅可以用现有资产获取现金偿还债务，还可以“借新债还旧债”等方式通过再融资来还债。因此，企业拥有比较强的融资能力能提高偿债能力。

4. 企业经营获取现金的能力

对于正常运营的企业，经营活动是持续获取现金流的主要方式。但是，企业获得经营利润和获取现金流并不能等同对待，因为企业有可能持有大量的账面利润而在短期内不能将利润变成现金流，因而可能导致“黑字破产”。

（二）企业外部因素

1. 宏观经济形势

当宏观经济稳定增长时，居民收入水平持续增长，市场的有效需求会持续稳定增长。这时候，企业的产品销量将会持续增长，资金周转将加快，也将更容易获得足够的现金偿还债务。相反，当宏观经济下行进入停滞阶段时，企业产品销售将受阻，大量资金将被积压在非现金资产上，资金周转变得困难，获取足够现金偿债的难度也将加大。

2. 证券市场发育水平

证券市场越发达，企业使用所持有的有价证券换取现金就越便利，证券转换的成本也将比较低，从而可以拥有比较高的偿债能力。比较发达的证券市场上，投资者拥有更多的企业信息，企业将更容易建立起良好的声誉，从而对自身偿债信誉会产生正面的影响。

3. 经济调控政策

在政府一定时期的经济调控政策下，某些行业的企业将得到政府的资助和扶持，银行的信贷政策也可能更宽松，从而企业可以更容易地获得信贷资金，从而提高偿债能力。

二、短期偿债能力的静态分析

短期偿债能力静态分析的主要依据是资产负债表，主要分析指标有营运资本、流动比率、速动比率以及现金比率等。

（一）营运资金

1. 定义

营运资金是指企业可长期自由支配使用的流动资金，也就是企业在某一时点所拥有的流动资产与流动负债的差额，它是反映企业短期偿债能力的绝对数指标。

2. 计算方法

营运资金的计算公式为：

$$营运资金=流动资产-流动负债$$

3. 评价方法

当营运资金为正值时，表明企业拥有足够的流动资产通过变现来偿还全部流动负债；营运资金水平越高，则偿还流动负债的保障程度越高；当营运资金为零或负值时，表明企业的流动资产已无力偿还全部短期负债，企业资金将无法周转。

但是，并不是说营运资金越多越好。因为，营运资金的盈利性很低，营运资金过多，说明企业会出现比较多的资金闲置，丧失本来可以通过投资获取的收益。因此，营运资金应保持适当的数额。营运资本代表的是绝对数，不利于企业之间的比较。

在财务分析中，通常需要将营运资金与某个基准值进行比较。这个基准值可以选用本企业以前年度的数值，也可以选用预算数或行业平均水平。

4. 评价时需要注意的问题

(1) 企业规模。由于营运资金的水平与企业业务规模有很高的相关性，所以，在比较分析时需要考虑规模的因素。

(2) 企业所处的行业。一般来说，不同的行业，其营运资金的水平具有不同的特征。比如，零售企业的营运资金就比较多；信誉好的餐饮企业营运资金就很少，有时甚至是一个负数，因为其稳定的收入可以偿还同样稳定的流动负债；制造业一般有正的营运资金，但不同企业的数额差别很大。

(二) 流动比率

1. 定义

流动比率是指某一时间点的流动资产与流动负债的比率，表示每 1 元的流动负债有多少流动资产作为偿还保证。

2. 计算方法

流动比率的计算公式如下：

$$流动比率=\frac{流动资产}{流动负债}$$

3. 评价方法

流动比率是衡量企业短期偿债能力最常用的比率。它表明企业的短期债务可由预期在该项债务到期前变为现金的资产来偿付的能力。一般情况下，流动比率越高，短期偿债能力越强。流动比率过高也可能是由存货过多引起的。因此，流动比率应当保持在一个合适的水平上。

对于制造业企业，流动比率的经验标准值为 2。流动资产通常应该是流动负债的两倍，主要原因是流动资产中永久性流动资产的存在。在正常经营的企业中，流动资产中有一定比例资产是长期存在、不会变现的，因而具有实质上的长期资产特性，即资金占用的长期性，因而应该由长期资金予以支撑；另外，流动资产如果全部由流动负债支撑，亦即流动比率为 1，那么，偿债不利因素一旦发生，公司资金周转将会面临十分严重的困难。

4. 评价时需要注意的问题

(1) 要注意分析企业的现金流趋势。流动比率所反映的是企业某一时点上可以动用的流动资产存量与流动负债的比率关系，这种静止状态的资产与未来的资金流量并没有必然联系，而企业在未来用来偿还债务的，是现有的或在将来获得的现金。

（2）要注意对企业的流动负债结构进行分析。不同负债项目的到期日是不同的，到期日越近的项目，偿还迫切性就越高。另外，流动比率也没有考虑不同负债项目在法律上的清偿顺序。例如，公司在遇到清算时，其需要清偿的债务中优先受偿的次序是不同的，如清算费用、抵押债权人、税金、职工工资等项目需要优先清偿，其他项目的受偿次序则排在它们后边。

（3）要注意对企业流动资产结构进行分析。流动资产各组成项目的变现能力是各不相同的。流动资产中应收账款、预付账款和存货等项目，相对来说流动性并不强，偿债保障性不强，而且，存货在流动资产中占有的比重还比较大。企业的流动比率高，也可能是由存货积压、应收账款或预付账款增多造成的，而现金和银行存款等变现能力较强的资产可能并不充足。

（4）要注意观察一个较长时期内（如5年或10年）企业流动比率值的趋势情况。某一时点的流动比率比较高，可能是由于某些偶然事件造成的，比如，刚发行了股票，临时获得大量货币资金。这时候，需要考察5年或更长时期里流动比率的变化趋势，才可能对企业的偿债能力做出正确评价。

（5）要注意分析流动资产的真实价值。比如，存货的不同计价方法可能导致存货账面价值的不同，信用政策的差异也会使得应收账款的可比性存在疑问，这些因素将使流动比率带有主观色彩。

（6）对偿债能力的判断必须结合所在行业的平均标准。比如，商业流通领域流动性较高，机器制造业及电力事业单位等流动性较差。我国近年来部分行业的流动比率参考值：汽车业为1.1；房地产业为1.2；制药业为1.25；建材行业为1.25；化工行业为1.2；家电业为1.5；计算机行业为2；电子行业为1.45；商业为1.65；机械行业为1.8。

（7）注意分析企业或有负债的大小。不仅企业的某些定期需要支付的负担并没有全部反映在资产负债表上，如职工的工资，未决诉讼赔款等或有负债的存在也将加大企业实际需要偿还的债务。因此，仅以资产负债表上的流动资产与流动负债的比较来判断企业的偿债能力是不全面的。

（8）要注意分析企业可能存在的报表粉饰行为。企业管理层为了达到某种目的，往往使用一些简单的办法便可以使该指标表现出所希望的状态。比如，当流动比率大于1但小于2时，企业管理层为了让流动比率提高，可以采取在期末提前偿还一部分流动负债的措施。例如，原来流动资产为150万元，流动负债为100万元，原流动比率为1.5，如果企业管理层在期末临时偿还50万元的流动负债，则流动资产变为100万元，流动负债变为50万，流动比率就提高为2。

（9）要注意分析企业的临时筹资能力。如果企业流动比率不足，但是拥有良好的临时筹资能力，如存在银行信贷协议等，那么也可以提高企业偿债的保障性。

（三）速动比率

1. 定义

速动比率又称酸性试验比率，有时还称账户比率，是企业速动资产与流动负债的比率。速动比率用以衡量企业流动资产中可以即刻用于偿付流动负债的能力，是流动比率的重要辅助指标。

2. 计算方法

速动比率的计算公式如下：

$$速动比率=\frac{速动资产}{流动负债}$$

所谓速动资产，又称账户资产，是指将那些“放久了容易变酸的项目（指存货和预付费用)”予以剔除后剩下的流动资产。存货、预付账款、待摊费用不计入速动资产，因为这些项目的变现性极差，如存货的清仓处理价格与正常价格、预付费用（如汽车保险)，只能减少企业未来时期的现金支出，其变现性实际是很低的。

其中，速动资产可以采用间接法计算，公式为“速动资产＝流动资产－存货－预付账款－待摊费用”；也可以采用直接法计算，公式为“速动资产＝货币资金＋交易性金融资产＋应收票据＋应收账款＋应收股利＋应收利息＋其他应收款”。

3. 评价方法

因为存货占流动资产的比率一般为50％，因此，速动比率以1∶1为宜。在流动比率之外再以速动比率来说明公司的短期偿债能力，是因为流动资产中的存货等项目可能存在流动性问题，即缺乏正常的变现能力。若是如此，则流动比率即便看起来很正常（即在2∶1左右)，速动比率偏低，那么，公司的实际短期偿债能力依然存在问题。速动比率的经验值为1∶1，意味着存货占流动资产的适当比例应该为50％左右。存货比例过高且变现有困难时，就意味着可用于偿还流动负债的速动资产过少。

4. 评价时需要注意的问题

速动比率考虑到了流动资产的结构，因而弥补了流动比率的某些不足，但是在应用该指标进行分析时，仍然需要注意以下问题。

(1) 速动比率是假设企业面临财务危机或者办理清算时，在存货等资产全无市场价值的情况下，以速动资产支付流动负债的短期偿债能力，是在衡量企业应付紧急情况下的应变能力，不要以为速动比率低，企业就失去了偿债能力。

(2) 进行速动比率分析时，还应该对速动资产的结构与速动资产的变动趋势进行必要的分析，注意与本企业历史年份的资料进行比较以及与同行业的平均水平进行比较，将数期的速动比率，特别是将流动比率与速动比率放在一起，则更能全面分析企业短期偿债能力。

(3) 速动比率与流动比率一样没有考虑法律意义上的清偿债务的顺序。

(4) 流动比率同样不应有绝对的考核标准，将速动比率的标准定为1并无充分的证据，企业应根据现金流量等情况做出具体的分析。

（5）速动比率以速动资产为偿债财力，但速动资产不等于企业现时的支付能力。比如，应收账款本身也可能存在一些潜在的问题，如可能隐藏着未冲销的坏账、逾期待催收的账款所占比重过大等，这些都会影响速动比率的真实性。因此，还应当对应收账款的“质量”做进一步分析。

（6）速动比率与流动比率一样极易被粉饰而又不受法规、制度所制约。比如，以现金偿还流动负债；结账日赶工，以解除预收账款的负债；结账日前大力促销（含降价促销或放宽付款条件），使存货变现或形成应收账款；流动负债转化成融资形式；抛售短期投资；供应商同时也是本公司的客户时，以应收账款与应付账款互相抵消；结账日前现金增资；将非流动资产变现（如出售厂房、土地等）。

（四）现金比率

1. 定义

现金比率指的是企业货币资金与流动负债的比率。这是最保守的短期偿债能力比率。现金比率更能准确反映企业的直接偿债能力，特别是在企业把应收账款和存货抵押出去或已有迹象表明应收账款和存货的变现能力存在问题的情况下，计算现金比率更为有效。

2. 计算方法

现金比率的计算公式如下：

$$现金比率=\frac{货币资金}{流动负债}$$

3. 评价方法

企业的现金比率一般以20%为宜。一方面，如果现金比率低于该标准，则短期偿债能力偏低；另一方面，如果企业现金比率过高，则资产的流动性偏高，盈利性将比较低。

4. 评价时应注意的问题

（1）现金资产对流动负债的比率越高，企业面临的短期偿债压力越小。但是，资产流动性与其盈利能力成反比，流动性越强，盈利能力越差。

（2）在分析企业短期变现能力时，该比率重要性不大，因为不可能要求企业用现金和现金等价物来偿付全部流动负债，企业也没有必要。

（3）在通常情况下，分析者很少重视这一指标。因为，如果企业的流动性不得不依赖现金和有价证券，而不是依赖应收账款和存货的变现，那么，就意味着企业已处于财务困境，所以，该比率只有在企业业已处于财务困境时，才是一个适当的比率。或者，在企业已将应收账款和存货作为抵押品的情况下，或者分析者怀疑企业的应收账款和存货存在流动性问题时，以该指标评价企业短期偿债能力是比较适当的选择。就正常情况下的企业而言，该比率过高，可能意味着该企业没有充分利用现金资源，当然，也有可能是因为已经有了现金使用计划（如厂房扩建等）。

（五）流动比率、速动比率和现金比率的相互关系

流动比率、速动比率和现金比率，是反映企业短期偿债能力的主要指标，其分母相同，分子的口径与范围不同。三者具体区别如下。

（1）以全部流动资产作为偿付流动负债的基础，所计算的指标是流动比率。它包括了变现能力较差的存货和基本不能变现的预付费用。如果存货中有超储积压物资，会造成企业短期偿债能力较强的假象。

（2）速动比率以扣除变现能力较差的存货和预付费用作为偿付流动负债的基础，它弥补了流动比率的不足。

（3）现金比率以现金类资产作为偿付流动负债的基础，但现金持有量过大会对企业资产利用效果产生副作用，所以该比率不宜过大，因此这一指标相对流动比率和速动比率来说作用程度较小。

（六）短期偿债能力具体分析时应注意的问题

（1）流动比率等指标的高低，并不一定反映企业能否偿付到期债务，因为能否偿付还受企业对债务的监控能力以及筹资能力的影响。

（2）指标为时点数，要和时期数结合起来，评价才得当。

（3）指标来源于报表，指标的真实性直接影响评价质量。

（4）应结合企业不同时期的生产经营性质与特点以及流动资产的结构状况进行分析。

（5）注意人为调整因素。

（6）营运资金、流动比率、速动比率和现金比率是从流动资产与流动负债对比关系上评价企业短期偿债能力的 4 个主要指标。分析时，不能孤立地看某个指标，应该综合考察，这样才能全面和客观地判断企业短期偿债能力的大小。

【例 7－1】FL 公司 2012 年度短期偿债能力的静态分析。

根据 FL 公司的 2012 年度报告，编制用于分析短期偿债能力的简化资产负债表，如表 7－1 所示。

表 7－1　　FL 公司 2012 年度简化资产负债表（1）　　单位：万元

项目		年末金额	年初金额
流动资产	货币资金	98545.09	69069.18
	交易性金融资产	401.28	409.74
	应收票据	17590.70	12041.71
	应收账款	33400.69	30022.39
	预付账款	1238.34	4103.29
	应收股利	0	0

续 表

项目		年末金额	年初金额
流动资产	应收利息	53.05	50.63
	其他应收款	5619.64	1885.13
	存货	43454.14	49361.34
	消耗性生物资产	0	0
	待摊费用	0	0
	一年内到期的非流动资产	0	0
	其他流动资产	293.52	0
	影响流动资产其他科目	0	0
流动资产合计		200596.40	166943.40
资产总计		344827.40	315555.40
流动负债合计		42544.88	29386.28

FL 公司 2012 年末短期偿债能力的静态评价指标计算如下：

营运资本＝流动资产－流动负债＝200596.40－42544.88＝158051.52（万元）

$$流动比率=\frac{流动资产}{流动负债}=\frac{200596.40}{42544.88}=4.71$$

速动资产＝货币资金＋交易性金融资产＋应收票据＋应收账款＋应收股利＋应收利息＋其他应收款

＝98545.09＋401.28＋17590.70＋33400.69＋0＋53.05＋5619.64

＝155610.45（万元）

$$速动比率=\frac{速动资产}{流动负债}=\frac{155610.45}{42544.88}=3.66$$

$$现金比率=\frac{货币资金}{流动负债}=\frac{98545.09}{42544.88}=2.32$$

通过上述计算，FL 公司的营运资金达到 15.81 亿元，流动比率为 4.71，速动比率为 3.66，现金比率为 2.32，这些指标都远远超出一般基准值，可以判断，从静态来看，该公司 2012 年度的短期偿债能力非常强。

为了进一步判断 FL 公司这些指标取值的稳定性，可以选取 3 年或 5 年的数据进行多期对比分析。比如，选择 5 年数据进行比较，曲线图如图 7－1 所示。

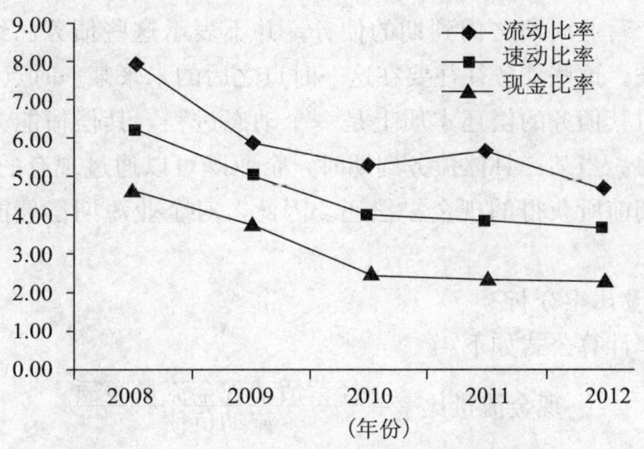

图 7-1 FL 公司短期偿债能力的稳定性分析

根据图 7-1，可以发现，2008—2012 年，FL 公司流动比率、速动比率和现金比率呈现出逐年下降的趋势，其中 2009 年与 2010 年，下降幅度都比较大，2011 年与 2012 年则下降得比较缓慢，呈现基本趋于平稳的状态。这说明 FL 公司通过调整策略，在保证短期偿债能力的同时减少了流动资产的持有水平，这有利于提高资产的盈利能力。

为了评价 FL 公司指标在同行业企业中的水平，还可以与行业代表性企业进行对比。相关的比较如图 7-2 和图 7-3 所示。

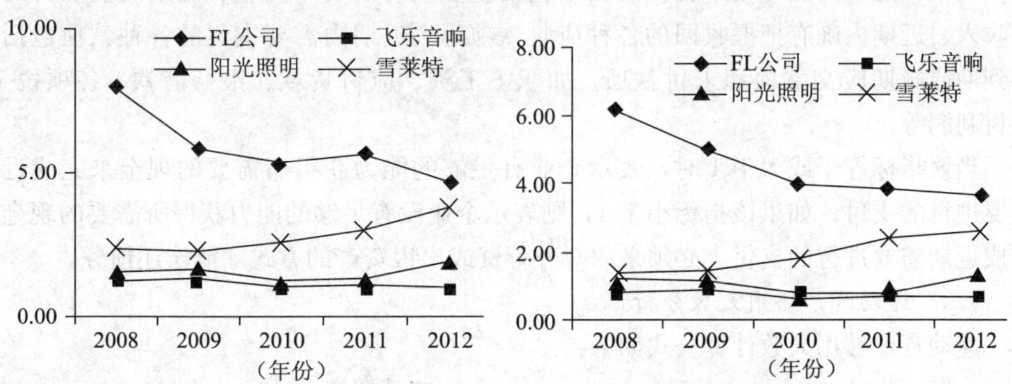

图 7-2 同行业公司的流动比率比较　　**图 7-3 同行业公司的速动比率比较**

通过与同行业代表性企业相比较，可以发现，FL 公司的流动比率和速动比率明显高出同行业的代表性企业，所以，很有可能过高了，资产的盈利能力可能低于实际应有的水平。

三、短期偿债能力的动态分析

上述短期偿债能力的静态评价指标中，流动负债指的是企业某一时点上存在的将在一年之内或一个营业周期之内到期的债务，并不表示这些债务已经到期，并且需要在这一时点上偿还。这些债务往往要在这一时点之后的未来某一时点进行偿还。

因此，企业对其债务的偿还本质上是一个动态过程，其偿债能力也应该是在未来某一时点上的能力。当某一具体债务到期时，企业既可以通过现有的资产变现去偿还，也可以用债务到期前所获得的现金去偿还。因此，对企业短期偿债能力的分析应该从动态方面进行。

（一）现金流量比率分析

现金流量比率计算公式如下：

$$现金流量比率=\frac{经营活动现金流量净额}{流动负债}$$

经营活动现金流量净额的大小反映出企业某一会计期间生产经营活动产生现金的能力，它是偿还企业到期债务的基本资金来源。当该指标等于或大于1时，表示企业有足够的能力以生产经营活动产生的现金来偿还其短期债务，如果该指标小于1，则表示企业生产经营活动产生的现金不足以偿还到期债务，必须采取对外筹资或出售资产的方式才能偿还债务。

（二）近期支付能力系数分析

近期支付能力系数计算公式如下：

$$近期支付能力系数=\frac{近期能够用来支付的现金}{近期内需要支付的各种款项}$$

其中，近期内能够用来支付的资金包括企业现有的货币资金、近期内能取得的销售收入、近期内确有把握收回的各种应收款项等。近期内需要支付的各种款项包括各种到期或逾期应交款项和未付款项，如职工工资、应付货款、银行借款、各项税金、应付利润等。

当该指标等于或大于1时，表示企业有足够的能力获得所需要的现金来完成近期需要进行的支付；如果该指标小于1，则表示企业没有足够的能力获得所需要的现金来完成近期需要进行的支付，必须采取对外筹资或出售资产的方式才能偿还债务。

（三）速动资产够用天数分析

速动资产够用天数计算公式如下：

$$速动资产够用天数=\frac{速动资产}{预计每天营业所需的现金支出}$$

本指标的计算过程需要预测每天的营业所需现金支出的数额。企业每期除了要承担偿还债务的财务压力之外，还必须承担补充经营活动所需现金的压力。如果企业的速动资产数量足以偿还流动负债，但是不足以继续满足企业经营活动所需资金的需要，则企业将难以维持经营下去。一般来说，该指标取值越大，表明企业的速动资产足够多，能够保证未来经营活动的现金需要。

（四）现金到期债务比率的计算与分析

现金到期债务比率计算公式如下：

$$现金到期债务比率=\frac{经营活动现金流量净额}{本期到期的债务}$$

其中，本期到期的债务既包括本期到期的流动负债，也包括本期需要支付的长期负债的利息。本期到期的债务是企业本期真正的财务负担水平，只考虑流动负债是不全面的。

（五）反映企业短期偿债能力的辅助指标分析

1. 应收账款周转率和应付账款周转率的比较分析

应收账款周转率和应付账款周转率是反映企业营运能力的两个指标，具体的计算公式如下：

$$应收账款周转率=\frac{赊销收入净额}{平均应收账款}$$

$$应付账款周转率=\frac{赊购存货}{平均应付账款}$$

关于上述两个指标对企业营运能力评价的作用，本书将在第八章详细展开讲述。在这里，只考虑这两个指标对短期偿债能力评价的影响。

流动比率实际上是企业流动资产和流动负债周转速度的函数。流动资产周转速度越快，企业流动资产规模越小，流动比率越低。流动负债的周转速度越慢，企业的流动负债规模越大，流动比率越低。在流动资产中，应收账款占有相当的比例，在流动负债中，应付账款也占相当的比例，所以将二者联系起来进行比较分析是很有意义的。

企业购入材料等物资的目的，在于通过企业的加工制成产品，然后通过销售收回现金，并实现价值的增值。从这个意义上讲，由赊购商品所产生的应付账款应用赊销商品回收的现金来偿付，在资金周转上，二者与资金周转期有关系，而且必须相互配合。应收账款与应付账款这种相互关系会对企业的短期偿债能力产生如下影响。

（1）应收账款与应付账款的周转期相同，在这种情况下，通过赊销商品所回收的现金恰好能满足偿付因赊购业务而产生的债务，不需动用其他流动资产来偿还，企业的短期偿债能力指标不会因应收账款和应付账款的存在而改变。

（2）应收账款的周转速度快于应付账款的周转速度。此时，流动比率反映的企业静态短期偿债能力可能相对差一些，但是由于流动资产中的应收账款周转速度快，流动负债中的应付账款周转速度慢，从动态上看，企业的实际偿债能力是较强的。

（3）应收账款的周转速度低于应付账款的周转速度。此时，流动比率可能较高，以流动比率反映的企业静态短期偿债能力比较强，如果从动态上看，企业的实际短期偿债能力是要低于以流动比率表示的企业短期偿债能力水平的。这是因为，每当企业将其赊销商品所产生的应收账款转化为现金一次，就要多一次地支付现金去偿付因赊购业务产生的应付账款，这样，只有在动用其他流动资产的情况下，才能按期偿付其因赊购而形成的债务。

2. 存货周转率分析

存货周转率也是反映企业营运能力的主要指标，其计算公式如下：

$$存货周转率=\frac{营业成本}{平均存货}$$

关于存货周转率对企业营运能力评价的作用，本书将在第八章详细展开讲述。在这里，只考虑这个指标对短期偿债能力评价的影响。

存货周转速度对存货规模有较大影响，在其他条件不变时，存货周转速度越快，存货规模越小；反之，存货周转速度越慢，存货规模越大。在流动比率一定的情况下，如果企业预期存货周转速度将加快，则企业的短期偿债能力将会因此而提高；相反，如果预期存货周转速度将下降，则企业的短期偿债能力将会出现下降趋势。

四、影响短期偿债能力的其他因素

进行企业短期偿债能力分析时，不能孤立地根据某一指标分析就下结论，而应根据分析的目的和要求并结合企业的实际情况，将各项指标结合起来综合考虑，这样才有利于得出正确的结论。除了报表披露的信息外，还有一些会计报表资料中没有反映出来的因素也会影响企业的短期偿债能力，甚至影响力更大。

（一）应收账款的变现速度

一般来说，应收账款周转速度快，表明企业回款迅速，收账费用和坏账损失少，同时也表明企业的流动资金流动性高、偿付能力强。如果应收账款占流动资产的比重很大，即使流动比率和速动比率指标都很高，但其短期偿债能力仍值得怀疑，还要进一步分析原因。

（二）存货的变现速度

就一般企业而言，存货在流动资产中占有相当比重。尽管存货不能直接用于偿还流动负债，但是如果企业的存货变现速度较快，则意味着资产的流动性良好，会有较大的现金流入量在未来注入企业。企业投资于存货的目的，在于通过存货销售过程而获得利润。一般的制造企业为了配合销售的需要，都要维持相当数量的存货。存货对企业经营活动的变化非常敏感，这就要求企业将存货控制在一定水平上，使其与经营活动基本上保持一致。因此，分析企业短期偿债能力时，必须考虑存货变现速度。

（三）可动用的银行贷款指标

所谓可动用的银行贷款指标，是指银行已同意、企业尚未办理贷款手续的银行贷款限额。由于这个贷款限额的存在，可以随时增加企业的现金，提高支付能力。

（四）准备很快变现的长期资产

由于某种原因，企业可能将一些长期资产出售转变为现金，这将增加企业资产的流动性。企业出售长期资产，应根据近期和长期利益的辩证关系，正确决定出售长期资产问题。在分析该因素时，应结合具体情况具体分析以正确评价企业偿债能力。

（五）偿债能力的声誉

具有良好偿债能力声誉的企业，在短期偿债方面出现困难时，通常有能力筹得资金，提高偿债能力，这个增强变现能力的因素，取决于企业自身的信用声誉和当时的筹资环境。

（六）担保责任引起的负债

企业可能以它自己的一些流动资产为他人提供担保，如为他人向金融机构借款提供担保，为他人购物担保或为他人履行有关经济责任提供担保等。企业为他人提供担保的信息一般在会计报表附注中披露。这种担保有可能成为企业的负债，增加偿债负担。

第三节 企业长期偿债能力分析

一、影响长期偿债能力的因素

长期偿债能力是指企业偿还长期债务的能力，它表明企业对债务负担的承受能力和偿还债务的保障能力。企业对长期负债一般负有两种责任：一种是偿还本金的责任，另一种是支付债务利息的责任。影响企业长期偿债能力的主要因素如下。

（一）企业的盈利能力及企业长期负债筹集资金进行投资的效果

短期偿债能力与长期偿债能力分析不同，短期偿债能力分析以流动资产与流动负债的相互依存关系为基础，以现金流入量为核心；长期偿债能力不仅取决于还本付息时的现金流入量，且最终与企业的盈利能力相关。企业的盈利能力越强，长期偿债能力越强；反之，则长期偿债能力越弱。如果企业长期亏损，则必须通过变卖资产才能清偿债务，企业的正常生产经营活动就不能进行，最终要影响投资人和债权人的利益。因此，企业的盈利能力是影响企业长期偿债能力的最重要的因素。

（二）流动资产的变现能力

根据资产与权益的对应关系，企业有一部分流动资产可能是长期负债筹集的，另一部分长期资产用长期负债筹集，而长期资产的价值是逐渐转移到存货的价值中，因此长期负债应该由流动资产和存货的价值来偿还。

（三）权益资金所占的比重、增长和稳定程度

对债权人来说，将利润的大部分留在企业，会使权益资金增加，减少利润外流，这对投资人并没有什么实质的影响，却会增加偿还债务的可靠性，使企业长期偿债能力提高。

（四）权益资金的实际价值

这是影响企业最终偿债能力的最重要因素。当企业结束经营时，最终的偿债能力取决于企业权益资金的实际价值。

（五）企业经营现金流量

企业的债务主要用现金来清偿，虽然说企业的盈利是偿还债务的根本保证，但是盈利毕竟不等同于现金。企业只有具备较强的变现能力，有充裕的现金，才能保证具

有真正的偿债能力。因此，企业的现金流量状况决定了偿债能力的保证程度。

从资产、盈利能力、现金流量的内容、特点和作用可以看出，这些因素是从不同角度反映企业偿债能力的。资产是清偿债务的最终物质保障，盈利能力是清偿债务的经营收益保障，现金流量是清偿债务的支付保证。只有把这些因素加以综合分析，才能真正揭示企业的偿债能力。所以，长期偿债能力分析应从以下 3 个方面进行：一是资产规模的影响；二是盈利能力的影响；三是现金流量的影响。

二、资产规模对长期偿债能力影响的指标

（一）资产负债率

1. 定义

资产负债率是指企业负债总额与总资产的比值，反映出在企业总资产中有多少是通过举债取得的，它是综合反映企业偿债能力的重要指标。

2. 计算方法

资产负债率的计算公式是：

$$资产负债率=\frac{负债总额}{总资产}\times 100\%$$

从形式上看，资产负债率反映了企业的全部资产中有多少资产是通过举债方式取得的，但从本质上看，它反映了企业有多少资产可以用于清偿全部债务，因为在破产清算时，企业必须将全部资产首先用于清偿全部债务，清偿完毕后如果还有剩余资产，才能向股权投资者分配。

为什么公式中不用长期负债/长期资产？原因有二：①无论是短期负债还是长期负债，都应当由全部资产作为偿还的最终保障，全部资产的变现价值在偿还流动负债后再用于偿还长期负债；②在企业持续经营过程中，长期负债一般都是转化为短期负债才能偿还，同样，长期资产也是先转化为流动资产才能偿还。

3. 评价方法

企业资产负债率多少为佳，并没有一个公认的标准。在分析和评价时，通常要结合企业的盈利能力、银行利率、通货膨胀率、国民经济的景气程度、企业之间竞争的激烈程度等多种因素，还可以与同行业的平均水平、本企业的前期水平及其预算水平来进行。一般来讲，企业的盈利能力较强或者企业资金的周转速度较快，企业可承受的资产负债率也相对较高；银行利率提高通常迫使企业降低资产负债率，银行利率降低又会刺激企业提高资产负债率；通货膨胀较高时期或者国民经济景气时期，企业也会倾向于维持较高的资产负债率；同行业之间竞争激烈则企业倾向于降低资产负债率，反之，则情况相反。因此，在不同的国家、不同的宏观经济环境下，资产负债率的合理水平或适度水平也是有较大差别的。

经验表明，资产负债率的适当范围在 30%～70%。这一比率太高，意味着负债风险过大，从而面临着太大的偿债压力；比率太低，则负债风险固然很小，但负债的财

务杠杆效应利用太少，不利于实现公司价值和股东财富最大化。

4. 评价时需要注意的问题

具体来讲，各利益主体因不同的利益驱动会从不同的角度评价资产负债率。

（1）对企业债权人而言，他们最关心的就是所提供的信贷资金的安全性，期望能于约定时间收回本息。这必然决定了债权人总是要求资产负债率越低越好，希望企业的每一元债务都有更多的资产做后盾。如果企业的股权资本较少，表明投资者投入的份额不足，经营过程中创造和留存收益的部分较少，债权人就会感到其债权风险较大，因此做出提前收回贷款、转移债权或不再提供信贷的决策。

（2）对企业所有者来说，资产负债率高，有以下好处：一是当总资产报酬率高于负债利率时，由于财务杠杆的作用，可以提高股东的实际报酬率；二是可用较少的资本取得企业的控制权，且将企业的一部分风险转嫁给债权人，对企业来说还可以获得资金成本低的好处。同时债务也会给投资者带来风险，因为债务的成本是固定的。如果企业经营不善或遭受意外打击而出现经营风险，由于收益大幅度滑坡，借款利息还需照常支付，损失必然由所有者负担，由此增加了投资风险。对此，投资者往往用预期资产报酬率与借款利率进行比较判断，若前者大于后者，则表明投资者投入企业的资本将获得双重利益，即在获得正常利润的同时，还能获得资产报酬率高于借款利率的差额，这时，资产负债率越大越好；若前者小于后者，则表明借入资本利息的一部分要用所有者投入资本而获得的利润数额来弥补，此时，投资者希望资产负债率越低越好。

（3）从企业经营者角度来看，资产负债率的高低在很大程度上取决于经营者对企业前景的信心和对风险所持的态度。如果企业经营者对企业前景充满信心，且经营风格较为激进，认为企业未来的总资产报酬率将高于借款利率，则应保持适当高的负债比率，这样企业可有足够的资金来扩展业务，把握更多的投资机会，以获取更多的利润；反之，经营者认为企业前景不容乐观，或者经营风格较为保守，那么必然倾向于尽量使用自有资本，避免因负债过多而冒较大的风险，此时则应当保持适当低的负债比率。尽管如此，即便较为激进的经营者，也不能使负债比率过高，应将其控制在适度水平上。债务成本可税前扣除，具有财务杠杆收益功能，任何企业均不可避免地要利用债务，但负债超出某个程度，则不能为债权人所接受，企业的后续贷款将难以为继。随着负债的增加，企业的财务风险不断加大，进而危及股权资本的安全和收益的稳定，也会动摇投资者对经营者的信任，投资者会审时度势，作出最优决策。

（4）经验表明，资产负债率存在显著的行业差异，因此，分析该比率时应注重与行业平均数的比较。此外，该比率会受到资产计价特征的严重影响，若被比较的某一企业有大量的隐蔽性资产（如大量的按历史成本计价的早年获得的土地等），而另一企业没有类似的资产，则简单的比较就可能得出错误的结论。最佳资产负债比率的确定要结合企业的具体实际情况。

（二）股东权益比率

1. 定义

股东权益比率是所有者权益同资产总额的比率，它反映企业全部资产中有多少是投资人投资所形成的。

2. 计算方法

股东权益比率的计算公式是：

$$股东权益比率=\frac{股东权益}{总资产}\times 100\%$$

股东权益比率与资产负债率的关系是：

$$股东权益比率=1-资产负债率$$

3. 评价方法

股东权益比率是表示长期偿债能力保证程度的重要指标，该指标越高，说明企业资产中由投资人投资所形成的资产越多，偿还债务的保证越大。从股东权益比率与资产负债率的关系来看，该指标越大，资产负债率越小，债权人对这一比率是非常感兴趣的。当债权人将其资金借给股东权益比率较高的企业时，由于有较多的企业自有资产做偿债保证，债权人全额收回债权就不会有问题，即使企业清算时资产不能按账面价值收回，债权人也不会有太大损失。

实务中，可将该指标以倒数的形式列示，称为权益乘数。其计算公式是：

$$权益乘数=\frac{总资产}{股东权益}$$

该指标表示企业的股东权益支撑着多大规模的投资。该指标越大，说明企业对负债经营利用得越充足，财务风险也就越大。

（三）产权比率

1. 定义

产权比率，又称为净资产负债率，是指负债与股东权益的比率，还可以称为负债股东权益比率。

2. 计算方法

产权比率的计算公式是：

$$产权比率=\frac{负债总额}{股东权益}\times 100\%$$

如果说资产负债率是反映企业债务负担的指标，股东权益比率是反映偿债保证程度的指标，产权比率就是反映债务负担与偿债保证程度相对关系的指标。它和资产负债率、股东权益比率具有相同的经济意义，但该指标更直观地表示出负债受到股东权益的保护程度。

3. 评价方法

与资产负债率的用法很相似，企业的产权比率越高，表明企业的长期偿债能力越弱。考虑到产权比率同时也影响财务风险，所以，产权比率也不应该过高。在实际分析中，可以参照历史产权比率或行业平均值来作为比较基准进行判断。

4. 评价时需要注意的问题

(1) 产权比率与资产负债率的配合使用。产权比率与资产负债率都是用于衡量长期偿债能力的指标，具有共同的经济意义，两者可以互相补充。因此，对产权比率的分析可以参考对资产负债率的分析。对资产负债率分析时应当注意的问题，在产权比率分析中也应引起注意。

(2) 产权比率与资产负债率是有区别的。产权比率侧重于揭示债务资本与权益资本的相互关系，说明企业财务结构的风险性，以及所有者权益对偿债风险的承受能力；资产负债率侧重于揭示总资本中有多少是靠负债取得的，说明债权人权益的保障程度。

(3) 所有者权益中的某些项目具有不确定性。所有者权益就是企业的净资产，产权比率所反映的偿债能力是以净资产为物质保障的。净资产中的某些项目，如无形资产等，其价值具有极大的不确定性，且不易形成支付能力。因此，在使用产权比率时，必须结合有形净值债务率指标做进一步分析。

(四) 有形净值债务率

1. 定义

有形净值债务率是产权比率的改进形式，是企业负债总额与有形净资产的比率。有形净资产是指将无形资产、长期待摊费用从所有者权益中扣除后的净资产。

2. 计算方法

有形净值债务率的计算公式为：

$$\text{有形净值债务比率}=\frac{\text{负债总额}}{\text{股东权益}-\text{无形资产}}\times 100\%$$

3. 评价方法

有形净值债务比率实际上是产权比率的延伸，是更谨慎、保守的反映债权人利益的保障程度的指标。将无形资产从股东权益中扣除，是因为从保守的观点看，在企业处于破产状态时，无形资产往往会发生严重贬值，不会像有形资产那样为债权人提供保障。长期待摊费用本身就是企业费用的资本化，它们往往不能用于偿债。因此，该比率可用于测量债权人在企业陷入财务危机或面临清算时的受保障程度。

(五) 长期资产适合率

长期资产适合率计算公式为：

长期资产适合率＝（股东权益＋长期负债）/（固定资产净值＋长期投资净值）

该指标反映公司长期的资金占用与长期的资金来源之间的配比关系。指标值大于1，说明公司的长期资金来源充足，短期债务风险小；指标值小于1，说明其中一部分长期资产的资金由短期负债提供，存在难以偿还短期负债的风险。

(六) 影响长期偿债能力的其他因素

除了上述各种比率指标用以评价和分析企业的长期偿债能力外，还有一些因素影响企业的长期偿债能力，在分析时必须引起足够的重视。

1. 长期租赁

当企业急需某种设备或资产而又缺乏足够的资金时，可以通过租赁的方式解决。财产租赁有两种形式：融资租赁和经营租赁。

融资租赁是由租赁公司垫付资金购买设备租给承租人使用，承租人按合同规定支付租金（包括设备买价、利息、手续费等），一般情况下，在承租方付清最后一笔租金后，其所有权归承租方所有。因此，在融资租赁形式下，租入的固定资产作为企业的固定资产入账，进行管理，相应的租赁费用作为长期负债处理。这种资本化的租赁，在分析长期偿债能力时，已经包括在债务比率指标计算之中。

当企业的经营租赁量比较大、期限比较长或具有经常性时，则构成了一种长期性筹资，这种长期性筹资虽然不包括在长期负债之内，但到期时必须支付租金，会对企业的偿债能力产生影响。因此，如果企业经常发生经营租赁业务，则应考虑租赁费用对偿债能力的影响。

2. 担保责任

担保项目所谓时间长短不易，有的涉及企业的长期负债，有的涉及企业的短期负债。在分析企业的长期偿债能力时，应根据有关资料判断担保责任带来的潜在长期负债问题。

3. 或有项目

或有项目是指在未来某个或几个事件发生或不发生的情况下会带来收益或损失，但现在还无法肯定是否发生的项目。或有项目的特点是现存条件的最终结果不确定，对它的处理方法要取决于未来的发展。或有项目一旦发生便会影响企业的财务状况，因此企业不得不对它们予以足够的重视，在评价企业的长期偿债能力时也要考虑它们的潜在影响。

【例 7-2】FL 公司 2012 年度长期偿债能力的静态分析。

根据 FL 公司的 2012 年度报告，编制用于分析长期偿债能力的简化资产负债表，如表 7-2 所示。计算长期偿债能力静态评价指标，如表 7-3 所示。

表 7-2　FL 公司 2012 年度简化资产负债表（2）　单位：万元

项目	年末金额	年初金额
长期投资	51969.34	44702.41
固定资产	63482.96	73109.61
无形资产	15042.44	21863.75
资产总计	344827.40	315555.40
长期负债	2562.23	2334.58
负债合计	45107.11	31720.87
所有者权益合计	299720.29	283834.53

表 7-3　　FL 公司 2012 年年末长期偿债能力的静态评价指标

项目	年末	年初
资产负债率（%）	13.08	10.05
股东权益比率（%）	86.92	89.95
产权比率（%）	15.05	11.18
有形净值债务率（%）	15.84	12.11
长期资产适合率（%）	2.62	2.43

通过上述计算，可以发现 2012 年年末 FL 公司的资产负债率为 13.08%，比 2012 年年初有小幅增加，但是依然属于很低的水平，所以，该公司的长期偿债能力是非常强的，其长期资产适合率也都比基准值（基准值为 1）高出相当大的幅度，这进一步佐证了该公司长期偿债能力非常强的结论。如果考虑价值稳定性比较差的无形资产的影响，通过有形净值债务率也可以判断，也可以得出其长期偿债能力非常高的结论。另一方面，公司负债率过低，资产负债率远远低于 30%这个一般情况下的基准值，这意味着公司的资产结构流动性比较强，盈利能力比较低。

为了进一步判断 FL 公司这些指标取值的稳定性，可以选取 3 年或 5 年的数据进行多期对比分析。比如，选择 5 年数据进行比较，描绘曲线图，如图 7-4 所示。

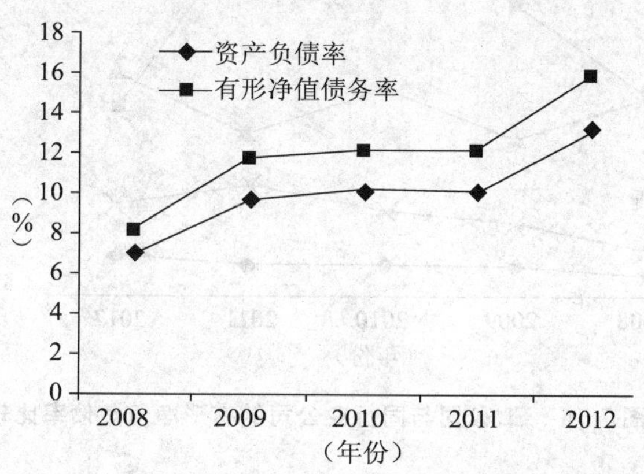

图 7-4　FL 公司长期偿债能力的稳定性分析

根据图 7-4，可以发现，2008—2012 年，FL 公司的资产负债率和有形净值债务率一直是比较低的，资产负债率不超过 16%，有形净值债务率则不超过 15%。所以，FL 公司的长期偿债能力是很强的，也说明 FL 公司的融资策略是很保守的。另外，从图 7-4 可以发现两个指标虽然取值比较低，但是，呈现一种持续增长的趋势，其中，资产负债率已经从 2008 年的 8%增长到 2012 年的 16%。可以预测，在未来，FL 公司的资产负债率将会进一步提高，以进一步利用负债融资的杠杆收益。

为了评价 FL 公司的长期偿债能力评价指标在同行业企业中的水平，还可以与行业代表性企业进行对比。计算阳光照明、飞乐音响和雪莱特的相关指标，比较分析结果见图 7-5 与图 7-6。

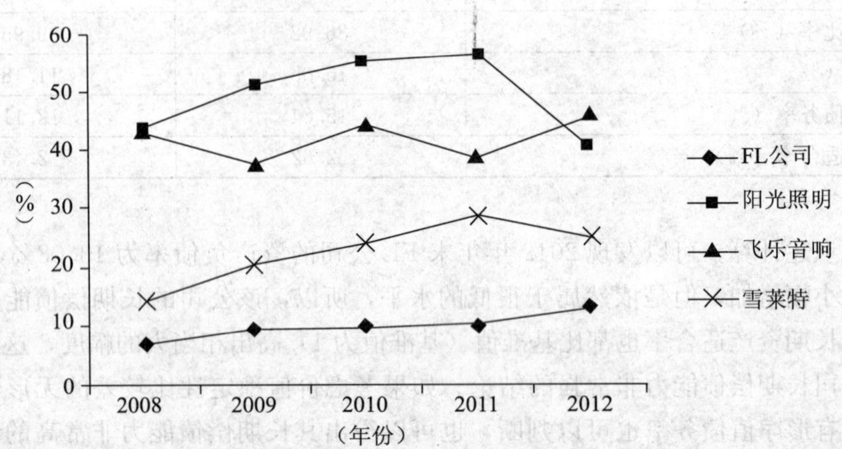

图 7-5　FL 公司与同行业公司的资产负债率比较

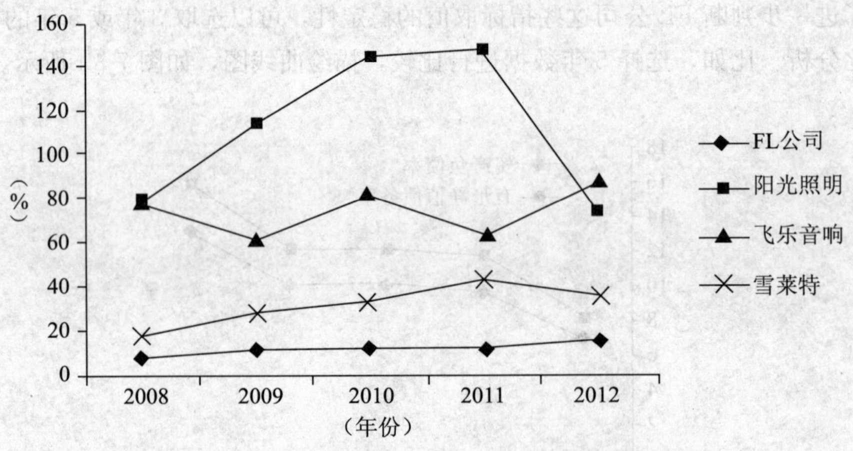

图 7-6　FL 公司与同行业公司的有形净值负债率比较

通过与同行业代表性企业相比较，可以发现，FL 公司的资产负债率和有形净值债务率都明显低于同行业的代表性企业，这进一步证明了 FL 公司的长期偿债能力很强，财务风险很低。但是，由于这些指标远远低于同行业水平，所以，可以认为 FL 公司没有充分利用负债融资方式可以带来的杠杆收益，资产的盈利能力低于实际应有的水平。

三、盈利能力对长期偿债能力影响的指标

（一）利息保障倍数

1. 定义

利息保障倍数是指公司年度获得的盈利对年度利息费用支出的倍数。

2. 计算方法

利息保障倍数的计算公式如下：

$$利息保障倍数=\frac{利息费用+税前利润}{利息费用}$$

其中，公式中的分子是运用企业全部资产所获得的收益，即没有扣除利息费用的税前利润。这里不用净利润，是因为企业的利息费用在所得税之前就列支了，而所得税是在减去利息费用后的利润中支付的，所得税的多少对利息费用的支付不会产生影响。

3. 评价方法

利息保障倍数越大，表明企业偿还债务利息的能力越强，企业通常也有能力偿还到期的债务本金。根据经验，利息保障倍数为 3 倍或以上时，表示企业不能偿付其利息债务的可能性较小；该比率达到 4 倍时，意味着公司偿付其利息债务的能力“良好”；达到 4.5 倍或以上时，则为“优秀”。

4. 评价时需要注意的问题

使用利息保障倍数来衡量企业的长期偿债能力，是因为长期债务在到期前只需定期支付利息，不需支付本金。况且，对一般企业来说，只要其资本结构基本上是稳定的，并且经营情况良好，就能够举借新的债务来偿还到期债务的本金。付息能力的重要性事实上不亚于还本能力。如果企业长期以来在偿付利息费用方面有着良好的信用表现，则企业很可能永远不需要偿还债务本金。这是因为，企业的付息能力很强，意味着当债务本金到期时，企业一般会有能力重新筹集到新的资金，或者原有的负债能够得以延展。

企业只要利息保障倍数较大，无力偿还债务的可能性就较小。在金融市场高度发达的情况下，企业由于负债经营，导致对银行的依赖性越来越强。企业能否在经营中顺利地融资成为企业经营成败的关键，商业银行对企业偿债能力的判断很大程度上取决于企业利息保障倍数。如果企业在支付债务利息方面没有困难，通常也就可以再借款用于偿还到期的债务本金；通过举借新债来偿还旧债，这样就无须去偿还债务本金。在这种情况下，企业筹资就比较容易，筹资成本就会降低，企业就会有能力在资本结构中保持一个较高的债务比例。

利息保障倍数在时间上往往有着较显著的波动性，这是因为企业的盈利水平和利息费用会受经济周期或产业周期的显著影响而发生波动。无论是好年景，还是坏年景，利息都是必须支付的。所以，为了考察企业偿付利息能力的稳定性，一般应至少计算 5 年或 5 年以上的利息保障倍数。为了保守起见，甚至可以选择 5 年或更长时期中最低的利息保障倍数值作为基本的利息偿付能力指标值。

在利息保障倍数的计算过程需注意以下几点。

（1）根据损益表对企业偿还债务的能力进行分析，作为利息支付保障的“分子”，只应该包括那些在以后期间里预计还会发生的收益，即经常性或永久性收益，所以，那些非经常发生的项目应该予以排除，如非常项目与特别项目、停止经营项目、会计政策变更的累计影响。

（2）利息费用不仅应包括作为当期费用反映的利息费用，还应包括资本化的利息费用，即固定资产交付使用前发生的利息费用，这通常在财务报表附注中予以揭示，因为后者同样需要支付，是否反映到当期费用只是会计的确认问题。

（3）未收到现金红利的权益性收益只是权益法下的一种账面收益，而没有相应的现金流入企业，故不能构成支付利息的保证，应予以扣除。

（4）在计算利息保障倍数时，如果直接从损益表上取得数据，所得到的是“财务费用”而非“利息费用”。前者除了包括利息费用外，还包括汇兑损益。那么，当汇兑损益数量相对于利息费用来讲足够大时，使用“财务费用”计算利息保障倍数事实上就不能真实地反映企业的付息能力。为此，应尽可能剔除汇兑损益，使用真正的利息费用。进一步讲，即便没有汇兑损益，“财务费用”也不仅仅是利息费用，而是“利息费用”与“利息收入”的代数和。那么，当企业有着较多的存款利息收入时，“财务费用”也可能是个负值。必须注意的是，从技术上讲，作为利息保障倍数这一比率的分母，“利息费用”如果小于零，则该比率实际上就没有意义了。这时，要么放弃使用该比率，要么对分母进行适当调整以使其变成正数。

（5）利息费用的实际支付能力。由于债务利息是用现金支付的，而企业的当期利润是依据“权责发生制”原则计算出来的，这意味着企业当期利润可能很高，但不一定具有支付能力。所以，使用这一指标时，还应注意企业的现金流量与利息费用的数量关系。

（二）盈利能力对长期偿债能力影响的其他指标

1. 债务本息保障倍数

债务本息保障倍数是指企业一定时期息税前利润与还本付息金额的比率，它反映的是本期经营成果对本期偿还债务本息的保障程度，通常用倍数来表示。

其计算公式是：

$$\text{债务本息保障倍数}=\frac{\text{息税前利润}}{\text{利息费用}+\dfrac{\text{本期还本额}}{1-\text{所得税率}}}$$

其中，由于利息费用可以抵税，而偿还本金不能抵税，所以公式分母中的本期还本额要除以（1－所得税率）。

该指标取值越大，表明企业的息税前利润对本期偿还本金和利息的保障越强，企业的长期偿债能力越强。

2. 固定费用保障倍数

固定费用是指类似利息费用的固定支出，是企业必需的固定开支，包括优先股利和企业计提的偿债基金。任何企业，如果不能按期支付这些费用，都会发生财务困难。固定费用保障倍数就是企业息税前利润与固定费用的比率，通常用倍数表示，该指标是利息保障倍数的演化，是一个比利息保障倍数更严格的衡量企业偿债能力的保障程度的指标。

其计算公式是：

$$固定费用保障倍数=\frac{息税前利润}{利息费用+租金+\frac{优先股利}{1-所得税率}+\frac{偿债基金}{1-所得税率}}$$

该指标取值越大，表明企业的息税前利润对本期支付固定费用的保障越强，企业的长期偿债能力越强。

【例 7-3】FL 公司 2012 年度利息保障倍数分析。

根据 FL 公司的 2008—2012 年度报告，用于分析利息保障倍数的数据如表 7-4 所示。

表 7-4　FL 公司 2012 年度利息保障倍数分析计算表　单位：万元

项目 年份	利润总额	财务费用
2012	47206.30	－1098.89
2011	35514.66	－749.46
2010	32425.82	－200.97
2009	27006.63	－500.06
2008	27454.11	－488.04

以上数据显示，FL 公司在 2008—2012 年的 5 年间，财务费用一直为负值，所以，从利息保障倍数来看，该公司的偿债能力非常强。

为了与行业代表性企业进行对比，特计算阳光照明、飞乐音响和雪莱特的相关指标，比较分析结果见表 7-5。

表 7-5　FL 公司同行业代表性公司的利息保障倍数

年份 公司	2008	2009	2010	2011	2012
阳光照明	8.34	38.74	9.11	8.23	37.46
飞乐音响	3.93	4.89	6.20	8.68	5.18
雪莱特	4.09	－16.37	－404.59	13.24	41.48

通过对同行业代表性企业的分析，可以发现，虽然这些代表性公司的利息保障倍数都比较高，但是 FL 公司的利息保障倍数还是非常高的，主要原因就是该公司几年来

的利息费用都是负值。

四、现金流量对长期偿债能力影响的分析

（一）现金债务总额比率

现金债务总额比率是指经营活动现金流量净额与期初、期末负债平均余额的比率，用来衡量企业的负债总额用经营活动所产生的现金来支付的程度。其计算公式为：

$$现金债务总额比率=\frac{经营活动现金流量净额}{负债平均余额}$$

企业真正能用于偿还债务的是现金流量，通过现金流量和债务的比较可以更好地反映企业的偿债能力。现金债务总额比率能够反映企业生产经营活动产生的现金流量净额偿还长短期债务的能力。该比率越高，表明企业偿还债务的能力越强。

（二）到期债务本息偿付比率

到期债务本息偿付比率用来衡量企业到期债务本金及利息可由经营活动创造的现金来支付的程度。其计算公式为：

$$到期债务本息偿付比率=\frac{经营活动现金流量净额}{本期到期债务本息}$$

经营活动现金流量净额是企业最稳定的经常性的现金来源，是清偿债务的基本保证。如果到期债务本息偿付比率小于1，说明企业经营活动产生的现金不足以偿付到期债务和利息支出，企业必须通过其他渠道筹资或通过出售资产才能清偿债务。这一指标值越大，表明企业长期偿债的能力越强。

（三）强制性现金支付比率

强制性现金支付比率是反映企业是否有足够的现金履行其偿还债务、支付经营费用等责任的指标。其计算公式为：

$$强制性现金支付比率=\frac{现金流入总量}{经营现金流出量+偿还到期债务本息付现}$$

该指标至少应等于1，即现金流入量能满足强制性项目的支付需要。这一指标越大，表明企业偿债能力越强，其超过100%的部分，可用来满足企业其他方面的现金需要。

（四）利息现金流量保障倍数的计算与分析

利息现金流量保障倍数是指企业生产经营活动净现金流量与利息费用的比率。该指标反映生产经营活动产生的现金流量净额是利息费用的多少倍。其计算公式为：

$$利息现金流量保障倍数=\frac{经营活动现金流量净额}{利息费用}$$

利息现金流量保障倍数比利息保障倍数更能反映企业的偿债能力。当企业息税前利润和经营活动现金净流量变动基本一致时，这两个指标的结果相似。但如果企业正处于高速成长期，息税前利润和经营活动现金流量相差很大，则使用利息现金流量保障倍数指标更稳健、更保守。

（五）现金净流量全部债务比率的计算与分析

现金净流量全部债务比率是指企业当年现金及现金等价物的净增加额与全部负债

平均余额的比率。其计算公式为：

$$现金流量全部债务比率=\frac{现金净流量}{负债平均余额}$$

该指标能够反映企业每年现金净流量用于偿还全部债务的能力。其数值越高，说明企业偿债能力越大；数值越低，说明企业偿还债务的保证程度越低。

【例 7-4】FL 公司 2008—2012 年度现金债务总额比率分析。

根据 FL 公司的 2008—2012 年度报告，用于分析利息保障倍数的数据如表 7-6 所示。

表 7-6　　FL 公司 2012 年度利息保障倍数分析计算表　　单位：万元

项目 年份	经营现金流量净额	负债总额	现金债务总额比率
2012	43739.69	45107.11	0.97
2011	26987.84	31720.87	0.85
2010	21062.91	31636.60	0.66
2009	48856.21	28910.32	1.69
2008	12616.26	19754.87	0.64

以上数据显示，在 2008—2012 年的 5 年间，FL 公司的现金债务总额比率基本是逐年上升的，只是在 2009 年由于经营现金流量净额的大幅度上升，该比率偶然性地达到 1.69。究其原因，主要是在 2009 年 FL 公司支付给职工和为职工支付的现金以及支付的各项税费大幅度减少了。

为了与行业代表性企业进行对比，特计算阳光照明、飞乐音响和雪莱特的相关指标，比较分析结果见图 7-7。

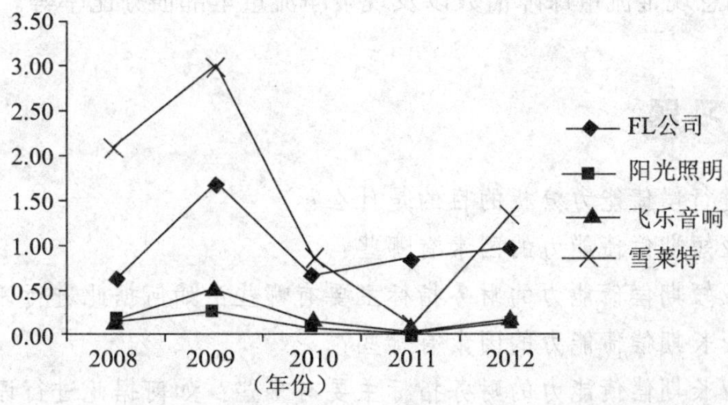

图 7-7　FL 公司与同行业公司的现金债务总额比率的对比

通过对同行业代表性企业的分析，可以发现，FL 公司的现金债务总额比率是比较高的。虽然雪莱特的数据在 2008—2010 年处于领先地位，但是，其波动性很大，在 2011 年甚至跌至 0.11。反观 FL 公司，一直领先于阳光照明和飞乐音响，而且稳定性比较高，所以，这再次说明 FL 公司偿还长期负债的能力比较强。

本章小结

1. 不同的主体对企业进行偿债能力分析的目的不同，债权人的目的是确认企业能否按期偿还本息，投资者的目的是评估偿债能力所对应的企业风险，企业管理层的目的是为科学决策提供关于财务风险的信息。

2. 按负债偿还期的长短，企业负债可以分为流动负债和长期负债两大类。偿还期限不同的负债，其偿债能力的分析方法也是不同的。其中，反映企业偿付流动负债能力的称为短期偿债能力，反映企业偿付长期负债能力的称为长期偿债能力。

3. 短期偿债能力分析主要关注影响企业能否在短期内获得足够的现金用于偿还近期到期债务的信息，比如，资产变现能力、近期经营获取现金的能力以及短期再融资的能力。长期偿债能力分析主要关注影响企业能否在长期内获得足够的现金用于偿还全部债务的信息，比如，总资产规模、未来经营获取现金的能力以及长期再融资的能力。

4. 企业偿债能力分析可以从两方面进行：一是根据资产负债表进行静态分析；二是结合资产负债表、利润表和现金流量表进行动态分析。

5. 短期偿债能力静态分析指标主要有营运资金、流动比率、速动比率以及现金比率等，动态分析指标主要有现金流量比率、近期支付能力系数、速动资产够用天数以及现金到期债务比率等。

6. 长期偿债能力静态分析指标主要有资产负债率、股东权益比率、产权比率、有形净值债务率以及长期资产适合率；动态分析指标主要有利息保障倍数、债务本息保障倍数、固定费用保障倍数、现金债务总额比率、到期债务本息偿付比率、强制性现金支付比率、利息现金流量保障倍数以及现金净流量全部债务比率等。

本章习题

1. 对企业进行偿债能力分析的目的是什么？
2. 影响企业短期偿债能力的因素有哪些？
3. 评价企业短期偿债能力的财务指标主要有哪些？如何据此进行评价？
4. 影响企业长期偿债能力的因素有哪些？
5. 评价企业长期偿债能力的财务指标主要有哪些？如何据此进行评价？
6. 查找一家上市公司的相关财务资料，对其偿债能力进行系统分析。

第八章　盈利能力分析

学习目标

了解盈利能力分析的目的，掌握以销售为基础和以资产为基础的盈利能力分析指标的计算及应用，掌握上市公司盈利能力分析主要指标的计算及应用，熟悉盈利质量分析的基本方法。

第一节　盈利能力分析概述

一、盈利能力分析的目的

盈利能力通常是指企业在一定时期内赚取利润的能力。利润是投资者取得投资收益、债权人收取本息的资金来源，是衡量企业长足发展能力的重要指标，无论是企业管理层、债权人还是股东（投资人），都非常关心企业的盈利能力。

（一）企业管理层进行盈利能力分析的目的

1. 盈利能力反映和衡量企业经营业绩

努力使企业赚取尽可能多的利润是企业管理层最重要的任务，用已经达到的盈利能力指标与计划指标、同行业平均值或上一年度的水平进行对比，可以衡量企业管理层经营业绩的优劣。

2. 分析发现经营管理中存在的问题

企业经营管理中各个环节的问题都会通过企业的盈利水平体现出来。通过对企业盈利水平的比较分析，可以发现导致企业盈利水平发生变动的主要因素，进而可以采取对应的改进措施，提高未来的盈利能力。

（二）债权人进行盈利能力分析的目的

债权人进行盈利能力分析的目的是判断企业是否有足够的能力通过经营活动获得足够的利润和现金流，以保障各项债务本息的偿还。

（三）股东进行盈利能力分析的目的

股东可以判断企业在风险水平得到控制的前提下是否可以获取更多的利润，使得股东可以获得包括现金股利和资本利得在内的更高水平的综合收益。

二、盈利能力分析的内容

在对企业盈利能力进行分析时，在考虑绝对值的基础上，往往更多的考虑相对值指标。相对值指标一般采用各种比率指标来表示。反映企业盈利能力的指标有很多，比率的分子可以采用各种收益数据，比如，销售毛利、营业利润、息税前利润、税前利润或净利润；比率的分母可以采用营业收入、总资产或所有者权益。一般来讲，这些比率指标取值越大，企业的盈利能力越强。

对企业盈利能力的分析主要包括以下几个方面的内容：以销售为基础的盈利能力分析；以资产为基础的盈利能力分析；盈利质量分析。

第二节　以销售为基础的盈利能力分析

以销售为基础的盈利能力分析，主要研究利润与收入或成本之间的比率关系。相关的指标可分为两类：一类是各种利润额与收入之间的比率，统称为收入利润率，包括销售净利率、销售毛利率等；另一类是各种利润额与成本之间的比率，统称为成本利润率，主要指标包括成本费用利润率等。

一、销售净利率

（一）定义

销售利润率是指企业净利润占营业收入的百分比，反映营业收入带来净利润的能力。这个指标越高，说明企业每1元的销售收入所能创造的净利润越高。销售净利率对管理人员特别重要，反映了企业的价格策略以及控制成本的能力。

（二）计算方法

销售净利率的计算公式如下：

$$销售净利率=\frac{净利润}{营业收入}\times 100\%$$

【例8-1】2011—2012年度FL公司的销售净利率分析。

根据FL公司财务报表数据，计算该公司的销售净利率，如表8-1所示。

表8-1　　FL公司2011—2012年销售净利率的计算表　　单位：万元

项目	2011年	2012年
净利润	29727.39	40022.99
营业收入	226092.99	220191.07
销售净利率（%）	13.15	18.18

FL公司2012年的销售净利率为18.18%，与2011年的13.15%相比上升了5.03%，说明盈利能力有所上升。

查阅该公司所在的电子元器件制造行业的数据，2012年度同行业平均销售净利率为3.43%，说明与同行业平均水平相比，该公司具有很强的盈利能力。

选择与FL公司同行业且经营业务相似（照明器具销售额占主营业务收入的40%以上）的阳光照明、飞乐音响和雪莱特进行对比分析，对比的时间区间选择为2008—2012年。对比情况见图8-1。

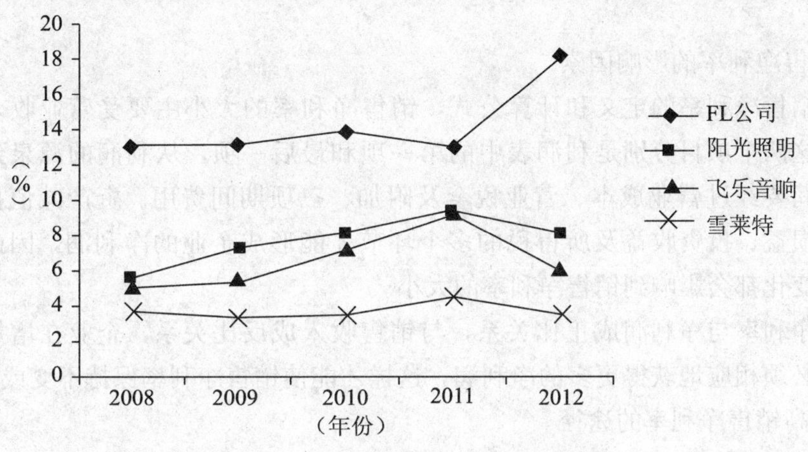

图8-1 FL公司销售净利润的对比分析

对比可以发现，2008—2012年，FL公司的销售净利率在4个企业中是最高的，而且领先的优势比较大，5年里FL公司每年的销售净利率都在13%以上，特别是在2012年，其销售净利率大幅度增长到18%以上，为5年来历年增幅之最。其他3家公司的销售净利率5年来都在10%以下，2012年这3家公司的销售净利率都出现了下滑。

（三）销售净利率分析中需要注意的事项

1. 行业的差异

销售净利率是企业销售的最终获利能力指标。比率越高，说明企业的获利能力越强，但是它受行业特点影响较大。通常来说，越是资本密集型行业，其销售净利率就越高；反之，资本密集程度较低的行业，其销售净利率也较低。所以，一般需要选择行业平均销售净利率作为对比分析的基准。

表8-2给出了几个行业在2010—2012年的平均销售净利率。可以发现，在同样的年度，不同行业的销售净利率差异很大。比如，2010年度，银行与金融服务业的平均销售利润率达到了37.14%，房地产开发与经营业则为－5368.92%，当然，这个极端值的出现可能与中国房地产行业所受到的调控政策有关。另外，各个行业销售净利率的稳定程度也是有很大差别的，比如，银行与金融服务业、电力、煤气及水等公共事业的稳定性很高，而房地产开发与经营业的稳定性很低。

表 8-2　　部分行业上市公司 2010—2012 年度的销售净利率举例

行业	2010 年	2011 年	2012 年
电力、煤气以及水等公共事业（%）	10.7	9.77	5.17
电子元器件制造业（%）	9.72	4.22	3.43
房地产开发与经营业（%）	−5368.92	72.87	−14.15
批发与零售业（%）	0.29	2.67	−0.34
银行与金融服务业（%）	37.14	36.49	33.43

2. 销售净利率的影响因素

根据销售净利率的定义和计算公式，销售净利率的大小主要受营业收入和净利润的影响，这两个项目分别是利润表中的第一项和最后一项，从利润的源泉到最终的净利润，中间要经过营业成本、营业税金及附加、三项期间费用、资产减值损失、公允价值变动损益、投资收益及所得税的多个环节才能形成企业的净利润，因此，这些项目的增减变化都会影响到销售净利率的大小。

销售净利率与净利润成正比关系，与销售收入成反比关系，企业在增加销售收入额的同时必须相应地获得更多的净利润，这样才能使销售净利率保持不变或有所提高。

3. 提高销售净利率的途径

要想提高销售净利率，一要扩大销售收入，二要降低成本费用。降低各项成本费用开支是企业财务管理的一项重要内容。通过各项成本费用开支的列示，有利于企业进行成本费用的结构分析，加强成本控制，以便为寻求降低成本费用的途径提供依据。通过分析销售净利率的升降变动，可以促使企业在扩大销售的同时注意改进经营管理，提高盈利水平。

4. 主营业务与其他业务的对比关系

按照 2007 年开始实施的《企业会计准则》规定，利润表中的收入项目不再区分主营和其他，而是合并为营业收入。而实际上，主营业务对于企业获利的意义更重大，所以，可能需要结合报表附注里的主营业务收入与其他业务收入的具体数额进行进一步分析。

二、销售毛利率

（一）定义

销售毛利率是指营业毛利与营业收入之比。销售毛利率评价企业经营业务的获利能力，反映了企业产品销售或商品销售的初始获利能力，是企业净利润的起点。在进行评价时，这个指标越高越好。

（二）计算方法

销售毛利率的计算公式如下：

$$销售毛利率=\frac{营业毛利}{营业收入}\times 100\%$$

其中，销售毛利＝营业收入－营业成本。

【例 8－2】FL 公司 2011—2012 年度的销售毛利率计算，如表 8－3 所示。

表 8－3　　FL 公司 2011—2012 年度的销售毛利率计算表

项目	2011 年	2012 年
营业收入（万元）	226092.99	220191.07
营业成本（万元）	162086.26	163042.95
销售毛利率（%）	28.31	25.95

由表 8－3 的计算结果可知，FL 公司 2012 年的销售毛利率为 25.95%，比 2011 年的 28.31%下降了 2.36%。但是，结合【例 8－1】的分析，已知其销售净利率在 2012 年是大幅度上升的，所以，这可以表明 FL 公司虽然在 2012 年销售毛利率下降，但是在营业税金及附加、三项期间费用、资产减值损失、公允价值变动损益、投资收益及所得税等方面进行了良好的削减，进而实现了销售净利率的逆转增长。

查阅该公司所在的电子元器件制造行业的数据，2012 年度同行业平均销售毛利率为 26.45%，这说明与同行业平均水平相比，该公司的销售毛利率是比较低的。

选择与 FL 公司同行业且经营业务相似的阳光照明、飞乐音响和雪莱特进行对比分析，对比的时间区间选择为 2008—2012 年。对比情况如图 8－2 所示。

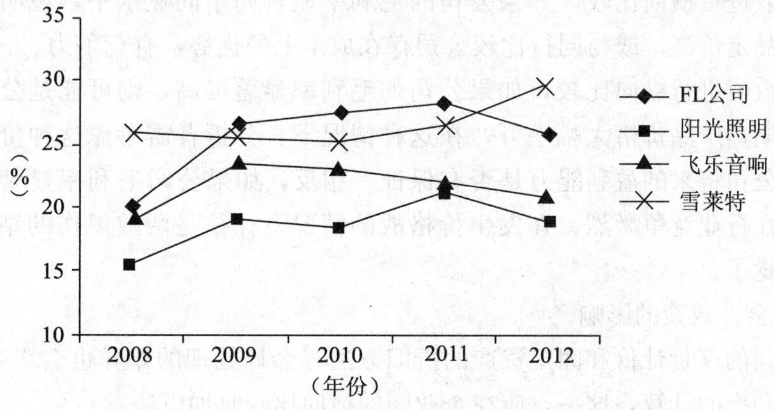

图 8－2　FL 公司销售毛利的对比分析

对比可以发现，2008—2012 年，FL 公司的销售净利率在 4 个企业中是比较高的，特别是在 2009—2011 年 3 年间，其销售净利率一直领先于其他 3 家公司，只是到了 2012 年，才被雪莱特（销售毛利率为 29.80%）超越。这说明，在业务相近的几家公司中，FL公司的销售毛利率所体现的盈利能力是比较好的。

（三）销售毛利率分析中需要注意的事项

1. 注意行业的差异

通常来说，销售毛利率将随着行业的不同而高低各异，但同一行业的毛利率一般相差不大。与同期行业的平均毛利率相比，可以揭示企业在定价政策、产品或商品推销及生产成本控制方面存在的问题。

表8-4给出了几个行业在2010—2012年的平均销售毛利率。可以发现，在同样的年度，不同行业的销售净利率差异很大。比如，2010年度，银行与金融服务业的平均销售利润率达到了48.22%，而批发与零售业则为18.24%。另外，各个行业销售净利率的稳定程度也是有差别的，比如，银行与金融服务业销售毛利率在2012年的变动幅度就比较大。

表8-4　部分行业上市公司2010—2012年度的销售毛利率

行业	2010年	2011年	2012年
电力、煤气以及水等公共事业（%）	19.93	20.48	20.94
电子元器件制造业（%）	26.70	27.53	26.45
房地产开发与经营业（%）	39.88	42.80	40.80
批发与零售业（%）	18.24	17.86	18.73
银行与金融服务业（%）	48.22	47.68	43.27

2. 横向比较与纵向比较相结合

与同行业进行横向比较，如果公司的毛利率显著高于同业水平，说明公司产品附加值高，产品定价高，或与同行比较公司存在成本上的优势，有竞争力。

与历史数值进行纵向比较，如果公司的毛利率显著提高，则可能是公司所在行业处于复苏时期，产品价格大幅上升，在这种情况下，分析者需考虑这种价格的上升是否能持续，公司将来的盈利能力是否有保证。相反，如果公司毛利率显著降低，则可能是公司所在行业竞争激烈，在发生价格战的情况下往往是两败俱伤的结局，这时分析者就要警觉了。

3. 企业会计政策的影响

企业之间的存货计价和固定资产的折旧方法等会计处理的差异也会影响营业成本，进而影响毛利率的计算，这一点应在企业间的横向比较时加以注意。

4. 与企业的市场竞争力相结合

毛利率是公司产品经过市场竞争后的结果，很难单方面主观地左右毛利率变化，因此毛利率是一个十分可信的指标，如果毛利率连续不断提升，就说明公司产品市场需求强烈，产品竞争力不断增加，反之，毛利率连续下跌则说明公司在走下坡路。

该指标的优点在于可以对企业某一主要产品或主要业务的盈利状况进行分析，这对于判断企业核心竞争力的变化趋势极有帮助。销售毛利率的分析与销售净利率的分析相结合，可以评价企业对管理费用、销售费用、财务费用等期间费用的承受能力。

销售毛利率反映了企业产品销售的初始获利能力，是企业净利润的起点，没有足够高的毛利率便不能形成较大的盈利。以企业营销策略来看，没有足够大的毛利率是不能形成较大的盈利空间的。

三、其他指标

基于销售的盈利能力分析指标，除了上述两个最常用的指标之外，还可以根据具体分析目的的需要，考虑分析以下指标。

其他基于销售的盈利能力指标如表 8－5 所示。

表 8－5　　基于销售的其他盈利能力指标

指标名称	计算公式	评价方法
营业收入利润率	营业收入利润率$=\frac{营业利润}{营业收入}\times 100\%$	越大越好
息税前利润率	息税前利润率$=\frac{利润总额+利息费用^{1}}{营业收入}\times 100\%$	越大越好
税前利润率	税前利润率$=\frac{利润总额}{营业收入}\times 100\%$	越大越好
营业成本利润率	营业成本利润率$=\frac{营业利润}{营业成本}\times 100\%$	越大越好
全部成本费用利润率	全部成本费用利润率$=\frac{利润总额}{营业费用^{2}+营业外支出}\times 100\%$	越大越好

注：1. 实际计算中，由于利息费用的数据难以获得，往往用财务费用代替。

2. 营业费用＝营业成本＋营业税金及附加＋期间费用＋资产减值损失。

【例 8－3】FL 公司 2010—2012 年度的其他盈利能力指标计算如表 8－6 所示。

表 8－6　　FL 公司 2010—2012 年其他利润率指标的计算表

指标名称	2010 年	2011 年	2012 年
营业收入利润率（%）	16.04	15.99	21.95
息税前利润率（%）	16.47	15.38	20.94
税前利润率（%）	16.58	15.71	21.44
营业成本利润率（%）	22.17	22.31	29.65
全部成本费用利润率（%）	19.72	18.65	24.33

通过上述其他盈利能力指标的计算，可以发现与前述指标计算相同的结论：FL 公

司的各个盈利性指标都是比较高的，而且所有指标都表明，在 2012 年，其盈利能力比前两年都有了大幅度的增长。

第三节　以资产为基础的盈利能力分析

以资产为基础的盈利能力分析，主要研究利润与总资产或所有者权益之间的比率关系。相关的指标可分为两类：一类是各种利润额与总资产之间的比率，包括总资产报酬率、总资产净利率等；另一类是各种利润额与所有者权益（也可称为净资产）之间的比率，主要指标包括净资产收益率等。

一、总资产报酬率

（一）定义

总资产报酬率是指企业息税前利润与企业平均总资产的百分比。总资产报酬率反映企业总资产能够获得利润的能力，它是反映企业资产综合利用效果的指标。

企业的资产是指能为企业带来利润的财产物资，总资产收益率提供了企业利用资产获取利润的效果，它表明资产负债表上的每 1 元的总资产能产生的全部收益。该指标越高，表明资产利用效果越好，整个企业的活力能力越强，经营管理水平越高。

（二）计算方法

总资产报酬率的计算公式如下：

$$总资产报酬率=\frac{利润总额+利息费用}{平均总资产}\times 100\%$$

其中，平均总资产＝（期初资产总额＋期末资产总额）/2。

【例 8－4】FL 公司 2011—2012 年的总资产报酬率分析。

根据 FL 公司的财务报告资料，其总资产报酬率的计算如表 8－7 所示。

表 8－7　　FL 公司 2011—2012 年总资产报酬率计算表　　单位：万元

项目	2011 年	2012 年
利润总额	35514.67	47206.30
财务费用	－749.46	－1098.89
期初资产总额	312854.75	315555.44
期末资产总额	315555.44	344827.43
平均资产总额	314205.09	330191.43
总资产报酬率（%）	11.06	13.96

由表 8-7 的计算结果可知，FL 公司 2012 年的总资产报酬率为 13.96%，比 2011 年的 11.06%上升了 2.90%。其中，两个年度的财务费用都是负值，这是由于该公司这两年都没有产生利息支出，而且 2011 年有银行存款 6.89 亿元，2012 年有银行存款 9.80 亿元，产生了大量的利息收入。

查阅该公司所在的电子元器件制造行业的数据，2012 年度同行业平均销售毛利率为 1.42%，说明与同行业平均水平相比，该公司的总资产报酬率还是比较高的。

选择与 FL 公司同行业且经营业务相似的阳光照明、飞乐音响和雪莱特进行对比分析，对比的时间区间选择为 2008—2012 年。对比情况见图 8-3。

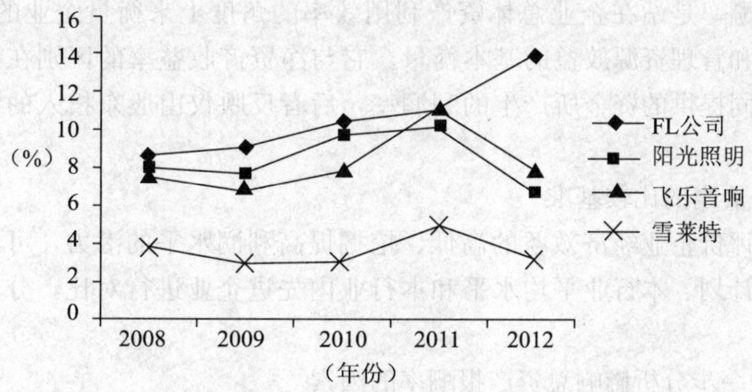

图 8-3 FL 公司总资产报酬率的对比分析

经对比可以发现，2008—2012 年，FL 公司的总资产报酬率在 4 个企业中是最高的，而且 5 年以来一直呈现一种上升的趋势。特别是在 2012 年，FL 公司的总资产报酬率大幅度增长，而其他 3 家公司的指标却都是大幅度下滑。所以，FL 公司在本行业中的盈利能力是比较强的。相比较而言，雪莱特的总资产报酬率与其他 3 家公司的差距比较大。

（三）总资产报酬率分析中需要注意的事项

1. 结合行业的经营特点来分析评价

企业所处的行业不同，总资产报酬率可能具有很大的差别。表 8-8 给出了几个不同行业在 2010—2012 年的平均总资产报酬率。表中数据表明，不同行业的总资产报酬率不尽相同，电子元器件制造业的指标取值在 2010 年比较高，但是呈逐年下降趋势；银行与金融服务业的取值也比较高，而且呈逐年上升趋势；电力、煤气和水等公共事业行业的取值非常稳定。

表 8-8 部分行业上市公司 2010—2012 年的总资产报酬率

行业	2010 年	2011 年	2012 年
电力、煤气以及水等公共事业（%）	1.72	1.37	1.28

续 表

行业	2010年	2011年	2012年
电子元器件制造业（%）	3.61	2.62	1.42
房地产开发与经营业（%）	0.91	1.05	0.88
批发与零售业（%）	2.22	2.47	1.76
银行与金融服务业（%）	1.42	3.88	4.05

2. 总资产报酬率与净资产收益率进行结合分析

总资产报酬率是站在企业总体资产利用效率的角度上来衡量企业的盈利能力的，是对企业分配和管理资源效益的基本衡量。它与净资产收益率的区别在于前者反映股东和债权人共同提供的资金所产生的利润率，后者反映仅由股东投入的资金所产生的利润率。

3. 选择好恰当的比较基准

为了正确评价企业经济效益的高低、挖掘提高利润水平的潜力，可以用该指标与本企业前期、计划、本行业平均水平和本行业内先进企业进行对比，分析形成差异的原因。

4. 需要进一步分析影响总资产报酬率的因素

影响总资产报酬率高低的因素主要有产品的价格、单位成本的高低、产品的产量和销售的数量、资金占用量的大小、资金来源结构等。

二、净资产收益率

(一) 定义

净资产收益率是指某一时期的净利润与平均股东权益的比值。它表明所有者每1元钱的投资能够获得多少净收益，它衡量了一个公司股东资本的使用效率，即股东投资企业的收益率。净资产是股东投入企业的股本、公积金和留存收益等的总和，这里的收益指税后净利润。

(二) 计算方法

净资产收益率的计算公式如下：

$$净资产收益率=\frac{净利润}{平均股东权益}\times 100\%$$

其中，平均股东权益=（期初股东权益+期末股东权益）/2。

【例8-5】FL公司在2011—2012年间的净资产收益率分析。

根据FL公司的财务报告资料，其净资产收益率的计算如表8-9所示。

表 8-9　　　　FL 公司 2011—2012 年净资产收益率计算表　　　　单位：万元

项目	2011 年	2012 年
净利润	29727.39	40022.99
期初股东权益	281218.15	283834.57
期末股东权益	283834.57	299720.32
平均股东权益	282526.36	291777.45
净资产收益率（%）	10.52	13.72

由表 8-9 的计算结果可知，FL 公司 2012 年的净资产收益率为 13.72，比 2011 年的 10.52%上升了 3.20%，说明 FL 公司的盈利能力有所提升。

查阅该公司所在的电子元器件制造行业的数据，2012 年度同行业平均净资产收益率为 1.42%，说明与同行业平均水平相比，该公司的净资产收益率是比较高的。

选择与 FL 公司同一行业且经营业务相似的阳光照明、飞乐音响和雪莱特进行对比分析，对比的时间区间选择为 2008—2012 年。对比情况见图 8-4。

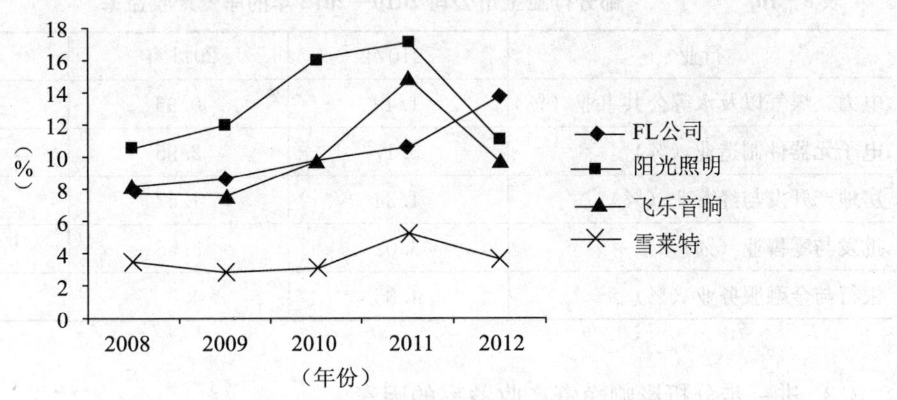

图 8-4　FL 公司净资产收益率的对比分析

经对比可以发现，2008—2012 年，4 个企业中，阳光照明的净资产收益率在 2012 年之前一直处于领先地位，而且比 FL 公司高出很大的幅度，比如，2011 年 FL 公司为 11.52%，而阳光照明为 17.07%，高出 5.55%。只是在 2012 年度，由于总资产报酬率的大幅度下降，才导致阳光照明的净资产收益率大幅度下跌，被 FL 公司超过。对比【例 8-4】对总资产报酬率的分析结果，FL 公司在总资产报酬率方面的明显优势怎么在净资产报酬率这里就没有了呢？究其原因，主要是 FL 公司的负债率非常低，基本在 10%，而阳光照明的资产负债率在 50%左右，这样阳光照明就获得了非常高的财务杠杆效应，从而在总资产报酬率并不突出的情况下获得了非常高的净资产收益率。

从图 8－3 还可以发现，FL 公司的净资产收益率处于一种稳定的增长趋势中，即使同行业类似公司的指标在 2012 年出现多年来首次的大幅度下降，FL 公司的指标依然是明显上升的，这说明 FL 公司的经营风险比较低。

（三）净资产收益率分析中需要注意的问题

1. 净资产收益率是企业盈利能力分析的核心指标

可以毫不夸大地说，许多资深管理者的职业生涯是随公司的净资产收益率一起沉浮的。在现行公司制度下，投资者投入企业的资本委托给经营者经营，经营者就要确保给投资者带来收益，而且收益率至少应高于同期的市场利率。一份资产，如果收益率与市场利率一样，那并没有什么附加价值。正是因为这份资产的盈利能力大于市场的平均水平，投资者才愿意为它支付溢价。

2. 结合行业的经营特点来分析评价

不同的行业，净资产收益率的平均值一般会有差异。表 8－10 给出了几个不同行业在 2010—2012 年的净资产收益率平均值。其中，银行与金融服务业和电力、煤气及水等公共事业行业的净资产收益率比较高，房地产开发与经营业则相对比较低。

表 8－10　　部分行业上市公司 2010—2012 年的净资产收益率

行业	2010 年	2011 年	2012 年
电力、煤气以及水等公共事业（%）	1.49	0.96	0.79
电子元器件制造业（%）	3.17	2.95	1.42
房地产开发与经营业（%）	1.34	1.57	1.21
批发与零售业（%）	3.02	3.58	2.37
银行与金融服务业（%）	4.35	4.9	3.94

3. 进一步分析影响净资产收益率的因素

净资产收益率是衡量企业盈利能力的核心指标，企业经营在很多方面的表现都会对这个指标产生影响，如企业的财务杠杆水平以及营运能力等。在本书其他章节，我们将继续对这些因素对净资产收益率的影响进行深入分析。

第四节　上市公司盈利能力分析

上市公司自身特点决定了其盈利能力除了可通过一般企业盈利能力的指标分析外还应进行一些特殊指标的分析，特别是一些与企业股票价格或市场价值相关的指标分析，如基本每股收益、稀释每股收益、普通股权益报酬率、股利发放率、市盈率等。

一、基本每股收益

(一) 定义

基本每股收益是指净利润扣除优先股股息后的余额与发行在外的普通股的平均股数之比，它反映了每股发行在外的普通股所能分摊到的净收益额。

分子选用（净利润-优先股股息）的原因：优先股股息类似于负债利息，一般支付固定金额，而普通股投资者关心的是自身享有的净利润，因此扣减优先股股息。

(二) 计算方法

基本每股收益的计算公式如下：

$$基本每股收益=\frac{净利润-优先股股息}{发行在外的普通股加权平均数}$$

其中：

$$\begin{matrix}发行在外的普通股\\加权平无数\end{matrix}=\begin{matrix}期初发行在外的\\普通股\end{matrix}+\frac{当期新发行}{普通股股数}\times\frac{已发行时间}{报告期时间}-\frac{当期回购}{普通股股数}\times\frac{已回购时间}{报告期时间}$$

已发行时间、报告期时间以及已回购时间一般按照天数计算，但是，在不影响计算结果合理性的前提下，也可以采用简化的计算方法。

(三) 判断标准

基本每股收益越高，说明企业的盈利能力越强，在判断企业盈利能力强弱时，应将几家不同企业或者同一企业不同时期的每股收益进行比较，才能得出正确认识。

【例 8-6】某企业 2012 年年初发行在外的普通股股数为 100 万股，2012 年 4 月 1 日增发普通股 40 万股，并且该年度没有其他的新股发行，也没有普通股回购发生。2012 年该企业净利润为 260 万元，求 2012 年发行在外的普通股加权平均数和 2012 年度的基本每股收益。

2012 年发行在外的普通股加权平均数＝100＋40×9÷12＝130（万股）

2012 年度的基本每股收益＝260÷130＝2（元）

【例 8-7】FL 公司在 2011—2012 年的基本每股收益分析。

FL 公司 2011—2012 的基本每股收益计算见表 8-11。

表 8-11　　FL 公司 2011—2012 的基本每股收益计算表

项目	2012 年	2011 年
净利润（元）	400229859.26	297273941.38
优先股股息（元）	0	0
期初发行在外的普通股（股）	978563745	978563745
当期新发行的普通股（股）	0	0
当期回购的普通股（股）	0	0
发行在外的普通股加权平均数	978563745	978563745
基本每股收益（元/股）	0.41	0.30

由表 8-11 的计算结果可知，2012 年 FL 公司的基本每股收益为 0.41 元/股，比 2011 年上升了 37%，上升幅度比较大。

查阅该公司所在的电子元器件制造行业的数据，2012 年度同行业基本每股收益平均值为 0.25 元/股，说明与同行业平均水平相比，该公司的基本每股收益还是比较高的。

选择与 FL 公司同行业且经营业务相似的阳光照明、飞乐音响和雪莱特进行对比分析，对比的时间区间选择为 2008—2012 年。对比情况见图 8-5。

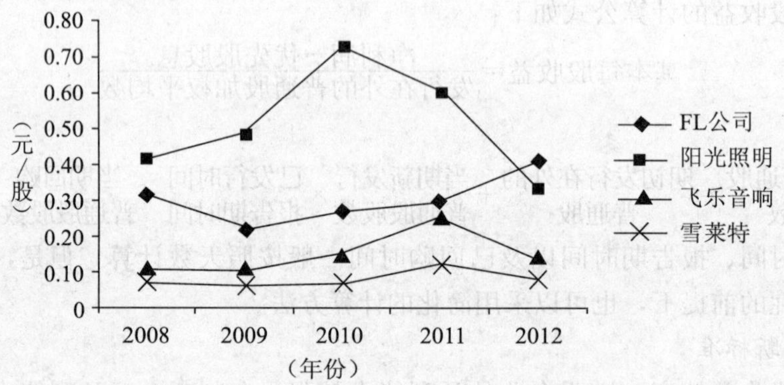

图 8-5　FL 公司基本每股收益的对比分析

经对比可以发现，FL 公司与同行业其他企业基本每股收益的对比与净资产收益率的对比非常相似。2008—2012 年，4 个企业中，阳光照明的基本每股收益在 2012 年之前一直处于领先地位，而且比 FL 公司高出很多，比如，在 2011 年，FL 公司为 0.30 元/股，而阳光照明为 0.60 元/股，是 FL 公司的两倍。只是在 2012 年，由于总资产报酬率以及净资产收益率的大幅度下降，才导致阳光照明的基本每股收益出现大幅度下跌，降低到 0.33 元/股，被 FL 公司超过。

导致 FL 公司在基本每股收益方面处于比较劣势的原因，除了其在净资产收益率方面的劣势之外，还包括 FL 公司发行的普通股股份数相对较多这一因素。另外，FL 公司和阳光照明都没有发行优先股，所以，优先股股息并不对两者的对比造成影响。

（四）每股收益因素分析

为了分析企业每股收益变动的原因，应确定影响每股收益的影响因素，并对各个因素进行分析，测算各个因素的变动对每股收益的影响程度。影响基本每股收益的因素主要如下。

（1）净资产收益率。对同一家公司来讲，净资产收益率越高，则每股收益越高。

（2）优先股利。在企业净利润一定的前提下，优先股股利越多，则每股收益越低。

（3）发行在外的普通股股份数。在企业净资产数额一定的情况下，发行在外的普通股股份数越多，则每股收益越低。

二、稀释每股收益

（一）定义

稀释每股收益是指当企业存在稀释性潜在普通股时，应当分别调整归属于普通股股东的当期净利润和发行在外的普通股加权平均数，并据以计算稀释每股收益。

所谓稀释性潜在普通股，是指假设当期转换为普通股会减少每股收益的潜在普通股，如可转换公司债券、认股权证和股份期权。

（二）计算方法

计算稀释每股收益，需要对基本每股收益的计算公式做如下调整。

1. 分子

计算时，应当根据下列事项对归属于普通股股东的当期净利润进行调整：当期已确认为费用的稀释性潜在普通股的利息；稀释性潜在普通股转换时产生的收益或费用。同时，应考虑相关的所得税影响。

2. 分母

当期发行在外的普通股的加权平均数调整为计算基本每股收益时的普通股的加权平均数与假定稀释性潜在普通股转换为已发行普通股而增加的普通股股数的加权平均数之和。

假定稀释性潜在普通股转换为已发行普通股而增加的普通股股数应当按照其发行在外时间进行加权平均：以前期间发行的稀释性潜在普通股，应当假设当期期初转换为普通股；当期发行的稀释性潜在普通股，应当假设在发行日转换为普通股；当期被注销或终止的稀释性潜在普通股，应当按照当期发行在外的时间加权平均计入稀释每股收益；当期被转换或行权的稀释性潜在普通股，应当从当期期初至转换日计入稀释每股收益中，从转换日期所转换的普通股则计入基本每股收益中。

【例 8-8】ABC 公司 2012 年 1 月 1 日发行 100 万份认股权证，行权价格为 4 元。2012 年度净利润为 300 万元，发行在外的普通股加权平均数为 500 万股，普通股平均市场价格为 8 元，计算该公司 2012 年的稀释每股收益。

2012 年的基本每股收益＝300÷500＝0.6（元）

调整增加的普通股股数＝100－100×4÷8＝50（万股）

2012 年的稀释每股收益＝300÷（500＋50）＝0.55（元）

【例 8-9】XYZ 公司 2012 年 1 月 1 日发行票面利率为 2%的可转换债券，面值为 400 万元，每 100 元债券可转换为 1 元面值的普通股 80 股。2012 年净利润为 5000 万元，2012 年发行在外的普通股加权平均数为 2500 万股，所得税率为 25%，计算该公司 2012 年的稀释每股收益。

2012 年的基本每股收益＝5000÷2500＝2（元）

净利润的增加额＝400×2%×（1－25%）＝6（万元）

普通股数的增加额＝400×80÷100＝320（万股）

2012 年的稀释每股收益＝（5000＋6）÷（2500＋320）＝1.78（元）

第五节　盈利质量分析

盈利质量分析是在盈利能力评价的基础上，以收付实现制为计算基础，以现金流量表所列示的各项财务数据为基本依据，通过一系列现金流量指标的计算，对公司盈利能力的进一步修复和检验。通过现金流量指标的计算来修正和补充盈利能力指标，更有利于对公司盈利状况进行多视角、全方位的综合分析，从而反映公司盈利的质量。

利用现金流量表进行盈利质量分析的指标很多，主要有销售收入现金含量、净利润现金含量、净资产现金回报率、全部资产现金回收率以及每股经营现金流量等。

一、销售收入现金含量

（一）定义

销售收入现金含量是指销售商品或提供劳务收到的现金与企业营业收入的比值。

该指标反映企业经营业务获得的现金与营业收入的比例关系，表明营业收入的现金保障程度，可以用来判断企业营业收入的质量。营业收入是企业净利润的来源，营业收入质量越高，企业当期净利润的质量也就越高，同时表明企业的产品畅销、劳务受欢迎，市场占有率高、回款能力强。

（二）计算方法

销售收入现金含量的计算公式为：

$$销售收入现金含量=\frac{销售商品或提供劳务收到的现金}{营业收入}\times100\%$$

【例 8－10】FL 公司 2011—2012 年的销售收入现金含量分析。

表 8－12　　FL 公司的售收入现金含量计算表　　单位：万元

项目	2012 年	2011 年
销售商品或提供劳务收到的现金	23814.71	248008.55
营业收入	220191.07	226092.99
销售收入现金含量（%）	108.16	109.69

通过表 8－12 的计算结果可以看出，FL 公司的销售收入现金含量是很高的，两年都高于 100%。另外，2012 年比 2011 年有一个很小幅度的下降。

选择与 FL 公司同行业且经营业务相似的阳光照明、飞乐音响和雪莱特进行对比分析，对比的时间区间选择为 2008—2012 年。对比情况如图 8－6 所示。

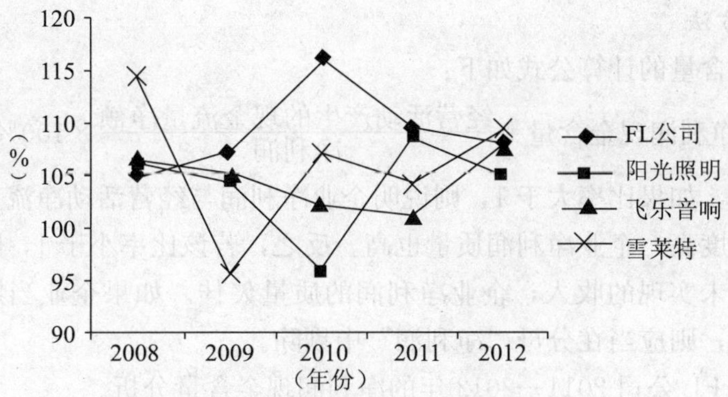

图 8-6　FL 公司的销售收入现金含量分析

通过图 8-6 的分析可以发现，虽然，FL 公司的销售收入现金含量从 2010 年的 116.24%逐年下滑，但依然是对比企业中比较高的，而且稳定性也比较好。因此可以初步判断 FL 公司产品销售形势良好，信用政策合理，能及时收回货款，收款工作得力。

（三）销售收入现金含量分析的注意事项

（1）销售收入现金含量指标把现金流量表与利润表分析有机结合起来，使我们可以估计每单位营业收入所能带来的现金流入量，并由此把握企业流动性风险及商业信用等方面的状况及重要变化。

（2）在赊销政策无重大变化、应收账款正常回收时，由于“销售商品、劳务收到的现金”涵盖了主营业务收入和其他业务收入项目，因此该指标的正常值水平应当大于 1。这一标准对于我们分析企业当期营业收入的现金含量具有指导意义。

（3）正常情况下，销售收入的现金含量越高，意味着企业的货款回收越快，流动资金的使用效率越高。反之，销售收入的现金含量低，则企业的营运周期就会相应被拉长，积压在应收账款、其他应收款或预付账款上的资金无法回笼，则必然会加大企业的短期融资需求和资金调度压力。

（4）虽然现金流量与利润数据在单个会计期间一般是不一致的，但从长期来看，两者之间应该保持某种相对稳定的比例关系，其差别则反映了非现金支出与收入的变动趋势。

（5）在实际运用时，我们还应注意：该指标只着重反映特定期间销售收入所对应的现金含量信息，而不能说明整体经营情况的变动趋势。我们可以结合销售现金流量及主营收入绝对额的趋势分析来弥补该指标的不足。

二、净利润现金含量

（一）定义

该指标表明企业本期经营活动产生的现金流量净额与利润之间的比例关系，可以用来衡量净利润质量的高低。

（二）计算方法

净利润现金含量的计算公式如下：

$$净利润现金含量=\frac{经营活动产生的现金流量净额}{净利润}\times 100\%$$

一般情况下，如果比率大于1，则说明企业净利润与经营活动净流量协调较好，净利润现金实现程度高，企业净利润质量也高。反之，若该比率小于1，则说明企业本期净利润中存在尚未实现的收入，企业净利润的质量欠佳。如果企业当期投资收益、筹资费用数额较大，则应当在分母“净利润”中剔除。

【例8－11】FL公司2011—2012年的净利润现金含量分析。

FL公司2011—2012年的净利润现金含量计算表如表8－13所示。

表8－13　FL公司的净利润现金含量计算表　单位：万元

项目	2012年	2011年
经营活动产生的现金流量净额	43739.69	26987.84
净利润	40022.99	29727.39
净利润现金含量（%）	109.29	90.78

由表8－12的计算结果可以看出，2012年FL公司的净利润现金含量是比较高的，达到109.29%，比2011年有所提高。

选择与FL公司同行业且经营业务相似的阳光照明、飞乐音响和雪莱特进行对比分析，对比的时间区间选择为2008—2012年。对比情况见图8－7。

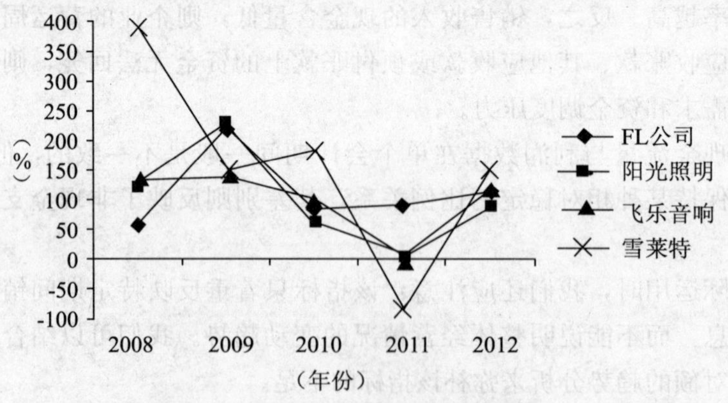

图8－7　FL公司的净利润现金含量分析

通过图8－7的对比分析可以发现，FL公司在2008—2012年，净利润现金含量在2008年最低，为55.96%，但是后面4个年度都保持在75%以上，稳定性比较好。其他3个公司净利润现金含量的波动性相对比较大，特别是在2011年，飞乐音响和雪莱特都出现了负值，阳光照明的指标也只有 8.36%，而 FL 公司却达到了 90.78%。这说明，在这 4 个公司中，FL 公司的净利润现金含量是比较好的。

（三）净利润现金含量分析应注意的问题

1. 现金流量表与利润表的结合分析

利润表中的净利润是建立在权责发生制基础上的，对应计收入、应计费用等项目存在着估计成分，对有关资产、损益项目的确认和分配也因存在不同方法而产生不同的结果，这样就可能出现账面反映有较高利润但资金周转却发生困难的情况，缺乏足够的现金支付能力。现金流量表是以收付实现制为基础，通过分析调整利润表中各项目对现金流量的影响计算编制的，它能揭示经营活动所得现金净额和净利润的关系，有助于解释为什么有的企业有盈利却没有足够的现金支付工资、股利和偿还债务，有的企业没有盈利却有足够的现金支付能力。如果企业的净利润大大高于“经营活动产生的现金流量净额”，则说明企业利润的含金量不高，存在大量的赊销行为及未来的应收账款收账风险，同时某种程度上存在着利润操纵之嫌。在了解该指标的过程中，我们还可以了解到企业相关税、费的缴纳情况。

2. 分析企业操纵利润的可能性

由于净利润容易变化和操纵，该指标稳定性没有“销售收入现金含量”好，所以往往需要具体公司具体分析。与“销售收入现金含量”一样，这一指标对于发现企业操纵利润的嫌疑也具有重要的作用。企业操纵账面利润，一般是没有相应的现金流量的。这一指标过低，就有虚盈实亏的可能性，应进一步分析会计政策、会计估计和会计差错变更的影响以及应收款项及存货的变现能力。

若该指标大于 1，则反映公司经营活动所产生的现金流量净值高于当期净利润，企业的净利润有足够的现金保障。反之，现金利润比低于正常水平，甚至企业的净利润极高但经营活动净现金流量为负，则说明企业的账面利润没有实实在在的现金流入作为保证，或者说企业的利润来源于非正常生产经营性活动。企业的经营成果缺乏现金流入作保障，则企业生产在未来的可持续发展将受到怀疑。

三、其他反映盈利质量的指标

其他反映盈利质量的指标见表 8－14。

表 8－14　　其他反映盈利质量的指标

指标名称	计算公式	评价方法
每股经营现金流量	$\text{每股经营现金流量}=\dfrac{\text{经营活动产生的净现金流量}-\text{优先股股利}}{\text{发行在外的普通股股数}}$	越大越好
全部资产现金回收率	$\text{全部资产现金回收率}=\dfrac{\text{经营活动产生的净现金流量}}{\text{平均总资产}}\times 100\%$	越大越好

续 表

指标名称	计算公式	评价方法
净资产现金回收率	$\text{净资产现金回收率}=\frac{\text{经营活动产生的净现金流量}}{\text{平均净资产}}\times 100\%$	越大越好
现金分配率	$\text{现金分配率}=\frac{\text{现金股利}}{\text{经营活动产生的净现金流量}}\times 100\%$	与现金股利政策有关

【例 8－12】FL 公司 2010—2012 年度的其他反映盈利质量的指标计算见表 8－15。

表 8－15　　FL 公司 2010—2012 年其他反映盈利质量的指标的计算表

指标名称	2010 年	2011 年	2012 年
每股经营现金流量（元）	0.22	0.28	0.45
全部资产现金回收率（%）	6.88	8.59	13.25
净资产现金回收率（%）	7.63	9.55	14.99
现金分配率（%）	102.21	90.65	55.93

通过上述其他盈利能力指标的计算，可以发现与前述指标相同的结论：FL 公司的各个盈利质量指标都是比较高的，而且所有指标都表明，在 2012 年，其盈利质量比前两年都有了大幅度的增长。另外，由于 FL 公司的现金股利比较稳定，所以，随着经营活动现金流量净额的逐年增加，其现金分配率逐年减小。

本章小结

1. 盈利能力是企业获取利润的能力。利润是投资者取得投资收益，债权人收取本息的资金来源，是衡量企业长足发展能力的重要指标。

2. 企业管理层进行盈利能力分析的主要目的是反映和衡量企业经营业绩，债权人进行盈利能力分析的主要目的是判断企业是否有足够的能力偿还各项债务，股东进行盈利分析的目的是判断在风险水平得到控制的前提下企业是否可以获取更多利润。

3. 以销售为基础的盈利能力分析指标主要有销售净利率以及销售毛利率等指标，以资产为基础的盈利能力分析指标主要有总资产报酬率以及净资产收益率等指标。

4. 上市公司盈利能力分析的指标还有基本每股收益以及稀释每股收益等指标。

5. 企业盈利质量分析的主要指标有销售收入现金含量以及净利润现金含量等指标。

1. 各个利益相关主体对企业进行盈利能力分析的目的各是什么？
2. 以销售为基础的盈利能力分析过程中应注意的事项是什么？
3. 以资产为基础的盈利能力分析过程中应注意的事项是什么？
4. 对上市公司进行盈利能力分析有哪些特点？
5. 如何对企业的盈利质量进行分析？
6. 选择一家上市公司，对其进行盈利能力分析。

第九章　营运能力分析

学习目标

了解企业营运能力分析的目的，掌握用于评价总资产营运能力、流动资产周转速度以及固定资产运营效率的主要财务指标的计算及应用，能够综合运用各项指标对企业营运能力进行深入分析。

第一节　营运能力分析概述

一、企业营运能力分析的目的

企业营运资产的主体是流动资产和固定资产，尽管无形资产是企业资产的重要组成部分，随着从工业经济时代向知识经济时代的转变，其在企业资产中的占比越来越高，而且对于提高企业效益具有重要作用。但是，无形资产的作用必须通过或依附于有形资产才能发挥出来。因此，企业流动资产和固定资产的利用效率从根本上决定了企业的经营成果和财务状况。

企业营运能力主要指企业运营资产的效率与效益，通常用资产的周转率来衡量。进行企业营运能力分析的目的主要如下。

（一）评价企业资产的流动性

企业资产的两大基本特征是流动性和盈利性。企业的营运能力越强，资产的流动性越高，企业获得预期收益的可能性就越大。所以，营运能力分析目的之一是评价资产流动性。

（二）评价企业资产利用的效益

企业资产营运能力的实质，就是以尽可能少的资产占用在尽可能短的时间内周转，生产出尽可能多的产品，实现尽可能多的营业收入，创造出尽可能多的利润。通过营运能力分析，能够评价企业资产利用的效益，为改善企业管理提供方向。

（三）挖掘企业资产利用的潜力

企业营运能力的高低取决于多种因素，通过营运能力分析，可以了解企业资产利用方面存在的问题，如资产利用还有多大的潜力空间，进而采取有效措施，提高企业资产营运能力。

二、企业营运能力分析的内容

企业营运能力的分析主要内容如下。

（一）总资产营运能力分析

通过对总资产周转率等指标的分析，揭示总资产周转速度和利用效率变动的原因，评价总资产营运能力。

（二）流动资产周转速度分析

通过对流动资产周转率、存货周转率和应收账款周转率等指标的分析，揭示流动资产周转率变动的原因，评价资产的流动性。

（三）固定资产利用效果分析

通过对固定资产周转率等指标的分析，揭示固定资产利用效率的变动和原因，评价固定资产的运营效率。

第二节　总资产营运能力分析

企业总资产营运能力是指企业总资产的运营效率，主要用总资产周转率等指标来衡量。

总资产周转率的相关内容如下。

一、定义

总资产周转率，也称总资产利用率，是企业营业收入与平均总资产的比率，即企业的总资产在一定时期内（通常是一年）周转的次数。

总资产周转率是综合评价企业全部资产经营质量和利用效率的重要指标，它综合反映了企业整体资产的营运能力，一般来说，周转次数越多或周转天数越少，表明其周转速度越快，营运能力也就越大。

二、计算方法

总资产周转率的计算公式为：

$$总资产周转率=\frac{营业收入}{平均总资产}$$

其中，平均总资产＝（期初资产总额＋期末资产总额）/2。

总资产周转速度也可以用周转天数来表示，计算公式为：

$$总资产周转天数=\frac{360}{总资产周转率}$$

【例 9-1】根据 FL 公司 2011 与 2012 两个年度的财务报表，进行总资产周转率的计算分析，计算结果见表 9-1。

表 9-1　　　　FL 公司总资产周转速度计算表

项目	2011 年	2012 年
营业收入（万元）	226092.99	220191.07
期初资产总额（万元）	312854.75	315555.44
期末资产总额（万元）	315555.44	344827.43
平均资产总额（万元）	314205.09	330191.43
总资产周转率（次）	0.72	0.67
总资产周转天数（天）	500.30	539.84

从表 9-1 可以看出，FL 公司 2012 年的总资产周转率为 0.67 次，总资产周转天数为 539.84 天。与 2011 年相比，周转率降低了 0.05 次，周转天数增加了 39.54 天，这说明 FL 公司的总资产营运能力略有下降。

查阅同行业数据，2011 年和 2012 年同行业平均总资产周转率分别为 0.71 次和 0.63 次，由此可以判断 FL 公司的总资产运营效率基本与行业平均水平相当。

选择与 FL 公司同行业且经营业务相似的阳光照明、飞乐音响和雪莱特进行对比分析，对比的时间区间选择为 2008—2012 年。对比情况见图 9-1。

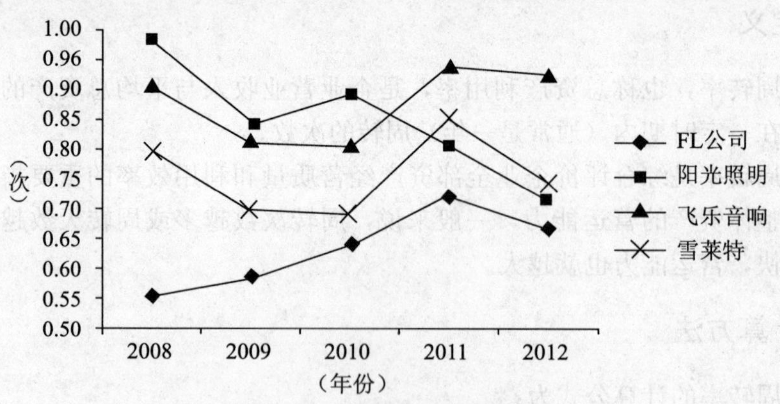

图 9-1　FL 公司的总资产周转率对比分析

从图 9-1 FL 公司与其他企业的对比分析可以看出，虽然 2008—2009 年 FL 公司的总资产周转率基本呈现一种上升的趋势，但是，在 4 个企业之中是最低的，其他 3 个企业总资产周转率基本都在 0.70 次以上，表现最好的飞乐音响甚至各年都在 0.81

次以上；FL公司仅仅在2011年达到了0.72次，其他年份都在0.55～0.67次。这说明FL公司的总资产运营效率虽然在逐渐提高，但是，在同行业对比企业中仍然是比较低的。

三、总资产周转率分析的注意事项

（一）结合企业所在的行业特征和企业战略特征

对总资产周转率的对比分析，不但能够反映出企业本年度及以前年度总资产的营运效率及其变化，而且能够发现企业与同类企业在资金利用上的差别，促进企业提高资金的使用效率。不同的行业，总资产周转率是有差异的。一般来说，批发与零售业的总资产周转率比较高，而电力、煤气及水等公共事业的总资产周转率比较稳定。表9-2列举了几个行业的例子，体现了不同行业的差别。

表9-2　部分行业上市公司的总资产周转率　单位：次

行业	2010年	2011年	2012年
电力、煤气以及水等公共事业	0.44	0.43	0.43
电子元器件制造业	0.81	0.71	0.63
房地产开发与经营业	0.33	0.31	0.28
批发与零售业	1.6	0.77	1.47
银行与金融服务业	0.1	0.15	0.71

（二）结合其他指标进行全面分析

以总资产周转率一个指标还不能说明企业的营运能力，还应结合流动资产周转率、固定资产周转率等有关资产组成部分的使用效率指标进行分析，作进一步的判断。

还可以与体现企业盈利能力的指标共同分析。总资产周转率综合反映了企业整体资产的营运效率。它是企业的全部资产价值在一定时期内完成周转的次数。该指标反映的是企业的1元资产赚取收入的能力，可用于衡量企业运用资产赚取利润的能力。总资产周转率可经常和反映盈利能力的指标一起使用，全面评价企业的盈利能力。

（三）进一步分析推动总资产周转率变动的因素

在此基础上，应进一步从各个构成要素进行分析，以便查明总资产周转率升降的原因。企业可以通过薄利多销的办法加速资产的周转，以带来利润绝对额的增加。

对总资产周转率的分析评价需要结合公司的销售净利率和权益乘数、净资产收益率来综合衡量。

第三节　流动资产运营效率分析

一、流动资产周转率

（一）定义

流动资产周转率是营业收入与流动资产平均余额的比率。流动资产周转率反映的是全部流动资产的利用效率，是衡量企业一定时期内（通常是1年）流动资产周转速度的快慢及利用效率的综合性指标。

流动资产周转速度快会相对节约流动资产，等于相对扩大资产投入，增强企业盈利能力；周转速度延缓，需要补充流动资产参与周转，形成资金浪费，降低企业盈利能力。

（二）计算方法

流动资产周转率的计算公式为：

$$流动资产周转率=\frac{营业收入}{流动资产平均余额}$$

其中，流动资产平均余额＝（期初流动资产＋期末流动资产）/2。

分析评价企业流动资产周转速度还可用流动资产周转期，它是指流动资产周转一次需要的时间。其计算公式为：

$$流动资产周转期（天数）=\frac{360}{流动资产周转率}$$

【例9-2】根据FL公司2011与2012两个年度的财务报表，进行流动资产周转率的计算分析，计算结果见表9-3。

表9-3　　FL公司流动资产周转速度计算表

项目	2011年	2012年
营业收入（万元）	220191.07	226092.99
期初流动资产总额（万元）	156232.67	166943.40
期末流动资产总额（万元）	166943.40	200596.45
平均流动资产总额（万元）	161588.04	183769.92
流动资产周转率（次）	1.40	1.20
流动资产周转期（天）	257.29	300.45

从表9-3可以看出，FL公司2012年的流动资产周转率为1.20次，流动资产周转天数为300.45天。与2011年相比，周转率降低了0.20次，而周转天数增加了43.16

天，这说明 FL 公司的流动资产营运能力略有下降。

选择与 FL 公司同行业且经营业务相似的阳光照明、飞乐音响和雪莱特进行对比分析，对比的时间区间选择为 2008—2012 年。对比情况见图 9-2。

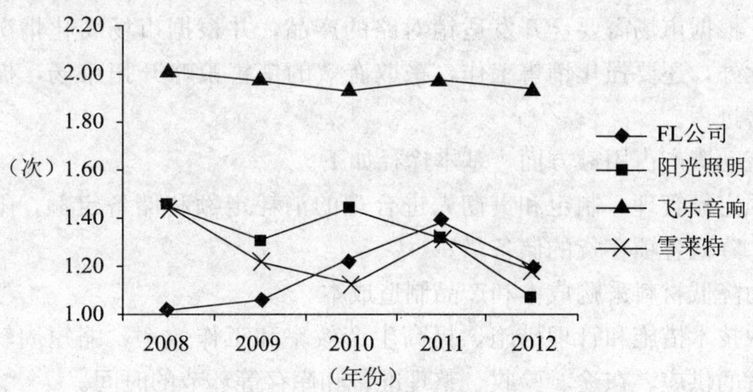

图 9-2 FL 公司流动资产周转率的对比分析

通过图 9-2 所示的对比分析可以得出以下结论。

（1）在 4 家企业中，飞乐音响的流动资产周转最快，5 年中流动资产周转率都在 1.90 次以上，而且，各年波动很小，这显示出飞乐音响的流动资产运营效率不仅比较高，也比较稳定。

（2）在 2012 年，4 家企业的流动资产周转率都出现了下滑，这可能跟本行业的整体性波动有关系。

（3）FL 公司从 2008 年到 2011 年，流动资产管理效率逐渐提高，在 4 个对比企业中，其 2011 与 2012 年都处于第 2 名。对比图 9-1 的分析结果，可知 FL 公司的总资产周转率是 4 个企业中最低的，所以，可能 FL 公司的非流动资产管理出现了问题。

（三）流动资产周转率分析需要注意的问题

1. 行业特征的影响

与总资产周转率一样，不同行业的流动资产周转率也存在差异，所以，需要结合行业特点进行全面分析。

2. 对流动资产周转额的分析

流动资产实现销售的能力，即周转额的大小。在一定时期内，流动资产周转速度越快，其实现的周转额越多，对财务目标的贡献程度越大。

3. 分析流动资产投资的节约与浪费情况

流动资产占用额与流动资产周转速度有着密切的制约关系。在销售额既定的条件下，流动资产周转速度越快，流动资产的占用额就越少，就会相对节约流动资产，相当于扩大企业资产投入，增强了企业的盈利能力；反之，若流动资产周转速度慢，为维持正常经营，企业必须不断补充流动资产，投入更多的资源，资产使用效率低，也降低了企业的盈利能力。

4. 加速流动资产周转的基本途径

从流动资产周转率的计算公式可见，企业加速流动资产周转，必须从增加产品营业收入和降低流动资产占用额两个方面努力。在增加营业收入方面，企业要加强市场调查和预测，根据市场需要，开发适销对路的产品，并根据市场变化情况，及时调整产品结构。此外，还要强化销售工作，采取有效的销售策略开拓市场，提高市场占有率，加快销售过程。

在降低流动资产占用额方面，基本途径如下。

(1) 加强定额管理，制定和贯彻先进合理的消耗定额和储备定额，降低材料、能源等消耗量，降低各项存货的储备量。

(2) 努力降低材料采购成本和产品制造成本。

(3) 采取技术措施和管理措施，提高生产效率和工作效率，缩短周转期，包括生产周期，存货的供应、在途、验收、整理准备和库存等环节的时间。

(4) 加快货款结算，及时收回货款。

(5) 定期清仓查库，及时处理积压产品和物资。

(6) 避免过量存款。

在分析、了解企业流动资产总体周转情况的基础上，为了对流动资产的周转状况做出更加详尽的分析，并进一步揭示影响流动资产周转速度变化的影响因素，还必须对流动资产中的主要构成项目，如应收账款、存货、现金等的周转率进行分析，以增强对企业经营效率的分析，并查明流动资产周转率升降的原因。

二、应收账款周转率

(一) 定义

应收账款周转率是指企业一定时期（通常是1年）营业收入与应收账款平均余额的比率。

应收账款是企业购销活动中所发生的债权。应收账款周转率是衡量应收账款流动程度和管理效率的指标。应收账款构成流动资产中的一个重要项目。

(二) 计算方法

应收账款周转率的计算公式为：

$$应收账款周转率=\frac{营业收入}{应收账平均余额}$$

公式中的“营业收入”数据来自利润表；“应收账款平均余额”是指因销售商品、提供劳务等而应向购货单位或接受劳务单位收取的款项平均数，它是资产负债表中应收账款的期初、期末金额的平均数。

应收账款周转速度也可用应收账款周转期来表示，计算公式为：

$$应收账款周转期（天数）=\frac{360}{应收账款周转率}$$

【例 9-3】根据 FL 公司 2011 与 2012 年两个年度的财务报表，进行应收账款周转率的计算分析，计算结果见表 9-4。

表 9-4　　FL 公司应收账款周转率计算表

项目	2011 年	2012 年
营业收入（万元）	226092.99	220191.07
期初应收账款（万元）	31718.55	30022.39
期末应收账款（万元）	30022.39	33400.69
平均应收账款（万元）	30870.47	31711.54
应收账款周转率（次）	7.32	6.94
应收账款周转期（天）	49.15	51.85

从表 9-4 可以看出，FL 公司 2012 年的应收账款周转率为 6.94 次，应收账款周转天数为 51.85 天，比 2011 年的数据取值稍有下降。查阅其所在电子元器件制造行业的平均应收账款周转率，2012 年为 5 次，2011 年为 6.8 次，所以，基本可以判断 FL 公司的应收账款管理水平是相对比较高的。

选择 FL 公司与同行业且经营业务相似的阳光照明、飞乐音响和雪莱特进行对比分析，对比的时间区间选择为 2008—2012 年。对比情况如图 9-3 所示。

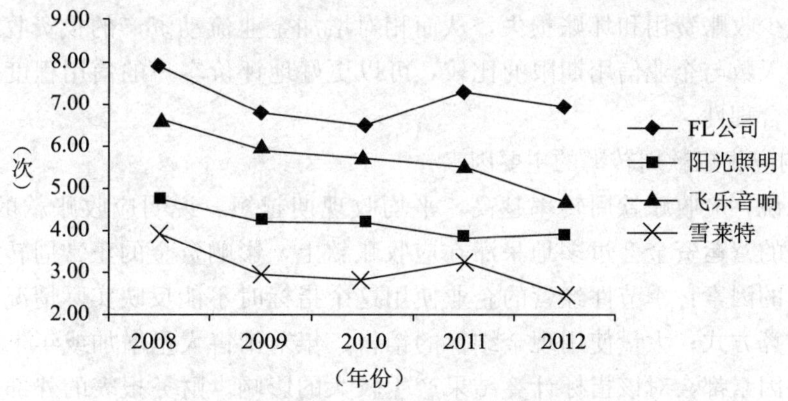

图 9-3　FL 公司应收账款周转率的对比分析

根据图 9-3 对 4 家公司应收账款管理的对比分析，可以发现，4 家公司之间的差距是比较明显的，其中，FL 公司的应收账款周转率是最高的，特别是在 2011 年，在其他 3 家公司该指标都出现下滑的形势下，FL 公司的应收账款周转率反而上涨，达到 7.32 次。这说明这几年 FL 公司的应收账款周转比较快，占用资金量相对比较少。

（三）应收账款周转率分析应注意的问题

1. 分析企业所在行业的特点

不同行业不同时期的应收账款周转率呈现出不同的特点。表 9－5 列示了一些行业在 2010—2012 年间的应收账款周转率。

表 9－5　部分行业上市公司的应收账款周转率　单位：次

行业	2010 年	2011 年	2012 年
电力、煤气以及水等公共事业	22.4	17.98	15.91
电子元器件制造业	7.61	6.8	5.00
房地产开发与经营业	429.11	478.88	602.81
批发与零售业	954.32	1012.30	845.77
银行与金融服务业	246.06	409.36	63.51

根据表 9－5 的对比分析，可以发现，批发与零售行业和房地产开发与经营业的应收账款周转率是非常高的，这跟这些行业独特的信用政策是有关系的；银行与金融服务业的应收账款周转率的波动性比较大。

2. 应收账款周转率高说明了什么

应收账款周转率反映了企业应收账款变现速度的快慢及管理效率的高低。应收账款周转率高表明：企业收账迅速，账龄期限相对较短；资产流动性大，短期偿债能力强；可以减少收账费用和坏账损失，从而相对增加企业流动资产的投资收益；借助应收账款周转天数与企业信用期限的比较，可以更好地评价客户的信用程度及企业原定信用条件的合理性。

3. 影响应收账款周转率的主要因素

一般来说，应收账款周转率越高，平均收现期越短，说明应收账款的收回越快；否则，企业的营运资金会过多地呆滞在应收账款上，影响资金的正常周转。影响该指标正常计算的因素：季节性经营的企业使用这个指标时不能反映实际情况；大量使用分期收款结算方式；大量使用现金结算的销售；年末销售大量增加或年末销售大幅度减少。这些因素都会对该指标计算结果产生较大的影响。财务报表的外部使用人可以将计算出的指标与该企业前期指标、行业平均水平或其他类似企业的指标相比较，判断该指标的高低，但仅根据指标的高低分析不出上述各种原因。

4. 进一步分析期末应收账款占年度赊销金额的天数

期末应收账款占年度赊销金额的天数表明企业有多少天的销货金额的资金滞留在应收账款上，其计算公式是：

$$\text{期末应收账款占年度赊销金额的天数}=\frac{\text{计算期天数}\times\text{期末应收账款余额}}{\text{赊销金额}}=\frac{\text{期末应收账款余额}}{\text{日赊销金额}}$$

该指标说明了期末应收账款的期间长度。账龄越短，期末应收账款占年度赊销金额的天数越少，这些都说明企业应收账款变现的速度加快，在应收账款管理上的效率较高，从而能使企业降低坏账损失和催收应收账款的费用。

如果销售具有季节性，或企业采用自然营业年度，那么这个指标可能不反映实际情况。如果公司采用自然营运年度作为会计期间，则期末应收账款占年度赊销金额的天数就会被低估，因为年底的每日销货额通常会低于全年日平均销售额。

假设期末应收账款占年度赊销金额的天数的偏差并非由于季节性经营和自然营业年度的影响，则一般有以下几种情况会使该指标偏高：大量的销售集中在年底；应收账款无法收回，而且应当冲销；企业按销售季节发账单；大多数应收账款为应收分期账款。

假设偏差并非由于季节性经营和自然经营年度的影响，一般有以下几种情况会使该指标偏低：年末销货额大量减少；大量的现金销货；企业在年末卖出大量应收账款。

在进行外部分析时，如果没有掌握内部信息就不能分析出该指标异常的原因。

5. 应收账款周转率与盈利能力、偿债能力的关系

企业的获利能力、偿债能力与应收账款的回收情况有直接的关系。如果企业的账款回收期延长，说明企业的获利能力和偿债能力都降低，这可能是企业信用政策过宽造成的，也可能是因为收账不力，还可能是坏账过多的原因，要具体分析。如果企业账款回收期延长，利润却没有增长，则可能是企业经营形势恶化的信号，即企业为了保住顾客，不得不给予延长付款期的优待，说明企业产品的竞争力下降，也可能是宏观经济形势恶化或相关产业衰退，顾客产生支付困难的结果。这两种情况都会使企业的处境恶化，应及时采取应变措施。如账款回收期缩短，则表明企业加强了应收账款的管理，或者是企业借助于金融机构进行短期融资的结果，如进行信用抵押融资。这些活动都体现了企业经营管理能力的高低。

6. 加强应收账款管理的可选措施

企业加强应收账款的管理，要从以下几个方面入手。

（1）选择资信状况良好的销售客户，这是降低坏账损失，提高收款及时性的基础。

（2）选择适宜的结算方式，一般来说，风险比较小，金额有保证的结算方式有预收货款销售、银行汇票结算方式、银行本票结算方式、汇兑结算方式、支票结算方式；风险比较大的结算方式有委托收款结算方式、分期付款结算方式等。

（3）制定合理的信用政策，一是要确定信用标准，即哪些信用等级的企业可以允许其赊销；二是确定信用期限，即正常情况下客户必须付清货款的时间限制；三是现金折扣标准，即多少购买金额时给予多少现金折扣。

（4）加强应收账款的日常管理，包括登记、提醒、催收等日常工作。

三、存货周转率分析

（一）定义

存货周转率，是指企业一定时期（通常是1年）的销售成本与平均存货的比率。通过存货周转率的计算与分析，可以测定企业一定时期内存货资产的周转速度。存货周转率是反映企业购、产、销平衡效率的一种尺度。

一般来讲，一定时期内，企业的存货周转率越高，周转次数越多，表明企业存货回收速度越快，企业的经营管理效率越高。存货周转率快，表示存货量适度，存货积压和价值损失的风险相对降低，存货所占资金使用效益高，企业变现能力和经营能力强。

（二）计算方式

存货周转率的计算公式为：

$$存货周转率=\frac{营业成本}{平均存货余额}$$

公式中的营业成本数据来自利润表。平均存货余额来自资产负债表期初存货与期末存货的平均数，公式为：

$$平均存货余额=\frac{期初存货余额+期末存货余额}{2}$$

分析存货周转速度，也可用存货周转天数来表示，即存货周转一次所需要的天数。其计算公式为：

$$存货周转天数=\frac{360}{存货周转率}$$

【例9-4】根据FL公司2011年与2012年两个年度的财务报表，进行存货周转率的计算分析，计算结果见表9-6。

表9-6　FL公司存货周转率计算表

项目	2011年	2012年
营业成本（万元）	162086.26	163042.95
期初存货余额（万元）	36541.39	49361.34
期末存货余额（万元）	49361.34	43454.14
平均存货余额（万元）	42951.37	46407.74
存货周转率（次）	3.77	3.51
存货周转天数（天）	95.40	102.47

从表9-6可以看出，2012年，FL公司的存货周转率为3.51次，存货周转天数为102.47天，比2011年有所下降，这说明FL公司的存货管理效率有所下降，存货周转

变慢了。

查阅电子元器件制造行业的平均存货周转率，2012 年为 7.98 次，2011 年为 5.09 次，说明 FL 公司在其行业中存货管理效率是比较低的。

选择与 FL 公司同行业且经营业务相似的阳光照明、飞乐音响和雪莱特进行对比分析，对比的时间区间选择 2008—2012 年。对比情况如图 9 - 4 所示。

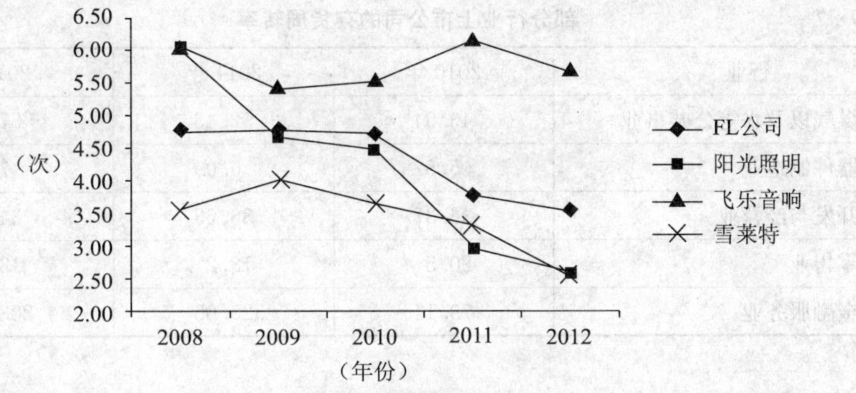

图 9 - 4 FL 公司存货周转率的对比分析

根据图 9 - 4 的对比分析，可以发现如下结论。

第一，2008—2012 年，FL 公司的存货周转率逐年下降，特别是 2011 年下降幅度最大，从 2010 年的 4.72 次下降到 3.77 次。

第二，在 4 个企业中，FL 公司的存货周转率处于第 2 位，但是与第 1 位飞乐音响的差距比较大，比如，2011 年飞乐音响的存货周转率达到 6.17 次，而 FL 公司仅为 3.77 次。

（三）*存货周转率分析应该注意的问题*

1. 存货周转率分析的重要意义

存货是流动资产乃至总资产中最重要的组成部分之一，它不仅金额比重大，而且增值能力强。因此，存活周转速度的快慢，不但反映出企业采购、储存、生产销售各环节管理工作状况的好坏，而且对企业的偿债能力及获利能力产生决定性的影响，是对流动资产周转率的补充说明。

一般来讲，一定时期内，企业的存货周转率越高，周转次数越多，表明企业存货回收速度越快，企业的经营管理效率越高，资产流动性越强，企业的利润率越高（在企业有利经营的条件下）；反之，则表明企业存货的管理效率较低，存货周转速度慢，存货占用资金较多，企业的利润率较低。

对存货周转率进行分析，有利于企业从不同的角度、环节上找出存货管理存在的问题，使存货管理在保证生产经营连续性的同时尽可能降低资金占用水平，提高存货投资的变现能力和获利能力。

2. 区分不同行业的特点

不同行业的存货周转率呈现出不同的特点。存货周转率与企业生产经营周期有关。生产经营周期短，表示无须储备大量存货，故其存货周转率就会相对加速。因此，在评价存货周转率时，应考虑各行业的生产经营特点。部分行业的存货周转率对比如表9－7所示。

表9－7　　部分行业上市公司的存货周转率　　单位：次

行业	2010年	2011年	2012年
电力、煤气以及水等公共事业	43.94	52.43	57.37
电子元器件制造业	5.52	5.09	7.98
房地产开发与经营业	36.37	36.63	34.9
批发与零售业	20.5	18.2	13.05
银行与金融服务业	79.14	525.06	203.53

从表9－7的数据可以看出，银行与金融服务业的存货周转率一般是非常高的，可以达到525次，电力、煤气及水等公共事业、房地产开发与经营业的存货周转率比较稳定。

3. 结合存货的质量结构进行进一步分析

存货周转率通常能够反映企业存货流动性的大小和存货管理效率的高低；但存货周转率过高也可能意味着企业存货不足而可能造成脱销；反之，在存货周转率过低时，企业应当进一步分析存货的质量结构，弄清存货中是否包含有实际远远低于账面价值的即将报废或已损坏的原材料、商品（产品）等。

4. 分析存货的结构以及存货速度的重要项目的影响

企业管理者和有条件的外部报表使用者，除了分析批量因素、季节性生产的变化等情况外，还应对存货的结构以及影响存货速度的重要项目进行分析，分别就原材料、在产品、产成品3个部分计算周转率，借以分析各构成对整个存货周转率的影响。其计算公式为：

$$\text{原材料周转率}=\frac{\text{耗用原材料成本}}{\text{平均原材料成本}}$$

$$\text{在产品周转率}=\frac{\text{制造成本}}{\text{平均在产品成本}}$$

$$\text{产成品周转率}=\frac{\text{产品销售成本}}{\text{平均产成品成本}}$$

5. 与企业的盈利能力分析相结合

在其他条件不变的前提下，存货周转越快，所实现的周转额也就越大，利润数额和水平相应也就越高，所以该指标也可以用来衡量企业的获利能力，当然也可以作为分析偿债能力的辅助指标。

6. 分析存货计价方法的影响

企业采用不同的存货计价方法，将影响存货周转率的高低。如采用先进先出法对存货进行计价，当存货周转速度慢于通货膨胀的速度时，存货成本不能准确地反映其现时成本，从而会降低存货价值，导致低估企业的短期偿债能力。因此，在计算和分析时应保持口径一致。当存货计价方法变动时，应对此加以说明，并计算这一变动对周转率的影响。

7. 存货批量的影响

存货批量的不同也会影响存货周转率。当存货批量很小时，存货可以很快地转换，因而存货周转率较高；当存货批量过小，甚至低于安全储备量时，会导致经常性的缺货，影响企业的正常生产经营。

8. 企业生产经营活动的季节性的影响

如果企业的生产经营活动具有很强的季节性，则年度内各季度的销售成本与存货都会有较大幅度的波动，仅仅用年初和年末余额简单计算存货平均占用额显然是不客观的。因此，为了客观反映企业的营运状况，平均存货应该按月份或季度余额来计算，先求出各月份或各季度的平均存货，然后再计算全年的平均存货。

9. 存货周转率恶化的可能原因

如果企业的存货周转率恶化，则可能由以下因素引起：①低效率的存货控制与管理导致存货的购买过度；②低效率的生产导致存货转换生产缓慢；③存货冷背，需求疲软或者难以出售，甚至丧失交换价值，导致库存积压；④企业可能存在不适当的营销政策，如对信用政策控制过严而导致销路不畅。

四、营业周期与现金周期

（一）定义

营业周期是指从取得存货开始到销售存货并收回现金为止的这一段时间。一般情况下，营业周期越短，说明资金周转速度越快；营业周期越长，说明资金周转速度越慢。决定营业周期长短的主要因素是存货周转天数、应收账款周转天数以及应付账款支付期。

现金周期则是指从支付购货款到销售存货并取得货款的一整个周期。

营业周期和现金周期从动态方面反映了企业资产的流动性，是对一个企业营运资本管理效率的综合反映指标。

（二）计算方法

营业周期的计算公式为：

营业周期＝存货周转天数＋应收账款周转天数

现金周期的计算公式为：

现金周期＝营业周期－应付账款支付期

其中，

$$应付账款支付期=\frac{360}{应付账款周转率}$$

$$应付账款周转率=\frac{本期存货采购}{平均应付账款余额}=\frac{营业成本+期末存货-期初存货}{(期初应付账款+期末应付账款)/2}$$

【例 9-5】根据 FL 公司 2011 与 2012 两个年度的财务报表，进行营业周期的计算分析，计算结果见表 9-8。

表 9-8　　FL 公司营业周期计算表　　单位：天

项目	2011 年	2012 年
应收账款周转天数	49.15	51.85
存货周转天数	95.40	102.47
应付账款支付期	50.81	40.08
营业周期	144.55	154.32
现金周期	93.74	114.24

从表 9-8 可以看出，2012 年，FL 公司的营业周期比 2011 年增加了 9.77 天，现金周期则增加了 20.50 天，说明从综合来看，FL 公司的营运资本管理效率是下降的。分析其原因，主要是应付账款支付期下降了 9.27 天，下降幅度比较大。另外，存货周转天数增加也比较多。

选择与 FL 公司同行业且经营业务相似的阳光照明、飞乐音响和雪莱特进行营业周期和现金周期的对比分析，对比的时间区间选择 2008—2012 年。对比情况见图 9-5 与图 9-6。

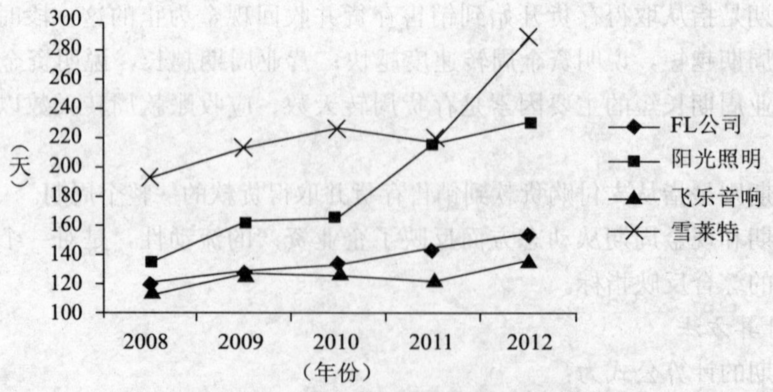

图 9-5　FL 公司营业周期的对比分析

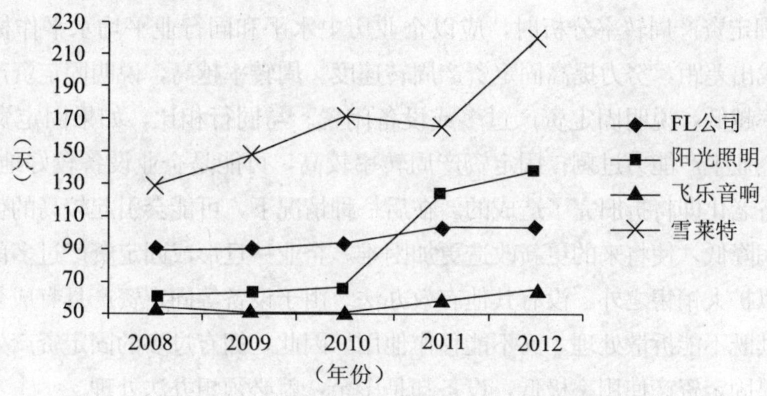

图 9-6 FL公司现金周期的对比分析

根据图 9-5 和图 9-6，可以得到如下结论。

第一，2008—2012 年，FL 公司的营业周期和现金周期的基本趋势是逐年增长，但是增长幅度都比较小。阳光照明这两个指标在 2011 年出现较大幅度的增长。

第二，在上述 4 个企业中，FL 公司的营业周期和现金周期基本处于第 2 位，说明 FL 公司运营资本管理的综合效果还是良好的，特别是营业周期，与对比企业中最好的飞乐音响的差距很小。4 个企业中，雪莱特的两个指标表现最差。

第四节 固定资产运营效率分析

一、固定资产周转率的计算与分析

（一）定义

固定资产周转率，也称固定资产利用率，是企业营业收入与固定资产平均占用额之比。它反映企业固定资产周转的快慢、变现能力和有效利用程度。

（二）计算方法

固定资产周转率的计算公式为：

$$\text{固定资产周转率}=\frac{\text{营业收入}}{\text{平均固定资产产值}}$$

固定资产周转率也可以用周转天数表示，其计算公式为：

$$\text{固定资产周转天数}=\frac{360}{\text{固定资产周转率}}$$

一般情况下，固定资产周转率越高越好，该指标高，说明企业固定资产投资得当，固定资产结构分布合理，能够较充分地发挥固定资产的使用效率，企业的经营活动越有效，闲置的固定资产越少；反之，则表明固定资产使用效率不高，提高的生产经营成果不多，企业的营运能力较差。

在进行固定资产周转率分析时，应以企业历史水平和同行业平均水平作标准进行对比分析，从中找出差距，努力提高固定资产周转速度。周转率越高，说明固定资产的利用效率越高；周转率越低，说明固定资产过多或设备闲置。与同行相比，如果固定资产周转率较低，意味着企业生产能力过剩；固定资产周转率较高，可能是企业设备较好地利用引起的，也可能是设备老化即将折旧完了造成的。在后一种情况下，可能会引起较高的生产成本使企业实现的利润降低，使将来的更新改造更加困难。企业一旦形成固定资产过多的局面，除了想办法利用以扩大销售之外，没有其他有效办法。由于设备等固定资产具有成套性和准用性特点，这使其既不能拆散处理，又不能移作他用，因此，拥有过多的固定资产处理起来比较困难。但如果固定资产使用率极低，设备却是多余，就必须想办法处理。

【例 9-6】根据 FL 公司 2011 年与 2012 年两个年度的财务报表，进行固定资产周转率的计算分析，计算结果见表 9-9。

表 9-9　　FL 公司固定资产周转率计算表

项目	2011 年	2012 年
营业收入（万元）	226092.99	220191.07
期初固定资产（万元）	68312.29	64307.87
期末固定资产（万元）	64307.87	53914.50
平均固定资产（万元）	66310.08	59111.19
固定资产周转率（次）	3.41	3.73
固定资产周转天数（天）	105.58	96.64

从表 9-9 可以看出，2012 年，FL 公司的固定资产周转率比 2011 年上升了 0.29 次，固定资产周转天数则相应减少了 8.94 天，这说明 FL 公司的固定资产运营效率有所上升。

选择与 FL 公司同行业且经营业务相似的阳光照明、飞乐音响和雪莱特进行固定资产周转率的对比分析，对比的时间区间选择为 2008—2012 年。对比情况见图 9-7。

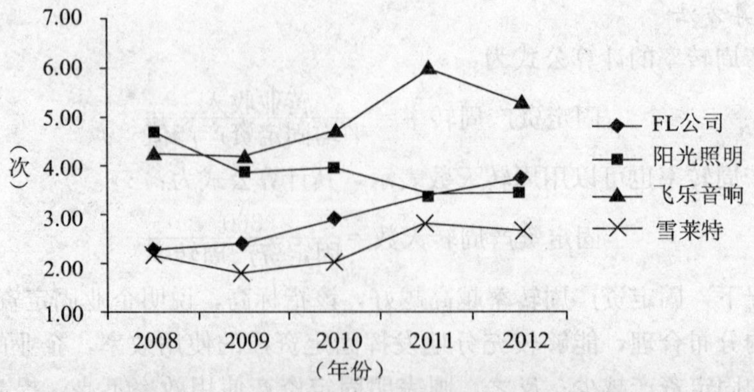

图 9-7　FL 公司固定资产周转率的对比分析

根据图 9-7，可以得到如下结论。

第一，2008—2012 年，FL 公司的固定资产周转率的趋势是逐年增长，说明 FL 公司的固定资产运营效率逐年提高。其余 3 家公司，飞乐音响和雪莱特的固定资产周转率是呈增长趋势的，阳光照明的固定资产周转率则呈现逐年下降的趋势。

第二，在上述 4 个企业中，FL 公司的固定资产周转率基本处于中间位置，说明 FL 公司运营资本管理的综合效果是良好的。4 个企业中，雪莱特的固定资产周转率是最低的，飞乐音响的固定资产周转率是最高的。

二、固定资产周转率分析应该注意的问题

（一）不同行业的固定资产周转率呈现出不同的特点

通常情况下，零售商业的固定资产周转率速度较快，但是，即使两家企业同属商业企业，如果经营模式存在很大差异，也会导致这两家企业的固定资产周转率存在较大差异；飞机场等固定资产规模很大的企业，则一般具有比较低的固定资产周转率。

（二）折旧方法与折旧年限的不同

企业固定资产所采用的折旧方法和折旧年限的不同，会导致固定资产账面净值的不同，也会对固定资产周转率的计算产生重要影响，造成指标的人为差异。

固定资产周转率公式中，分母的固定资产平均占用额可按固定资产原值或净值计算，目前有两种观点。一种观点主张采用固定资产原值计算，理由是，固定资产生产能力并非随着其价值的逐步转移而相应降低，比如，一种设备在其全新时期和半新时期往往具有同样的生产能力；再者，用原值，便于企业不同时间或与不同企业进行比较，如果采用净值计算，则失去可比性。另一种观点主张采用固定资产净值计算，理由是固定资产原值并非一直全部都被企业占有着，其价值中的磨损部分已逐步通过折旧收回，只有采用净值计算，才能真正反映一定时期内企业实际占用的固定资产。一般应按固定资产原值的平均余额计算，否则会因所采用的折旧方法或折旧年限的不同而产生人为的差异，导致该指标缺乏可比性。固定资产平均值的计算方法，一般适用于自身纵向比较；如果与其他单位横向比较，则要注意两个企业的折旧方法是否一致。本书采用固定资产净值计算固定资产平均占用额。

（三）企业运营之外因素的影响

企业的固定资产一般采用历史成本法记账，因此在企业的固定资产、销售情况都并未发生变化的条件下，也可能由于通货膨胀导致物价上涨等因素使营业收入虚增，导致固定资产周转率的提高，而实际上企业的固定资产效能并未增加。

（四）固定资产周转推动流动资产周转带来的经济效益

严格地讲，企业的营业收入并不是由固定资产的周转价值带来的。企业的营业收入只能直接来自流动资产的周转，而且固定资产要完成一次周转必须经过整个折旧周期，因此，如果用营业收入除以固定资产平均占用额来反映固定资产的周转速度具有很大的缺陷，即它并非固定资产的实际周转速度。但如果从固定资产对推动流动资产周转速度

和周转额的作用来看，固定资产又与企业的营业收入有着必然的联系，即流动资产规模、周转额的大小及周转速度的快慢在很大程度上取决于固定资产的生产能力及利用效率。

（五）固定资产的突然变化

一般而言，固定资产的增加不是渐进的，而是突然上升的，这会导致固定资产周转率的变化。

（六）固定资产不同来源的影响

在进行固定资产周转率比较时，固定资产的不同来源将对该比率的大小产生重要影响。如果一家公司的厂房或生产设备是通过经营性租赁得来的，而另一家公司的固定资产全部是自有的，那么对这两家的固定资产周转率进行比较就会产生误导。评价不同公司的固定资产周转率时，可以找资产结构类似的公司进行比较或公司本身的历史数据进行比较，这样才有意义。

基于上述分析，在对固定资产营运能力进行分析时，必须充分结合流动资产的投资规模、周转额、周转速度才更有价值。固定资产周转率反映出既定质量的固定资产通过对流动资产价值转换规模与转换速率的作用而对营业收入实现所做出的贡献。公式为：

$$固定资产周转率=\frac{流动资产平均占用额}{固定资产平均占用额}\times流动资产周转率$$

一般而言，固定资产的质量与使用效率越高，其推动流动资产运行的有效规模与周转率就越大、越快，实现的周转额也就越多。因此，在不断提高流动资产自身营运能力的同时，如何卓有成效地提高固定资产的质量与使用效率，并以相对节约的固定资产投资推动尽可能多的流动资产规模，加速流动资产价值的转换速率，从而实现更多的营业收入，成为固定资产营运效率分析评价工作的重要内容。

本章小结

1. 企业营运能力分析的目的主要有评价企业资产的流动性、评价企业资产利用的效益以及挖掘企业资产利用的潜力。

2. 评价企业总资产营运能力的财务指标为总资产周转率；评价营运资产运营效率的财务指标主要有流动资产周转率、应收账款周转率、存货周转率、营业周期以及现金周期；评价企业固定资产运营效率的指标主要为固定资产周转率。

本章习题

1. 简述企业营运能力分析的主要目的。
2. 简述营业周期以及现金周期与其他营运能力评价指标之间的关系。
3. 简述固定资产周转率与流动资产周转率的关系。
4. 查找一家上市公司的相关财务资料，对其运营能力进行系统分析。

第十章　财务综合分析

学习目标

了解财务综合分析的目的和特点，掌握杜邦分析体系的指标分解与因素分析，熟悉杜邦分析体系的应用要点，了解帕利普财务分析体系，掌握沃尔评分法的应用方法，了解雷达图分析法，掌握上市公司的财务综合分析指标的计算和应用。

第一节　财务综合分析的目的与内容

前面已经介绍过的从各个方面进行财务分析的方法，虽然可以了解企业各方面的财务状况，但是不能反映企业各方面财务状况之间的关系，无法揭示企业各种财务比率之间的相互关系。实际上，企业的财务状况是一个完整的系统，内部各因素是相互依存、相互作用的，任何一个因素的变动都会引起企业整体财务状况的改变。财务分析者只有深入了解企业财务状况内部的各项因素及其相互关系，才能较全面地提示企业财务状况的全貌。

财务综合分析就是将各项财务分析指标作为整体，系统、全面地对企业财务状况和经营情况进行剖析、解释和评价的一项综合经济管理工作。业绩评价就是指在综合分析的基础上，运用业绩评价方法对企业财务状况和经营成果所作的综合结论。

一、综合分析评价的目的

(1) 明确企业财务活动与经营活动的相互关系，找出企业发展的“瓶颈”所在。
(2) 全面评价企业财务状况及经营业绩，明确企业的经营水平、位置和发展方向。
(3) 为企业利益相关者进行投资决策提供参考。
(4) 为完善企业财务管理和经营管理提供依据。

二、综合财务分析的特点

(一) 财务分析指标要素真实、齐全、适当

各单项财务指标及其各指标要素要真实、全面、适当，所设置的评价指标必须能

够涵盖盈利能力、偿债能力和营运能力等诸多方面总体分析的需要。

（二）财务分析各主辅指标功能应相互协调匹配

财务分析指标众多，因此综合分析时一定要抓住主要指标；同时，在利用主辅指标时，还应特别注意主辅指标间的本质联系和层次关系。

（三）满足企业利益各方的不同财务信息需要

进行综合财务分析要能够尽量满足企业利益各方的不同财务信息要求，切不可从企业内部管理的角度或者投资者、债权人或国家宏观监管等某一方面的要求进行、做出判断，这样容易片面、不准确，而要从多角度、多层次进行综合评价和分析。

三、综合分析和业绩评价的内容

（一）财务目标与财务环节相互关联综合分析评价

企业的财务目标是资本增值最大化，反映在指标上可以以净资产收益率来表示，而要实现这一目标，必须依靠企业的投资、筹资及运营 3 项经营活动的综合进行。

（二）企业经营业绩综合分析评价

尽管上述综合分析评价可以克服单一指标的缺陷，但是由于没能用某一单项计量手段给相互关联指标以综合评价，因此往往难以得出公司经营改善与否的定量结论。因此，本书采用综合指数评价法和综合评分法对各项重要财务指标进行量化分析。

第二节　杜邦财务分析体系

一、杜邦财务分析体系概述

杜邦财务分析体系设立一套系列相关的财务指标的综合模型，从投资者对企业要求的最终目标出发，层层指标分解，从而能系统地分析、了解影响企业最终财务目标实现的各项因素的影响作用。它又称杜邦分析法，是由美国杜邦公司于 1910 年首先设立并采用的。该方法是利用各主要财务比率之间的内在联系来综合分析企业财务状况的方法。

杜邦财务分析体系的内容可用杜邦财务分析图来表示，见图 10－1。

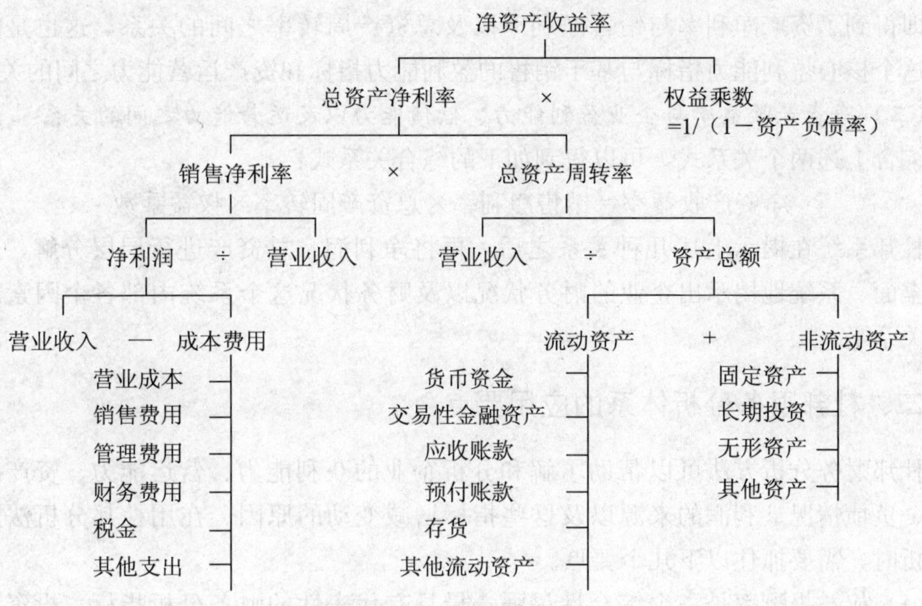

图 10－1 杜邦财务分析体系图

从图 10－1 可以得知，杜邦财务分析体系主要反映以下财务比率之间的关系。

（一）净资产收益率与资产净利率及权益乘数之间的关系

基于净资产收益率的定义，杜邦财务分体系首先进行如下变形：

$$净资产收益率=\frac{净利润}{平均净资产}$$

$$=\frac{净利润}{平均净资产}\times\frac{平均总资产}{平均总资产}$$

$$=\frac{净利润}{平均总资产}\times\frac{平均总资产}{平均净资产}$$

$$=资产净利率\times权益乘数$$

即得到了净资产收益率与资产净利率以及权益乘数之间的关系，这也是净资产收益率这个核心财务指标与企业的盈利能力（基于总资产的盈利能力指标）和偿债能力（或财务杠杆）之间的关系。

（二）资产净利率与销售净利率及资产周转率之间的关系

基于资产净利率的定义，杜邦财务分体系进行如下变形：

$$资产净利率=\frac{净利润}{平均总资产}$$

$$=\frac{净利润}{平均总资产}\times\frac{销售收入}{销售收入}$$

$$=\frac{净利润}{销售收入}\times\frac{销售收入}{平均总资产}$$

$$=销售净利润\times总资产周转率$$

即得到了资产净利率与销售净利率以及总资产周转率之间的关系，这也是资产净利率这个核心盈利能力指标与基于销售的盈利能力指标和资产运营能力之间的关系。

（三）净资产收益率与企业盈利能力、偿债能力以及运营能力之间的关系

综合上述两个关系式，可以得到如下的综合关系式：

净资产收益率＝销售净利率×总资产周转率×权益乘数

杜邦系统在揭示上述几种关系之后，再将净利润、总资产进行层层分解，这样就可以全面、系统地揭示出企业的财务状况以及财务状况这个系统内部各个因素之间的相互关系了。

二、杜邦财务分析体系的应用要点

杜邦财务分析方法可以帮助了解和分析企业的获利能力、营运能力、资产的使用状况、负债情况、利润的来源以及这些指标增减变动的原因。在用杜邦分析法进行综合分析时，需要抓住以下几个要点。

（1）权益报酬率是一个综合性最强、最具有代表性的财务分析指标。投资者最关心的是自己每一块钱的投资经过企业经营之后每年能带来多少钱的收益。权益报酬率恰好可以反映企业所有者投入资本的获利能力，说明企业筹资、投资、资产营运等各项财务及其管理活动的效率，所以不断提高权益报酬率是使所有者收益最大化的基本保证。从杜邦图可看到，企业获利能力的驱动器有 3 个发动机：销售净利率、资产周转率和权益乘数。销售净利率取决于企业的经营管理；资产周转率取决于投资管理；权益乘数取决于筹资政策。通过对这 3 个比率的分析，就可以将权益报酬率这一综合指标发生升降变化的原因具体化，比只用一项综合指标更能说明问题。

（2）权益乘数反映了企业筹资情况，即企业资金来源结构如何。它主要是受资产负债率指标的影响。负债比率越大，权益乘数就越高，说明企业的负债程度比较高。企业在利用别人的“鸡”给自己生了较多的“蛋”的同时，也带来了较大的财务风险。反之，负债比率越小，权益乘数就越小，说明企业的负债程度比较低，意味着企业没能积极地“借鸡生蛋”，给自己赚更多的钱，但债权人的权益却能得到较大的保障。对权益乘数的分析要联系销售收入，分析企业的资产使用是否合理，联系权益结构分析企业的偿债能力。在资产总额不变的条件下，适当开展负债经营，相对减少所有者权益所占的份额，从而达到提高所有者权益报酬率的目的。

（3）总资产报酬率也是一个重要的财务比率，综合性也较强。它是销售净利率和资产周转率的乘积，可以反映企业的销售和资产管理情况。对它进行分析，须从销售成果和资产运营两方面着手。

（4）销售净利率反映企业利润与销售收入的关系，其高低能敏感地反映企业经营管理水平的高低。影响销售净利率的主要因素为销售收入与成本费用，因此提高销售净利率有两个主要途径：一是扩大销售收入；二是降低成本费用。这两个途径即所谓的“开源节流”。扩大销售收入既有利于提高销售净利率，又可提高总资产周转率。降

低成本费用是提高销售净利率的一个重要因素，也可反映企业对成本费用的管理控制力度。提高销售净利率的另一途径是提高其他利润，想办法增加其他业务利润，适时适量地进行投资取得收益，千方百计降低营业外支出等。

（5）杜邦分析图可以分析成本费用的基本结构是否合理，还可以分析各项费用对利润的影响程度。可以利用杜邦分析图进行成本费用分析，找出降低成本费用的途径，加强成本费用控制。若企业财务费用支出过高，就要进一步分析其负债比率是否过高；若是管理费用过高，就要进一步分析其资产周转情况等。杜邦分析对利息费用分析更为重视，因为利息费用与权益乘数存在着密切的关系。如果利息费用高，就应该考虑企业的权益乘数或负债比率是否合理，也就是企业资本结构是否合理，若不合理，就会影响所有者的利益。

（6）资产周转率是反映运用资产以产生销售收入能力的指标。对资产周转率的分析，则须对影响资产周转的各因素进行分析。除了对资产的各构成部分在占用量上是否合理进行分析外，还可以对流动资产周转率、存货周转率、应收账款周转率等有关各资产组成部分使用效率进行分析，以判明影响资产周转的主要问题出在哪里。

（7）杜邦分析图还可以反映流动资产和长期资产的结构状况，用以分析其结果是否合理。一般来说，流动资产直接体现企业的偿债能力和变现能力，长期资产则体现企业的经营规模、发展潜力，两者之间有一个合理的比率关系。如果企业流动资产过多，或固定资产过多，都会影响企业资产的周转速度，从而影响资产的利用效果。同样，流动资产内部也有一个合理比例问题。如果企业持有的货币资金超过业务需要，就会影响企业的盈利能力；如果企业占有过多的存货和应收账款，则既会影响获利能力，也会影响偿债能力，这时就要分析企业是否存在产销不对路或者生产周期过长、收款不力的现象，并进一步找出原因，采取相应的改进措施。

（8）杜邦分析体系为进一步采取具体管理措施指明了方向。杜邦财务分析为决策者优化经营结构和理财结构，提高企业偿债能力和经营效益提供了基本思路，即要提高权益报酬率的根本途径在于扩大销售、改善经营结构、节约成本费用开支、优化资源配置、加速资金周转、优化资本结构等。

总之，杜邦分析法以净资产收益率为主线，将企业在某一时期的销售成果以及资产营运状况全面联系在一起，层层分解，逐步深入，构成一个完整的分析体系。它能较好地帮助管理者发现企业财务和经营管理中存在的问题，能够为改善企业经营管理提供十分有价值的信息，因而得到普遍的认同并在实际工作中得到广泛应用。通过杜邦分析体系自上而下或自下而上的分析，可以看到权益报酬率与企业的资金来源结构、销售状况、成本费用控制、资产管理密切相关，各种因素相互制约、相互影响，构成一个有机系统。

在具体应用杜邦分析法时，可进行纵向比较（即与以前年度对比）和横向比较（即与本行业平均指标或同类企业对比）。

杜邦分析法毕竟是财务分析方法的一种，作为一种综合分析方法，它并不排斥其他财务分析方法。相反，与其他分析方法结合，不仅可以弥补自身的缺陷和不足，而且也弥补了其他方法的缺点，使得分析结果更完整、更科学。比如，以杜邦分析为基础，结合专项分析，进行一些后续分析，对有关问题作更深更细致的分析了解；也可结合比较分析法和趋势分析法，将不同时期的杜邦分析结果进行对比趋势化，从而形成动态分析，找出财务变化的规律，为预测、决策提供依据；或者与一些企业财务风险分析方法结合，进行必要的风险分析，为管理者提供依据。所以，这种结合，实质也是杜邦分析自身发展的需要。分析者在应用时应注意这一点。

三、杜邦财务分析体系的变形与发展

美国哈佛大学教授帕利普（Palepu）对杜邦财务分析体系的基本模型进行了变形和补充，由此诞生的财务分析模型叫作帕利普财务分析体系。帕利普在其《企业分析与评价》一书中，将财务分析体系中常用的财务比率一般分为四大类：偿债能力比率、盈利比率、资产管理效率比率和现金流量比率。帕利普分析的原理是将某一个要分析的指标层层展开，以探究财务指标发生变化的原因。

帕利普财务分析体系与传统的杜邦分析体系相比，其重要创新是加入了可持续增长率的指标，并作为核心指标。可持续增长率是企业在保持利润能力和财务政策不变的情况下能够达到的增长比率，它取决于净资产收益率和股利政策。

从长远看，企业的价值取决于企业的盈利能力和增长能力。这两项能力又取决于其产品市场战略和资本市场战略；产品市场战略包括企业的经营战略和投资战略，资本市场战略又包括融资战略和股利政策。财务分析的目的就是评价企业在经营管理、投资管理、融资战略和股利政策 4 个领域的管理效果。因此，可持续增长率将企业的各种财务比率统一起来，以评估企业的增长战略是否可持续，其原理如图 10－2所示。

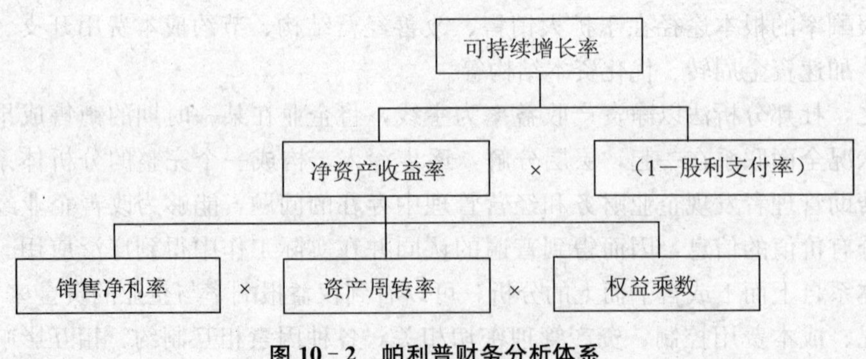

图 10－2　帕利普财务分析体系

其中，计算可持续增长的假设条件为：保持目前资本结构不变；股利政策不变；不发售新股，增加债务是唯一外部筹资来源；销售净利率不变；资产周转率不变。

根据会计恒等式：

资产＝负债＋所有者权益

并且已知：

本期所有者权益的增长＝本期的未分配利润

因此：

可持续增长率＝所有者权益增长率

＝［本期净利润×（1－股利支付率）］/期初股东权益

＝期初权益资本净利率×（1－股利支付率）

四、杜邦财务分析体系的局限性

（1）传统杜邦财务分析系统基本局限于事后财务分析，事前预测和事中控制的作用较弱，不利于计划、控制和决策。

（2）采用传统杜邦财务分析系统进行财务分析，其资料主要来源于财务报表，没有充分利用管理会计的数据资料展开分析，如管理会计的成本分析资料和风险分析资料，因而不利于企业加强内部控制。

（3）传统杜邦财务分析系统没有按照成本性态反映并分析成本信息，不利于成本控制。

（4）分析方法单一，在动态分析时，仅仅是各指标数值的简单比较，虽然能够反映各指标本身的变化情况，却很难准确说明各指标对总指标的影响程度，不利于洞察关键因素。

（5）传统杜邦财务分析系统无法反映在新经济环境下企业经营的全貌，因而无法解决企业治理结构中存在的问题。

【例10－1】应用杜邦分析体系对FL公司进行综合分析。

根据2010—2012年FL公司的年度财务报告，选取杜邦财务分析体系所需要的财务数据，如表10－1所示，计算相关财务指标，如表10－2所示。

表10－1　FL公司杜邦分析体系的相关基础数据　单位：万元

指标	2012年	2011年	2010年
营业收入	220191.07	226092.99	195606.86
营业成本	163042.95	162086.26	141525.77
净利润	40022.99	29727.39	27109.74
资产总额	344827.43	315555.44	312854.75
负债总额	45107.11	31720.87	31636.60
股东权益总额	299720.32	283834.57	281218.15

表 10-2　　FL公司杜邦分析体系的相关指标

指标	2012年	2011年	2010年
销售净利率	0.1818	0.1315	0.1386
总资产周转率	0.6669	0.7196	0.6389
权益乘数	1.1317	1.1121	1.1097
净资产收益率	0.1372	0.1052	0.0983
总资产净利率	0.1212	0.0946	0.0885

（一）基于杜邦分析体系的纵向比较

应用因素分析法，基于杜邦分析体系，对2011年和2012年FL公司的净资产收益率变动进行分析。分析结果如表10-3所示。

表 10-3　　FL公司2012年度净资产报酬率的影响因素分析

指标	2011年	2012年		
		替代 销售净利率	替代 总资产周转率	替代 权益乘数
销售净利率	0.1315	0.1818	0.1818	0.1818
总资产周转率	0.7196	0.7196	0.6669	0.6669
权益乘数	1.1121	1.1121	1.1121	1.1317
净资产收益率	0.1052①	0.1455②	0.1348③	0.1372④
销售净利率影响 （②－①）/（④－①）		125.94%		
总资产周转率影响 （③－②）/（④－①）			－33.44%	
权益乘数影响 （④－③）/（④－①）				7.50%

从2011年和2012年的杜邦分析指标可以看出，FL公司的净资产收益率在2012年为13.72%，2011年为10.52%，2012年比2011年高3.50%，主要原因如下。

（1）2012年FL公司的销售净利率变动对净资产收益率的增长贡献了4.03%，占净资产收益率增长幅度的125.94%，这说明2012年度FL公司净资产收益率的增长主要是由该公司盈利能力的提高推动的。

（2）2012年FL公司的总资产周转率变动对净资产收益率的增长贡献了－1.07%，占净资产收益率增长幅度的－33.44%，这说明2012年度FL公司的营运能力降了，这减缓了净资产收益率的增长。

(3) 2012 年 FL 公司的权益乘数变动对净资产收益率的增长贡献了 0.24%，占净资产收益率增长幅度的 7.50%，这说明 2012 年度 FL 公司的财务风险略有上升，财务杠杆水平也越有上升，对净资产收益率的增长贡献不多。

综合而言，根据杜邦分析结果，FL 公司的营运能力方面需要重点改进，需要采取措施有效提高资产的周转速度。另外，除了保持盈利能力的持续增长外，还可以适当提高负债率，以便更充分地利用财务杠杆。

(二) 基于杜邦分析体系的横向比较

应用因素分析法，基于杜邦分析体系，对 2012 年度 FL 公司与竞争对手阳光照明的净资产收益率进行比较分析。分析结果如表 10-4 所示。

表 10-4　FL 公司与阳光照明在 2012 年度的净资产报酬率比较分析

指标	阳光照明	FL公司		
		替代 销售净利率	替代 总资产周转率	替代 权益乘数
销售净利率	0.0815	0.1818	0.1818	0.1818
总资产周转率	0.7148	0.7148	0.6669	0.6669
权益乘数	1.8915	1.8915	1.8915	1.1317
净资产收益率	0.1102①	0.2458②	0.2293③	0.1372④
销售净利率影响 (②－①) / (④－①)		423.75%		
总资产周转率影响 (③－②) / (④－①)			－51.56%	
权益乘数影响 (④－③) / (④－①)				－287.81%

从 2012 年的杜邦分析指标可以看出，FL 公司的净资产收益率在 2012 年为 13.72%，阳光照明为 11.02%，FL 公司比阳光照明高 2.70%，主要原因如下。

(1) 2012 年 FL 公司相对于阳光照明，较高的销售净利率对净资产收益率的差异额贡献了 13.56%，占净资产收益率差异幅度的 423.75%，这说明 2012 年度 FL 公司相对阳光照明的比较高的净资产收益率主要归因于该公司较高的盈利能力。

(2) 2012 年 FL 公司相对于阳光照明，较低的总资产周转率对净资产收益率的差异额贡献了－1.65%，占净资产收益率差异幅度的－51.56%，这说明 2012 年度 FL 公司相对阳光照明的比较低的运营能力减少了两家公司净资产收益率的差异度。

(3) 2012 年 FL 公司相对于阳光照明，较低的权益乘数对净资产收益率的差异额贡献了－9.21%，占净资产收益率差异幅度的－287.81%，这说明2012年度FL公司相对阳光照明的比较低的杠杆水平大幅度减少了两家公司净资产报酬率的差异度。

综合而言，根据杜邦分析结果，相对于竞争对手，FL公司除了保持盈利能力的持续增长之外，首先需要在杠杆水平方面进行重点改进，适当提高负债率；其次是营运能力方面，需要采取措施提高资产的周转速度。

第三节　沃尔评分法

一、财务比率汇总表分析法

在介绍沃尔评分法之前，首先介绍一下沃尔评分法的基础——财务比率汇总表分析法。

财务比率反映了企业财务报表各项目之间的对比关系，以此来揭示企业财务状况。但是，一项财务比率只能反映企业某一方面的财务状况。为了进行综合的财务分析，可以编制财务比率汇总表，这样，将反映企业财务状况的各类财务比率集中在一张表中，能够一目了然地反映出企业各方面的财务状况。并且，在编制财务比率汇总表时，可以考虑把不同时期或不同企业的财务比率进行纵向或横向的比较分析。

企业财务状况的比较分析主要有以下两种。

一是将企业本期的财务报表或财务比率同过去几个会计期间的财务报表或财务比率进行比较，这是纵向比较，可以分析企业的发展趋势。

二是将本企业的财务比率与同行业平均财务比率或同行业先进的财务比率相比较，这是横向比较，可以了解到企业在同行业中所处的水平，以便综合评价企业的财务状况。

这种方法在企业的综合财务分析中是经常使用的，不过它存在两项缺点：第一，它需要企业找到同行业的平均财务比率或同行业先进的财务比率等资料作为参考标准，但在实际工作中，这些资料有时可能难以找到；第二，这种方法只能定性地描述企业的财务状况，如比同行业平均水平略好、与同行业平均水平相当或略差，而不能用定量的方式来评价企业的财务状况如何。因此，为了克服这两个缺点，可以采用财务比率综合评分法，即沃尔评分法。

二、沃尔评分法的基本模型

沃尔评分法是由财务状况综合评价的先驱者之一亚历山大·沃尔提出的。他在20世纪初出版的《信用晴雨表研究》和《财务报表比率分析》中提出了信用能力指数的概念，把若干个财务比率用线性关系结合起来，以此评价企业的信用水平。他选择了7种财务比率，分别给定了其在总评价中占的比重，总和为100分，然后确定标准比率，并与实际比率相比较，评出每项指标的得分，最后求出总评分，以此对企业的财务状况做出排队或评价。

沃尔评分法基本模型采用的7个指标分别是流动比率、净资产/负债、资产/固定资产、销售成本/存货、销售额/应收账款、销售额/固定资产和销售额/净资产，分别给予25%、25%、15%、10%、10%、10%和5%的权重，总和为100分。

沃尔评分法的基本模型可以概括如表10－5所示。

表10－5　沃尔评分法的基本模型

财务比率	比重 ①	标准比率 ②	实际比率 ③	相对比率 ④=③/②	评分 ⑤=①×④
流动比率	25%				
净资产/负债	25%				
资产/固定资产	15%				
销售成本/存货	10%				
销售额/应收账款	10%				
销售额/固定资产	10%				
销售额/净资产	5%				
合计	100%				

现代社会与沃尔所处的时代相比，已经发生很大的变化。沃尔最初提出的7项指标已经难以完全适应当前企业评价的需要。现在通常认为，在选择评价指标时，应包括偿债能力、运营能力、获利能力和发展能力等方面的指标。除此之外，出于评价结果的全面性考虑，还应当选取一些非财务指标作为参考。

三、运用沃尔评分法的分析程序

采用沃尔评分法进行企业财务状况的综合分析，一般要遵循的程序如下。

（一）选定评价企业财务状况的财务比率

在选择财务比率时，一要具有全面性，要求反映企业的盈利能力、偿债能力和发展能力的三大类财务比率都应当包括在内；二要具有代表性，即要选择能够揭示企业财务状况的重要的财务比率；三要具有变化方向的一致性，即当财务比率增大时，表示财务状况的改善，反之，财务比率减少时，表示财务状况的恶化。一般情况，三大能力的代表性指标如表10－6所示。

表 10－6　　　　　　　　沃尔评分法的代表性财务指标

指标类别	具体指标
盈利能力	资产净利率＝净利润/资产总额×100％ 销售净利率＝净利润/销售收入×100％ 净资产收益率＝净利润/净资产×100％
偿债能力	自有资本比率＝净资产/资产总额×100％ 流动比率＝流动资产/流动负债 应收账款周转率＝赊销净额/平均应收账款余额 存货周转率＝产品销售成本/平均存货成本
发展能力	销售增长率＝销售增长额/基期销售额×100％ 净利增长率＝净利增加额/基期净利润×100％ 资产增长率＝资产增加额/基期资产总额×100％

（二）确定各项财务比率的标准评分值

根据各项财务比率的重要程度，确定其标准评分值，即重要性系数。各项财务比率的标准评分值之和应当等于 100 分。各项财务比率评分值的确定是财务比率综合评分法的一个重要问题，它直接影响到对企业财务状况的评分多少。对各项财务比率的重要程度，不同的分析者会有截然不同的态度，但是，一般来说，应根据企业经营活动的性质、企业的生产经营规模、市场形象和分析者的分析目的等因素来确定。

一般情况下，3 类指标的评分值所占比重约为 5∶3∶2。盈利能力指标中 3 个具体指标的比例约为 2∶2∶1，偿债能力指标和发展能力指标中各项具体指标的重要性大体相当。

（三）确定各项财务比率的评分值的上限和下限

确定各项财务比率的评分值的上限和下限，也就是最高评分值和最低评分值。这主要是为了避免个别财务比率的异常给总分造成不合理的影响。通常设定评分值的上限为正常值的 1.5 倍，设定评分值的下限为正常值的一半，即 0.5 倍。

（四）确定各项财务比率的标准值

财务比率的标准值是指各项财务比率在本企业现时条件下最理想的数值，亦即最优值。财务比率的标准值通常可以参照同行业的平均水平并经过调整后确定。

（五）计算企业在一定时期各项财务比率的实际值

经过一定时期的经营，企业的财务状况和经营成果会通过会计报表展现出来，这时可以借助会计报表计算企业在一定时期各项财务比率的实际值，目的是和各项财务比率的标准值进行对比。

（六）计算关系比率

关系比率是指各项财务比率实际值与标准值的比率，即关系比率等于财务比率的实际值除以标准值。

（七）计算各项财务比率的实际得分

各项财务比率的实际得分是关系比率与标准值的乘积，每项财务比率的得分都不得超过上限或下限，各项财务比率实际得分的合计数就是企业财务状况的综合得分。

调整后的沃尔评分法模型可以概括如表 10－7 所示。

表 10－7　　调整后的沃尔评分法模型

财务比率	比重 ①	标准比率 ②	实际比率 ③	关系比率 ④＝③/②	评分 ⑤＝①×④
资产净利率	20％				
销售净利率	20％				
净资产收益率	10％				
自有资本比率	8％				
流动比率	8％				
应收账款周转率	7％				
存货周转率	7％				
销售增长率	7％				
净利增长率	7％				
资产增长率	6％				
合计	100％				

表 10－7 中计算出的企业财务状况的综合得分反映出企业综合财务状况是否良好。如果综合得分等于或接近于 100 分，则说明企业的财务状况是良好的，达到了预先确定的标准；如果综合得分低于 100 分很多，就说明企业的财务状况较差，应当采取适当的措施加以改善；如果综合得分超过 100 分很多，就说明企业的财务状况很理想。

四、沃尔评分法的局限性

沃尔评分法解决了在分析企业各项财务指标时如何评价其指标的优良差，以及企业整体财务状况在同行业中的地位等问题。但是，沃尔评分法仍然存在如下局限性。

（1）沃尔评分法未能证明为什么要选择这些代表性指标，而不是更多或更少些，或者选择其他的指标，以及未能证明每个指标所占比重的合理性。这个问题至今仍然没有从理论上解决。在实际应用时，分析指标应尽可能全面，采用的指标越多，分析的结果越接近现实。

（2）对这些财务比率指标给定的比重，在理论上也难以证明，缺乏说服力。

（3）从技术上讲，由于评分是相对比率与比重相“乘”计算出来的，当某一个指标严重异常（过高或过低，甚至是负数）时，会对总评分带来不合逻辑的重大影响。

尽管沃尔比重评分法在理论上还有待证明，在技术上也需要完善，但它在实践中还是具有较为广泛的应用价值的。

【例10－2】利用沃尔评分法对FL公司2012年财务数据进行综合分析。

采用沃尔评分法，对FL公司2012年度的财务数据进行分析，分析结果见表10－8。

表10－8　　FL公司2012年沃尔评分法分析表

财务比率	比重 ①	得分 上限	得分 下限	标准比率 ②	实际比率 ③	关系比率 ④＝③/②	评分 ⑤＝①×④
资产净利率	20%	30	10	5.74	13.96	2.43	30
销售净利率	20%	30	10	3.55	18.18	5.12	30
净资产收益率	10%	15	5	6.33	13.57	2.14	30
自有资本比率	8%	12	4	0.56	0.87	1.55	30
流动比率	8%	12	4	4.36	4.71	1.08	8.64
应收账款周转率	7%	10.5	3.5	5.00	6.94	1.34	9.38
存货周转率	7%	10.5	3.5	7.98	3.71	0.46	3.5
销售增长率	7%	10.5	3.5	－0.10	－2.61	26.10	3.5
净利增长率	7%	10.5	3.5	－8.72	34.63	－3.97	10.5
资产增长率	6%	9	3	12.66	9.28	0.73	4.38
合计	100%						159.90

注：销售增长率、净利增长率以及资产增长率的标准值由FL公司、阳光照明、雪莱特和飞乐音响4家公司相关指标的平均值计算得到，增长率以2011年为基期进行计算。其他指标的标准值（即行业平均值）来自于金融界网。

如表10－8所示，利用沃尔评分法，得出FL公司2012年的财务状况评分的结果是159.90分，按照沃尔分析法的原理，得分超过100分越多，说明企业的财务状况越好，所以，沃尔评分法的分析结果表明FL公司的财务状况是比较理想的。

第四节 雷达图分析法

一、雷达图分析法简介

雷达图分析法是日本企业界进行综合实力评估而采用的一种财务状况综合评价方法。按这种方法所绘制的财务比率综合图状似雷达，故得此名。

雷达图是对企业财务能力分析的重要工具，它从动态和静态两个方面分析企业的财务状况。静态分析将企业的各种财务比率与其他相似企业或整个行业的财务比率作横向比较，动态分析把企业现时的财务比率与先前的财务比率作纵向比较，就可以发现企业财务及经营情况的发展变化方向。雷达图把纵向和横向的分析比较方法结合起来，计算综合企业的收益性、成长性、安全性、流动性及生产性这5类指标。

二、财务雷达图所使用的财务指标

下面对雷达图所涉及的5类指标进行说明。

（一）收益性指标

分析收益性指标，目的是观察企业一定时期的收益及获利能力。主要指标含义及计算公式如表10－9所示。

表10－9　雷达图所使用的收益性财务指标

收益性指标	反映的内容	计算公式
资产报酬率	总资产的利用效果	（净利润＋利息费用＋所得税）/平均总资产×100％
所有者权益报酬率	所有者权益的回报	净利润/所有者权益×100％
普通股权益报酬率	股东权益的报酬	（净利润－优先股股利）/平均普通股权益×100％
普通股每股收益额	股东权益的报酬	（净利润－优先股股利）/普通股股数×100％
股利发放率	股东权益的报酬	每股股利/每股利润×100％
市盈率	股东权益的报酬	普通股每股市场价格/普通股每股利润×100％
销售利税率	销售收入的收益水平	利税总额/净销售收入×100％
毛利率	销售收入的收益水平	销售毛利/净销售收入×100％
净利润率	销售收入的收益水平	净利润/净销售收入×100％
成本费用利润率	为取得利润所付的代价	利润总额/总成本费用×100％

（二）安全性指标

安全性指的是企业经营的安全程度，也可以说是资金调度的安全性。分析安全性指标，目的是观察企业在一定时期内的偿债能力。主要指标含义及计算公式如表 10－10 所示。

表 10－10　　雷达图所使用的安全性指标

安全性指标	反映的内容	计算公式
流动比率	短期偿债能力和信用状况	流动资产/流动负债
速动比率	立刻偿付流动负债的能力	速动资产/流动负债
资产负债率	总资产中有多少是负债	负债总额/资产总额×100％
所有者权益比率	总资产中有多少是所有者权益	所有者权益/资产总额×100％
利息保障倍数	所得偿付借债利息的能力	（税前利润＋利息费用）/利息费用

其中，一般经验认为，流动比率在 2∶1 左右比较合适；速动比率在 1∶1 左右较为合适；资产负债率也要保持适当水平，一般来说，低于 50％的资产负债率比较好；利息保障倍数如果比率低于 1，说明企业经营所得还不足以偿付借债利息，因此，该比率至少应大于 1，比率越高，说明按时按量支付利息就越有保障，得到偿还的保障就越大。

（三）流动性指标

分析流动性指标，目的是观察企业在一定时期内的资金周转状况，掌握企业资金的运用效率。主要指标含义及计算公式如表 10－11 所示。

表 10－11　　雷达图所使用的流动性指标

流动性指标	反映的内容	计算公式
总资产周转率	全部资产的使用效率	销售收入/平均资产总额
固定资产周转率	固定资产的使用效率	销售收入/平均固定资产总额
流动资产周转率	流动资产的使用效率	销售收入/平均流动资产总额
应收账款周转率	年度内应收账款的变现速度	销售收入/平均应收账款余额
存货周转率	存货的变现速度	销售成本/平均存货

其中，总资产周转率、固定资产周转率、流动资产周转率分别反映全部资产、固定资产和流动资产的使用效率，比率越高，说明资产利用率越高，获利能力越强；应收账款周转率反映年度内应收账款转为现金的平均次数，比率越高，说明企业催收账款的速度越快，坏账损失的可能性越小；存货周转率越高，说明投入存货至销售收回的平均期间就越短，资金回收越快，效率越高。

（四）成长性指标

分析成长性指标，目的是观察企业在一定时期内经营能力的发展变化趋势，一家企业即使收益性高，但成长性不好，也就表明其未来盈利能力将会下降。因此，以发展的眼光看待企业，动态地分析企业财务资料，对战略制定来讲特别重要。其主要指标含义及计算公式如表10-12所示。

表10-12　　雷达图所使用的成长性指标

成长性比率	反映的内容	计算公式
销售收入增长率	销售收入变化趋势	本期销售收入增长额/前期销售收入×100%
税前利润增长率	税前利润变化趋势	本期税前利润增长额/前期税前利润×100%
固定资产增长率	固定资产变化趋势	本期固定资产增长额/前期固定资产×100%
人员增长率	人员变化趋势	本期职工增加人数/前期职工人数×100%
产品成本降低率	产品成本变化趋势	本期产品成本/前期产品成本×100%

（五）生产性指标

分析生产性指标，目的是了解一定时期内企业的生产经营能力、水平和成果的分配。其主要指标含义及计算公式如表10-13所示。

表10-13　　雷达图所使用的生产性指标

生产性指标	反映的内容	计算公式
人均销售收入	反映企业人均销售能力	销售收入/平均职工人数
人均净利润	反映企业经营管理水平	净利润/平均职工人数
人均资产总额	反映企业生产经营能力	资产总额/平均职工人数
人均工资	反映企业成果分配状况	工资总额/平均职工人数

三、财务雷达图的绘制方式与分析方法

（一）财务雷达图的绘制方法

上述企业财务能力的五性分析结果可以用雷达图表示出来，雷达图的绘制方法如下。

(1) 画出3个同心圆，同心圆的最小圆圈代表同行业平均水平的1/2值或最低水平；中间圆圈代表同行业平均水平，又称标准线；最大圆圈一般代表同行先进水平或平均水平的1.5倍。

(2) 把这3个圆圈的360°。分成5个扇形区，分别代表收益性、安全性、流动性、成长性和生产性指标区域。

(3) 从5个扇形区的圆心开始以放射线的形式分别画出相应的财务指标线，并标

明指标名称及标度，财务指标线的比例尺及同心圆的大小由该经营比率的量纲与同行业的水平决定。

（4）把企业同期的相应指标值用点标在图上，以线段依次连接相邻点，形成的多边形折线闭环就代表了企业的现实财务状况。

在 Microsoft 公司的 Excel 软件中，可以更便捷地做出多边形的雷达图，而且，多边形雷达图的分析效果与圆形没有多少差别。所以，下面我们以多边形雷达图为例进行分析。为了便于分析，我们选取表 10－7 所示的财务指标中的 9 个指标体系来进行演示。

假设甲公司某年度财务雷达图如图 10－3 所示。

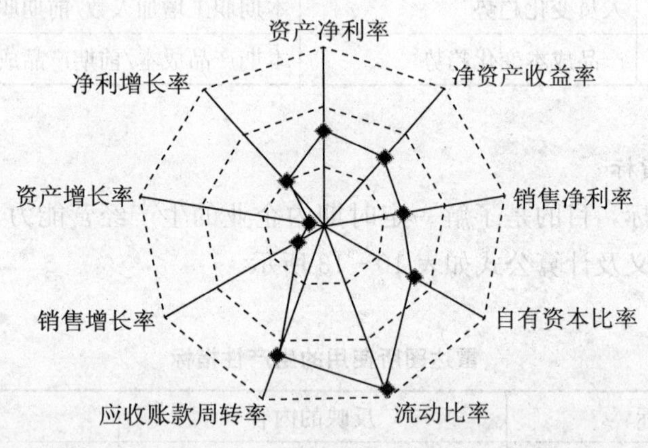

图 10－3　甲公司财务雷达图

（二）财务雷达图的分析方法

财务雷达图主要根据所分析的财务指标数据点所处的位置来进行分析评价，具体如下。

（1）当指标值处于标准线以内时，说明该指标低于同行业水平，需要加以改进，如图 10－3 中的资产净利率、净资产收益率、销售净利率以及自有资本比率等指标。

（2）若接近最小圆圈或处于其内，说明该指标处于极差状态，是企业经营的危险标志，如图 10－3 中的净利增长率、销售增长率以及资产增长率。

（3）若处于标准线外侧，说明该指标处于较理想状态，是企业的优势所在，如图 10－3 中的应收账款周转率和流动比率。当然，并不是所有指标都处于标准线外侧就是最好，还要具体指标具体分析。

【例 10－3】运用财务雷达图对 FL 公司 2012 年度的财务数据进行综合分析。

我们运用上一节杜邦分析体系（见表 10－7）中的 10 个财务指标制作出 FL 公司在 2012 年度的财务雷达图，如图 10－4 所示。

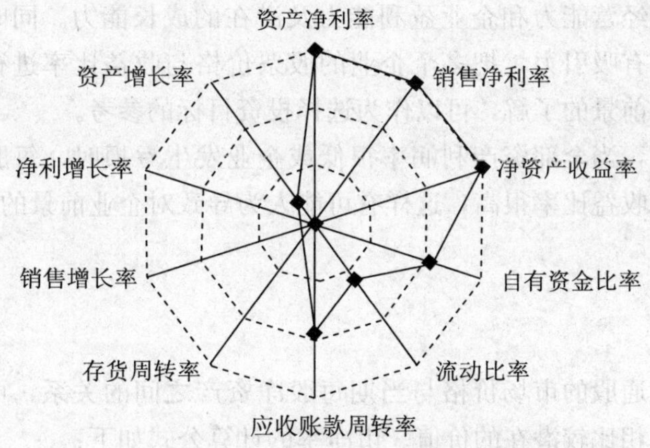

图 10-4 FL 公司 2012 年度的财务雷达图

依据图 10-4 所示的财务雷达图，可以得到以下结论。

（1）FL 公司 2012 年度的盈利能力指标比较优秀，如资产净利率、销售净利率以及净资产收益率，这些指标数据点都远远超出了标准圆的边界线；另外，体现出财务风险的自有资本比率也比较优秀。

（2）FL 公司 2012 年度的发展能力处于极差状态，如资产增长率、净利增长率以及销售增长率，这些数据点都处在最小圆圈的内部，说明 FL 公司下一步亟待提高自身的发展能力；另外，体现运营能力的存货周转率也处于最小圆圈内部。

（3）FL 公司 2012 年度的应收账款周转率和流动比率低于行业平均水平，也是需要在下一步进行改进的地方。

第五节 上市公司的其他综合分析指标

上市公司的股票在公开的证券交易市场上进行交易，在有效的证券市场上，其价值能够被很好地发现，基于股票的市场价格，可以构造出一系列的综合性财务分析指标。

一、市盈率

（一）定义

市盈率，亦称价格与收益比率，反映普通股的市场价格与当期每股收益之间的关系，可用来判断企业股票与其他企业股票相比较潜在的价值。市盈率的计算公式如下：

市盈率＝每股市价/每股收益

（二）评价标准

该指标在一个企业内几年的数值能够表明企业盈利能力的稳定性，可在一定程度上反映管理部门的经营能力和企业盈利能力及潜在的成长能力。同时，该指标还反映此股票市价是否具有吸引力，把多个企业的股票价格与收益比率进行比较，并结合对其所属行业的经营前景的了解，可以作为选择投资目标的参考。

需要注意的是，当全部资产利润率很低或企业发生亏损时，每股收益可能很低或为负数，因此价格收益比率很高，这样有可能人为导致对企业前景的错误估计。

二、市净率

（一）定义

市净率反映普通股的市场价格与当期每股净资产之间的关系，可用来判断企业股票与其他企业股票相比较潜在的价值。市净率的计算公式如下：

$$市净率=每股市价/每股净资产$$

（二）评价标准

市净率的评价方法与市盈率相似，也可以一定程度上反映管理部门的经营能力和企业盈利能力及潜在的成长能力。市净率也可用于投资分析，一般来说市净率较低的股票投资价值较高，相反则投资价值较低，但在判断投资价值时还要考虑当时的市场环境以及公司经营情况、盈利能力等因素。

市净率是一个比市盈率更为可靠的指标，尤其是针对那些周期性行业的个股来说。此类股票每股盈利伴随行业景气度可能有极大波动，若遇上行业极不景气企业出现亏损，市盈率更是无从谈起。对于此类个股，利用市盈率估值极为困难。

这时候，市净率指标就极具参考价值了。毕竟，无论行业景气与否，上市公司的每股净资产一般不会出现大幅波动，所以市净率波动也相对较小，在估值上更具参考价值。

市净率在评估高风险企业、企业资产大量为实物资产的企业时特别受到重视。

三、托宾 Q 值

（一）定义

托宾 Q 值（英文名称：Tobin’s Q）是由诺贝尔经济学奖获得者詹姆斯·托宾（James Tobin）于 1969 年提出的。詹姆斯·托宾把托宾 Q 定义为企业的市场价值与资本重置成本之比。它的经济含义是企业的市场价值是否大于给企业带来现金流量的资本的成本。

为了方便计算，人们用总资产的账面价值替代重置成本，用普通股的市场价格和债务的账面价值之和表示市场价值，其计算公式为：

$$托宾Q值=\frac{(股权市场价格+长、短期债务账面价值合计)}{总资产账面价值}$$

（二）评价标准

托宾 Q 值若大于 1，说明企业创造的价值大于投入的资产的成本，表明企业为社会创造了价值，是“财富的创造者”；反之，则浪费了社会资源，是“财富的缩水者”。

如果托宾Q值很高，说明企业的市场价值高于其资产的重置成本，那么企业将会通过发行股票的方式进行低成本的融资来购置新设备，因为这样做是有利可图的。如果托宾Q值很低，由于企业的市场价值低于资本的重置成本，那么在企业需要资本的时候，它们应该通过出售现有资产或设备的方式来获得资金，因为这样的成本更低。

托宾Q值可以反映市场对于公司未来利润的预期，并对公司投资产生影响。根据这一原理，当股票价格上扬时，托宾Q值会随之增加，企业将会更多地在资本市场上发行股票来进行融资，也将会增加对新设备的投资，从而带来产出的增加。

四、基于股价的其他评价指标

除了市盈率与市净率等典型指标之外，还有一些基于股价的评价指标被用于财务分析实务，具体如表10-14所示。

表10-14　其他基于股票价格的财务评价指标

指标名称	定义	评价标准
市销率	$市销率=\frac{每股市价}{每股营业收入}$	用于对市盈率评价的补充，主要用于创业板的企业或高科技企业的财务综合评价
市现率	$市现率=\frac{每股市价}{每股净现金流量}$	用于对市盈率评价的补充，主要用于创业板的企业或高科技企业的财务综合评价
市研率	$市研率=\frac{每股股价}{每股研发支出}$	用于对市销率和市现率评价的补充

五、基于股价的评价指标的缺陷

（一）股价可能偏离真实价值

现实的证券市场往往难以达到完全有效的状态，如果证券市场信息效率不够高，则股票价格可能偏离其真实价值，形成股价泡沫或被低估，从而导致股价对公司总体评价的有效性打折扣，进而影响基于股价的评价指标的可靠性。比如，市盈率指标往往在证券投资选股中被用于评判股票价格的低估或高估。一般认为，若市盈率高于28倍，则该股票价格存在投机性泡沫。

（二）一般只能用于同行业公司的比较

不同行业的公司，其股价的影响因素并不相同，因此，这些指标用于评价同行业公司综合财务表现时才具有可比性和可靠性。

【例10-4】基于股价对FL公司的综合财务评价。

选择同行业的阳光照明作为比较基准，对FL公司进行综合财务指标计算，如图

10－5、图 10－6 及图 10－7 所示。

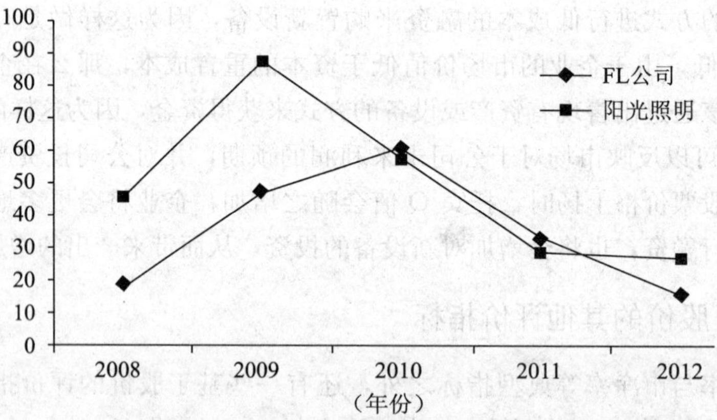

图 10－5　FL 公司与阳光照明的市盈率比较（2008—2012 年）

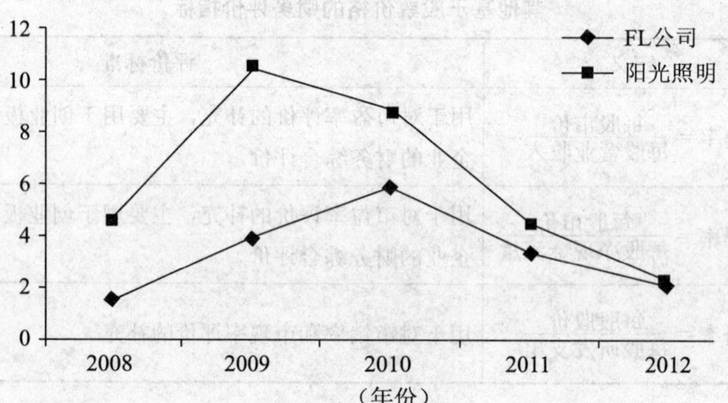

图 10－6　FL 公司与阳光照明的市净率比较（2008—2012 年）

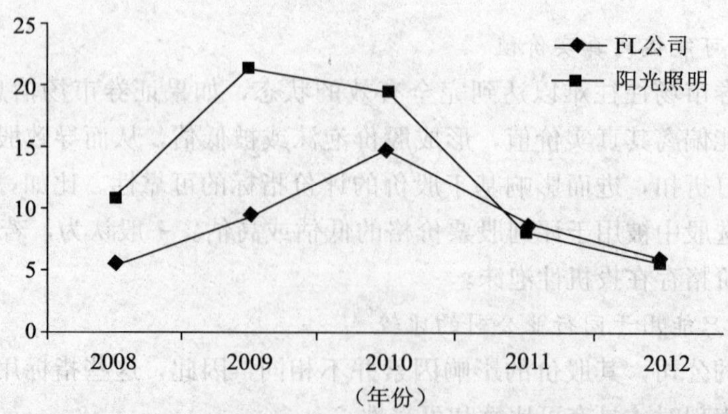

图 10－7　FL 公司与阳光照明的托宾 Q 值比较（2008—2012 年）

对于上述市盈率、市净率以及托宾Q值3个指标，两家公司表现出了很相似的变化规律，在2010年之前基本呈现上升的趋势，然而从2010年之后，一同开始逐渐降低。这说明，股票市场对整个行业的估值是先上升后下降的。

另外，还可以发现，与阳光照明相比，FL公司的估值指标在2010年之前逊于竞争对手，但是，2010年之后，两家公司估值指标之间的差距逐渐缩小，到2012年，两家公司的表现已经相差无几了。这说明，股票市场对两家公司的发展前景给予了很相似的评价。

本章小结

1. 企业的财务状况是一个完整的系统，内部各因素是相互依存、相互作用的，任何一个因素的变动都会引起企业整体财务状况的改变。财务分析者必须深入了解企业财务状况内部的各项因素及其相互关系，这样才能较全面地提示企业财务状况的全貌。

2. 财务综合分析的目的主要有明确企业财务活动与经营活动的相互关系，全面评价企业财务状况及经营业绩，为企业利益相关者提供决策参考以及为完善企业财务管理和经营管理提供依据。

3. 杜邦财务分析体系是由美国杜邦公司于1910年首先设立并采用的。该方法是利用各主要财务比率之间的内在联系来综合分析企业财务状况的方法。这种方法主要是利用一些基本财务比率指标之间的内在数量关系，建立一套系列相关的财务指标的综合模型，从投资者对企业要求的最终目标出发，经过层层指标分解，系统地分析了解影响企业最终财务目标实现的各项因素的影响作用。

4. 美国哈佛大学教授帕利普（Palepu）对杜邦财务分析体系的基本模型进行了变形和补充，由此诞生的财务分析模型叫作帕利普财务分析体系。帕利普财务分析体系与传统的杜邦分析体系相比，其重要创新是加入了可持续增长率的指标，并将其作为核心指标。

5. 沃尔评分法是由财务状况综合评价的先驱者之一亚历山大·沃尔提出的。他把若干个财务比率用线性关系结合起来，以此评价企业的信用水平。沃尔最初提出的7项指标已经难以完全适应当前企业评价的需要。现在通常认为，在选择评价指标时，应包括偿债能力、运营能力、获利能力和发展能力等方面的指标。

6. 雷达图是对企业财务能力进行分析的重要工具，它从动态和静态两个方面分析企业的财务状况。静态分析将企业的各种财务比率与其他相似企业或整个行业的财务比率作横向比较，动态分析把企业现时的财务比率与先前的财务比率作纵向比较，就可以发现企业财务及经营情况的发展变化方向。雷达图把纵向和横向的分析比较方法结合起来，计算综合企业的收益性、成长性、安全性、流动性及生产性这5类指标。

1. 简述财务综合分析的主要目的。
2. 简述杜邦财务分析体系的发展历程。
3. 简述沃尔评分法的发展历程。
4. 简述雷达图分析的主要财务指标有哪些。
5. 简述财务综合分析中非财务信息的作用。
6. 选择一家上市公司，对其进行财务综合分析。

参考文献

[1] 朱学义，李文美，刘建勇，等．财务分析教材［M］．北京：北京大学出版社，2009.

[2] 赵景文，杜兴强．经验会计与财务研究基础［M］．厦门：厦门大学出版社，2009.

[3]［美］斯蒂芬·H·佩因曼．财务报表分析与证券定价［M］．刘力，陆正飞，译．北京：中国财政经济出版社，2005.

[4] 张新民，王秀丽．解读财务报表——案例分析方法［M］．北京：对外经济贸易大学出版社，2003.

[5] 汤震宇，马军生，薛隽，等．财务报表分析技术［M］．上海：复旦大学出版社，2011.

[6] 张先治．财务分析［M］.5 版．大连：东北财经大学出版社，2010.

[7] 中国注册会计师协会．公司战略与风险管理［M］．北京：经济科学出版社，2013.

[8] 张新民，钱爱民．企业财务报表分析［M］．北京：清华大学出版社，2011.